＼イチからわかる／

古文書の読み方・楽しみ方

成美堂出版

はじめに

「書く」という営みを歴史的にふり返りますと、**筆記用具に筆と紙を用いた時代**は飛鳥時代に始まり、それからおよそ**千二百年**続きました。明治時代の近代化・西欧化で、便利で機能的なペンなどが用いられるようになります。それ以後の、わけても現代における筆記具の進歩は著しく、昨今はパソコンや携帯端末が主流となったようで、かく言う私自身、この原稿にはパソコンを用いています。このような加速度的進化を遂げることを、若い頃の私などはまったく予測できませんでした。

ところで、日本人は古くから、**古人の筆跡に対して敬意を払い、書を長く保存し続けてきた**のです。それが江戸時代になりますと、茶の湯の遊びが広まるとともに、書は茶席を飾る大切な道具となります。それらの需要や、愛好心を満たすために、いろいろなことが起こります。一巻、一冊のまとまった本までが分断されたり、はては**模写品**さえも作られました。もともと書というのは書き写されるものでしたから、書写はいつの時代もなされました。書の文化として、博物館や資料館以外にも、民間でも歴史上の人物の筆跡が見られるような国は、日本以外には私は聞いたことがありません。これは誇るべき文化だと思います。

さて、**古文書**や**古記録**といった日本の歴史を記す重要な史料は、近代に入りますと、研究者の手で、誰もが読めるように活字化されてきました。そして今やインターネット上で、その画像を誰でも閲覧できるようにさえなりました。とはいえ、まだあちこちに未解読の文献は多数ありますし、これらの解読・解釈はこれからの仕事でもあります。

本書は**これから古文書を読んでみよう、あるいは趣味を持とうと志す人**の一助ともなればと思い、手紙を題材に取り上げて書いたものです。古い一通の手紙を読もうとするとき、それはどこから、どういう順で読み始め、どこで終わるのか。いかなる内容を持つのか、どのように折りたたまれて、封をし、宛名、差出人名は何か。解釈し、鑑賞するときにはどの点に注意する必要があるのか、また、その書はどのようなものなのか、等々。

読者のいちばん知りたいのは、おそらく**文字のくずし方**でしょう。それらをすべて書き尽くすことは、一冊の本ではとうてい不可能です。いや、何冊読み込んでもそれはムリでしょう。でもがっかりしないでいただきたい。私もそう、誰しも**生まれながらにしてくずし字が読める人はいない**のですから…。はじめは難しくとも、読むことに挑むことによって、だんだんと慣れてくるものです。途中で諦めないためには、**ともかくくずし字が好きになること**。読んで面白いと感じていただくようになれば、さらに進みたくなるはずです。

ひとつだけおしまいにつけ加えておきたい点。それは「書を読む」ということと、「読みながらそれを解釈する」ということは同時に行われる必要があるということです。**読みと解釈とは車の両輪で、これを私たちは無意識に同時に行っています**。読みながらの解釈を誰もがやっているのです。そして、これはとても重要なことです。

また、別な字でもくずしてみると、形が同じになってしまうものは少なくありません。その字を「ああもこうも読める」と迷うような場合、はたしてどちらで読めば、よりよい解釈が成り立つか、という観点に立って臨機応変に判断する必要があります。そのために欠かせないのは、書いた人にまつわる周辺の事情、そのころの〈**歴史知識**〉なのです。

後世になって編纂《へんさん》された歴史書と比べたとき、本人の書いた〈**原文書**〉以上に信頼できる史料はないはずです。古文書に親しんでいただく人のために、本書が少しでもお役に立てば、これ以上嬉しいことはありません。

増田　孝

目次

コラム

第三章 読み解き中級編

コラム

第四章 古文書から広がる世界

〈おことわり〉

くずし字の形にはさまざまなものがあり、書き手によっても大きく異なることがあります。本書で取り上げた古文書についても、読み方の正解が明らかになっているわけではありません。本書の解説は現時点での著者の知見にもとづくものですが、異なる見解も存在し得るという点をふくめて、お楽しみいただけますと幸いです。

第一章
古文書を読み始めようとする人へ

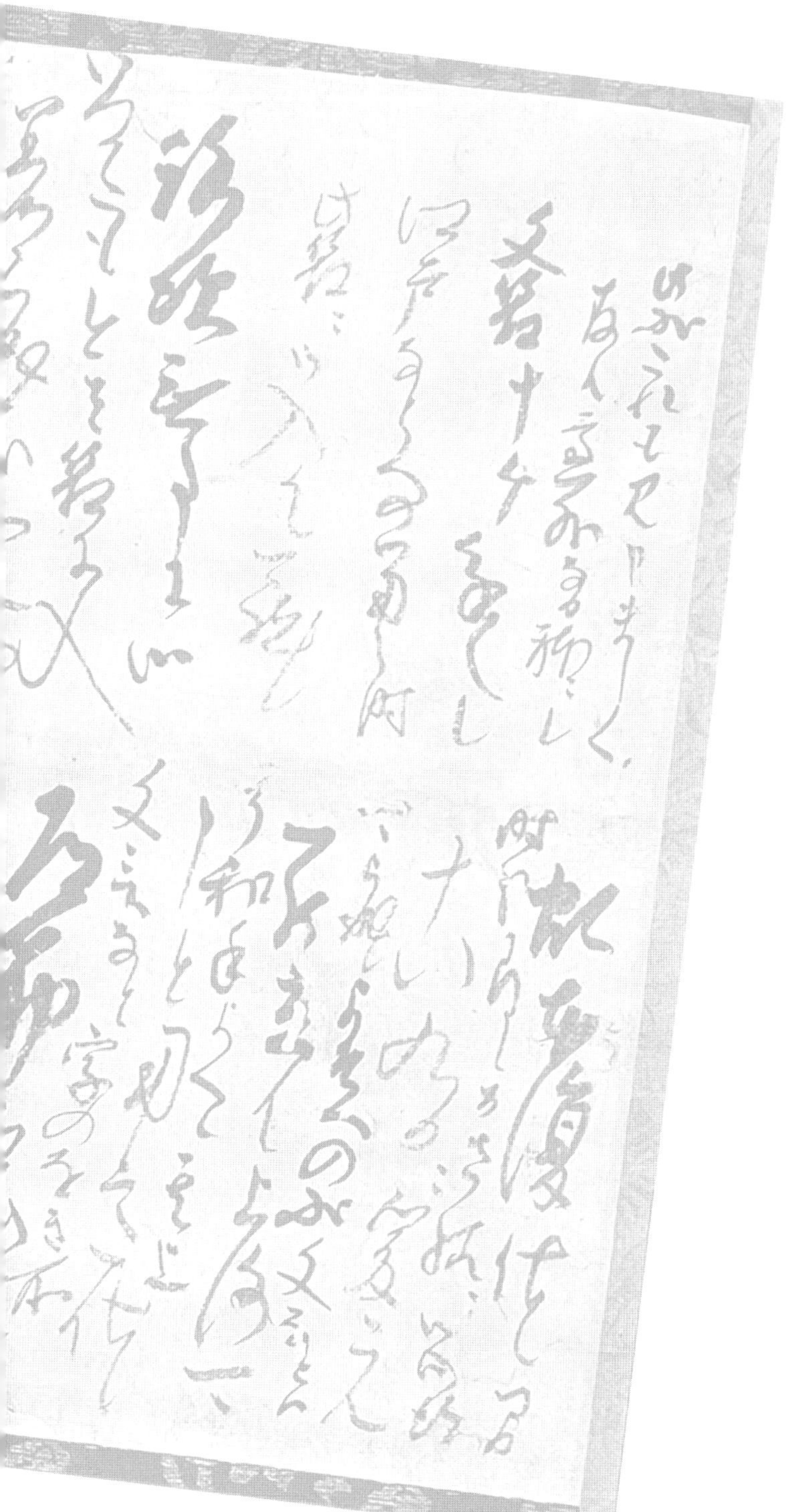

一 古文書はなぜ読めなくなったのか

昔の人は、読めていた？

はじめて**古文書**(一)を読もうとする人にとって、そこには大きな壁が立ちはだかっています。たくさんのくずされた文字の羅列《られつ》を眺めると、それは、まるで人が足を踏み入れられないジャングルのように感じられるかも知れません。

「これを書いたり、受け取ったりしていた当時の人たちは、みなこれをすらすらと読んでいたのでしょうか？」

このような質問を私はよく受けます。そんなとき、私は「はい」でもなく「いいえ」でもないというような返事をしています。

もちろん、大学やカルチャースクールなど、古文書の教室では、テキストをできる限り正確に読むように努めなくてはなりません。しかし、そうは言いましても、前に立って説明する側にとりましても、なかなか思うようにゆかないことはあるものです。

実を申せば、誰しも（先生も）初めから読めていたわけではありませんし、聴講される方たちも、多かれ少なかれ読めない所があるからこそ、参加されているわけですから……。**なんとか読めるようになりたい！** その気持ちこそが勉強の

(一) 古文書…過去を知るための史料となる古い文書。特に、本書で扱う手紙のように、差出人（個人）から受取人（個人）へ宛てた文書を指す。他人に宛てて書いたのではない日記やメモなどは古記録とよんで区別する。

出発点となります。

大切なのは〝習慣〟

さて、先ほどの、「はい」でも「いいえ」でもない、という答えには次のような意味があります。昔の人だって、生まれながらにして、くずし字どころか、文字が読める人はいないはずです。しかしながら、ごく小さいころから、筆で書かれた文字を目にする（最初は読めないながらも、です）環境の中で育ってきた、そうした経験の中で、じっくりと、しかし真剣に、時間をかけて読み書きに慣れ親しんでゆく、その**習慣こそがじつはたいへんに有効でした**。筆記用具は紙と筆と墨と硯《すずり》だけなのです。これが今と大きく違う点です。

現代人にはそれを真似することができません。なぜでしょう。生まれながらにして**活字**（二）の世界の中で育ち、活字が読めれば本は読めるという環境なのです。活字が読めること、それはそれで、きわめて重要な事柄ではあるのです。一般社会でもそうですし、学校でも筆を持つのは「お習字」の時間だけ、ですから、そういうふうに育った現代人が、筆で書かれる古文書という異次元世界へ一気に飛び込もうとするとなると、その**カルチャーギャップ**はたいへんなものに感じられるはずです。

（二）活字…活版印刷に用いる字の型。また、印刷された文字のこと。金属活字や木活字などがある。

日本にも十六世紀頃に活版印刷が伝わりましたが、江戸時代の主流は製版印刷でした。

（画像：国立国会図書館デジタルコレクション『大和絵つくし』より）

たとえば、今の手紙のやりとりを例にとりましょう。キーボードで打ち出された文字ではなく、**親しい相手から来た手書きの手紙**です。相手は、いつも見慣れた書体で書いてきます。だから少しぐらい下手にくずされていても（したがって、ほかの人には読めなくとも）それに慣れた自分は読めるというものです。逆にそうではない人からの手紙ですと、読めないところがどうしても出てきてしまう。くずしが怪しいような字となるとなおさらです。こうしたことは、**今も昔も同じ**なのです。

ところが、たとえ完全には読めないようなものでも、その手紙が、たとえば何かモノにつけて贈られてきたというのであれば、そうした状況こそは大きなヒントになります。手紙を持って行った使者が口頭で説明することもあります。

要するに、**書かれた状況を思い浮かべつつ読む**、という営みができるかどうか。古い手紙を読もうとする私たちも、しぜんそうしながら読むことが大きな助けになっている、というより、それ抜きには正確な読解は難しいといってよいのです。

昔も今も、文のおおかたが読めさえすれば、文意のおよその把握は可能で、大きな間違いは生じません。昔も実際の場面では、たとえ完全には読めずとも（少しばかり意味の通じないところがあったにしても）、**大意さえつかめれば、実生活上あまり困ったことにはならなかった**のです。先ほどの答え――「はい」でも「い

（三）贈答される物品の数量

【例一】「本阿弥光悦の礼状」より。

「三原（の酒）」を「一樽」もらったことを書いている。

⬇98ページ参照

【例二】「土岐頼行に宛てた沢庵宗彭の手紙」より。

「文箱」を「十个（＝十箇）」贈ったことを書いている。

⬇114ページ参照

いえ」でもないという——の含むところは、実はそういうことなのです。ですから、昔も、親しい者どうしであっても、文中に出る**人名**や**地名**などの語はわりと丁寧に書くことが多いものですし、あるいは**贈答される物品の数量**(三)などは、お互いの為にも正確に書くのが礼儀だったようです。現在の宅配便のようにはゆきませんから……。

のんびり書いてはいられない

そもそも書く側が、受信人の間違って読んでしまうような字を書くこと自体が失礼なのです。しかし、もちろん相手によりけりではありますが、ふだん頻繁に手紙のやりとりをしている相手ですと、日常的によく遣われる言葉や慣用句などを書く場合には、文字はくずされ、省筆《しょうひつ》されます(四)。極端にくずしても読むことに支障はないだろうという安心感から、なのです。しかも、手紙の場合、書きたいことを思い立ち、はやる気持ちで書こうとするときなどには、どうしてもくずれてくるものです。

古来、書はのろのろと書かず、**美しく**、**かつ可能な限り早く書くこと**が理想でした。特に、手紙というものは、必ず人が運ぶものなのです。受け取った側は、手紙をもたらした**使者を手ぶらで帰すわけにはゆきません**(五)。そこに待たせておいて返書を書かねばなりません。ゆっくり書いてもいられなかったはずです。

(四) 28ページ「使用頻度の高い省筆文字」、30ページ「書止文言」参照。
(五) 42ページコラム「使者と飛脚」参照。

古文書、特に手紙が読みにくい理由がわかりましたね。続いて、日本における文字の歴史をたどってみましょう。

二 日本語の文字ができるまで

漢字との出会い

日本語の表記が、**漢字**と**仮名文字**とによって成り立っていることはご承知のとおりです。私は諸外国の例を広く知っているわけではありませんけれど、こうした**表意文字**（漢字）と**表音文字**（仮名）とを併用する表記の方法は、実にすぐれたものだと感心します(一)。そのわけは追い追いお話ししましょう。

さて、もともと日本には日本語を書き記すための文字というものはありませんでした。大陸や半島から、漢字が初めてもたらされたのは**弥生時代**のことです。

今わかる範囲では、弥生時代の中ごろ（紀元前後）のことと考えられています。このころの遺跡から、当時、中国でごく限られた時代に使われていた「**貨泉**《かせん》(二)」という貨幣がいくつも見つかっていることからわかるのです。もちろん当時の日本人がこれを貨幣として使うことはありません。これを初めて見た私たちの祖先は、鋳《い》られた文字が読めたはずもありませんから、たぶん、見たこともない、異世界から来たもの、もしかすると、お守りのような（呪術的な）ものとして、これをだいじにしたのかも知れません。それが遺跡に埋められたのでしょう。ともかくも、これが弥生時代の日本人の**漢字との初めての出会い**でした。

（一）表意文字は、一字で特定の概念を表す。表音文字は、それぞれの字が音声の要素を表す。

（二）貨泉…西暦一四年、古代中国・新の建国者王莽（おうもう）が鋳造した。円形で、中央に四角い穴があり、穴の右左に「貨泉」の文字が鋳られている。

（写真：佐賀県提供）

文字として使われ始めた漢字

日本の四、五世紀といえば**古墳時代**です。あちこちの古墳(三)の副葬品として、金銀象嵌《ぞうがん》(四)銘のある**鉄剣**が出土しています。これら出土したばかりの刀剣はあたかも錆《さび》の塊《かたまり》に見えますが、肉眼では全く見えなくともX線などを照射することによって剣に象嵌された文字が浮かび上がって見えるものがあるのです。

また、鉄剣などのほか、**銅鏡**《どうきょう》の周囲に鋳られた銘文のなかにも、このころの日本語表記を知る上での貴重な遺品が遺っています(五)。鏡を作るには高度な冶金《やきん》の技術が必要ですし、それに、文字を操る語学力、文字知識を持つ人たちの協働がなくてはなりません。ここに**初期の日本語の表記**が見えるわけです。

はるばる大陸や半島からやって来た人たち(六)によって、これらの高度な技術を持った大陸文化はもたらされました。もともと漢語を母国語とする彼らが、**異国の言語をどう表記するか**、たいへん悩んだはずです。これらを眺めますと、その苦労の跡を偲《しの》ぶことができます。いま私は彼らとよびましたけれども、もともと日本に暮らしていた人と、海をわたってやって来た人々は混血し、古代日本人——私たちの祖先——となりました。

(三) 古墳…豪族の墳墓。

(四) 象嵌…地となる素材に、ほかの素材を嵌(は)め込む工芸の技法。

(五) 36ページコラム「仮名表記の必要性——人物画像鏡」参照。

(六) 四~七世紀頃に中国や朝鮮半島から日本列島へ渡来し、そのまま定住した人々。渡来人。

漢字から仮名へ――万葉仮名

奈良時代の後半、**天平《てんぴょう》時代**のことです。奈良の**東大寺正倉院《しょうそういん》**には、聖武《しょうむ》天皇(七)が亡くなったあと、天皇遺愛の品々を、光明《こうみょう》皇后(八)が奉納した宝物が伝わっていて、その中に「**正倉院文書《もんじょ》**(九)」という一群の文書があります。

当時、要らなくなった書類を廃棄せずにとっておいた「**ごみの山**」(塵芥《じんかい》文書)で、その膨大な量は、専門家によって、一万とも一万五千とも言われます。数が決まらないのはそれが数え方によって異なるからで、「ごみ」たる所以《ゆえん》です。また、それは**宝の山**でもあります。その中に二通の仮名文書が含まれており、今それは「**万葉《まんよう》仮《が》名《な》文書《もんじょ》**」とよばれています(⬇18ページ参照)。

聖武天皇と写経

さて、聖武天皇は**仏教**を熱心に広めようとしたことで知られます。仏教を普及させるためにはテキストとしてのお経が必要です。そこで、聖武天皇は、経典の作成を「**写経所**」でおこないました。その建物も建造され、そこで、多くの人たちが経典の作製に従事していました。料紙《りょうし》を繋いで、界《かい》(罫《けい》)を引いたり(十)、紺紙《こんし》などに金銀泥《きんぎんでい》などを用いて揮毫《きごう》したものもあります(十一)。身を清めた**写経生**たちによってお経は書写されます。そののち、誤字や脱字を校正したり、金字の

(七)聖武天皇…七〇一(大宝元)~七五六(天平勝宝八)。仏教を厚く信仰し、東大寺および大仏、国分寺を創建した。

(八)光明皇后…七〇一(大宝元)~七六〇(天平宝字四)。聖武天皇の皇后。

(九)正倉院文書…宮内庁正倉院のウェブサイトにて、全巻を撮影したマイクロフィルムを閲覧することができる。

(十)料紙は書写のための紙。界は料紙の上下や行間に引かれたガイド線で、罫(罫線)に同じ。

(十一)紺紙は紺色に染めた紙。金泥や銀泥で写経するために用いる。金泥・銀泥は、それぞれ金粉・銀粉を膠(にかわ)で溶いたもの。

上を猪牙《ちょき》（イノシシの牙）で磨いて光を出すなど、数多くの過程を経て経典は完成します。ここで働く人々はみな**国家公務員**なのです。

裏面に残った重要史料

写経所が造られ、運営される上で、たくさんの書類が作られ、それらが遺されました。現存するその中には、紙は貴重ですから、いったん用が済んだものを裏返して再度利用されたものもありました。今お話しした二点の「**万葉仮名文書**」は、いずれもそうした写経所関係書類の裏側から見つかった文書なのです。古文書学の方ではこれを「**紙背文書**《しはいもんじょ》（十二）」とよんでいます。

ところで、正倉院文書中の二通の「**万葉仮名文書**」（ただし、これは手紙ではありません）は役人の書いた書類で、まだここには連綿体（続け字）はありません。各字がみな独立した、一字一音の仮名なのです。しかし、ここには今私たちが使う仮名の原形が随処にうかがえるのです。つまり、草仮名《そうがな》（➡25ページ参照）へと移行する前の、**万葉仮名**がまさにこれなのです。

この文書は、紙が表・裏と二回使用されたおかげで、たまたま裏側に遺された一次使用の文面が読めるのです。古代・中世の文書においては、このように、紙背文書の中に珍しいものが発見される例はけっして少なくありません。

【猪牙】

（写真：玉林堂提供）

（十二）紙背文書…古文書の裏面を二次使用して別の文書が書かれた場合、最初に書かれていた表面、つまり一次使用の文書を指して紙背文書という。「万葉仮名文書」は一次使用の文書、つまり紙背文書であり、裏面には石山寺の造営に関する文書が書かれている。

ところで、「**万葉仮名**」という名称は、七世紀後半から八世紀後半に作られた歌集、『**万葉集**』にちなむものです。しかし、万葉集が作られた当時の仮名がいったいどのようなものだったかとなりますと、はっきりとしたことはわかりません。万葉集の**原本**がないからです。現存する万葉集最古の写本は、**平安時代中期**に書き写された「**桂本《かつらぼん》万葉集**」まで時代が下がります。それも、完全に遺っているのは巻四だけで、ほかはみな断簡となっています。

桂本万葉集巻四は、もと、加賀の**前田利家《まえだとしいえ》**(十三)の妻、**芳春院《ほうしゅんいん》まつ**(十四)の所蔵品でした。これが八条宮《はちじょうのみや》家(のちの桂宮《かつらのみや》家)に伝来したことからのよび名です。

ここには和歌を**万葉仮名と変体仮名《へんたいがな》**(➡25ページ参照)とで併記しています。

つまり、平安時代中期には、万葉仮名で書かれた「万葉集」本文はこれだけで読むことは難しいので、当時用いられ始めた新しい仮名をつけるようになったのです。万葉仮名というのはひとつの**訓**(読み)が定まっていたわけではありませんから、当初から難読だったはずです。万葉集の原本の仮名がどのような体だったかははっきりわかりませんけれど、たぶん、楷書《かいしょ》体か、もしくはそれに近いものだったでしょう。

(十三)前田利家…一五三八(天文七)~一五九九(慶長四)。安土桃山時代の武将。加賀藩前田家の祖。

(十四)芳春院まつ…一五四七(天文十六)~一六一七(元和三)。前田利家の正室。

ハイブリッドな日本の文字

あらためて文字の歴史をまとめてみますと、弥生時代中期に日本にもたらされた貨幣「**貨泉**」に鋳られた文字が、日本に伝わった最初期の漢字でした。それから遥か古墳時代を経て、「**やまとことば**(十五)」を書きあらわすために、漢字の「意」を捨て去った「**音**」**のみを借用する**方法が考案されることになります。それと同時に、字体もくずされてゆきます。この使用法を「**仮名**」とよんでいるのです。ですから、中国にはない、日本で独自に作られた仮名文字の体は、中国での**草書体**(十六)とは別な発達を遂げたのです。

ところで、有史以前から話していた「**やまとことば**」はもともと仮名でしか表せないものでしたが、その義に相応した**適切な漢字を付与する**ことにより、それを仮名でなく漢字で表すことも行われ、その結果として、文意も理解されやすくなりました。仮名だけの文章は、きわめて難解なのです。このように、**漢字と仮名と、両者の特性を生かした文字**を組み合わせ駆使する、日本語の表記方法は、まさにハイブリッドではないでしょうか。

(十五)やまとことば…日本固有の言葉。和語。漢字の「訓読み」がやまとことばに相当する。

(十六)20ページコラム「書体の歴史から見た草書のはじまり」参照。

今ではすっかりなじんでいるけれど、漢字はもともと外国語なのですね。

参考

万葉仮名文書（部分）

①甲種〈続修別集〈中倉18〉第48巻　9ページ〉

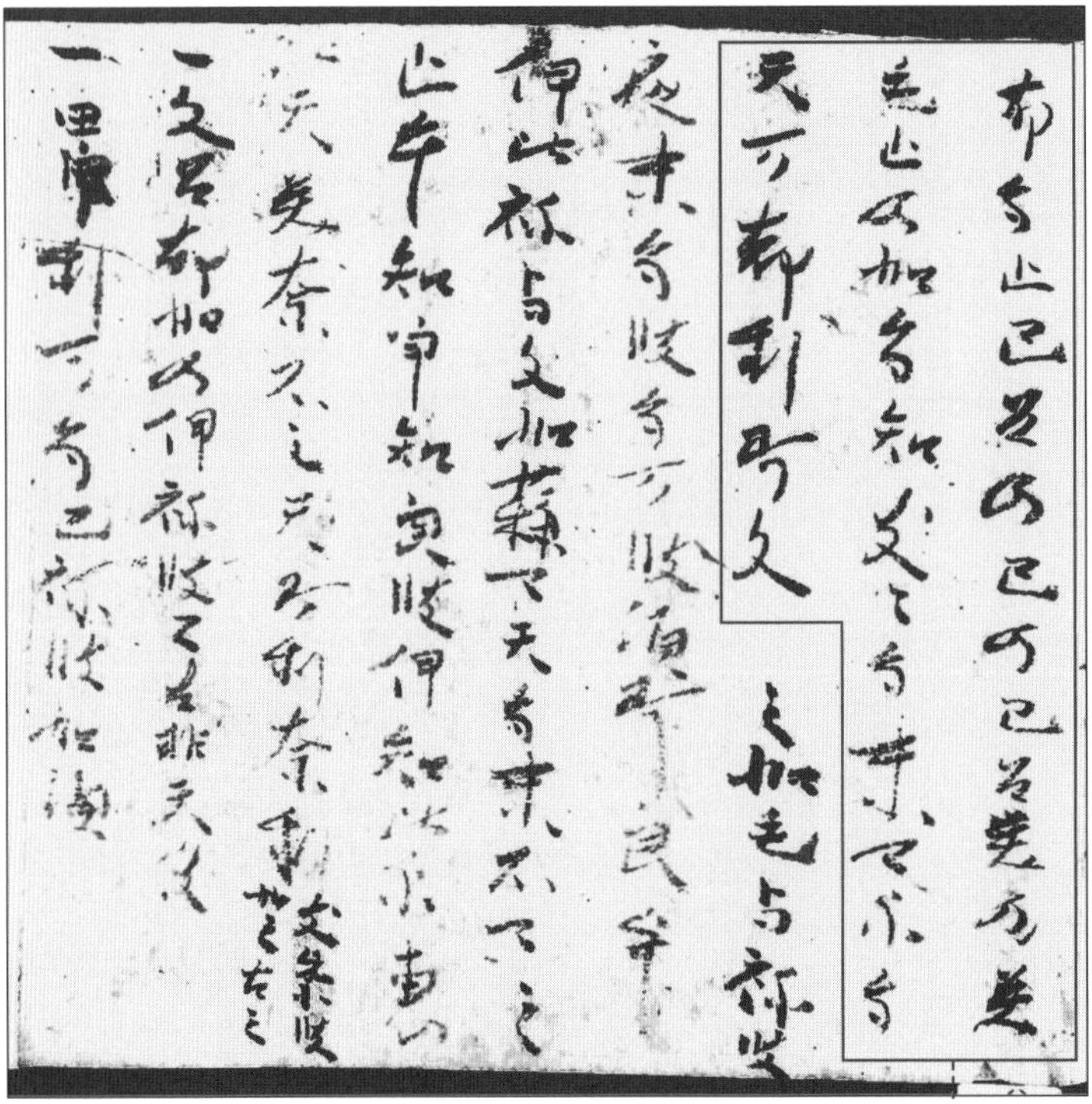

布多止己呂乃己乃己呂［美］乃美
（ふたところのこのころのみ）
毛止乃加多知支々多末部尓多
（もとのかたちき、たまへにた）
天万都利阿久…
（てまつりあく…）

【通しての読み】
二所の、この頃の御許の形聞き給えに、奉り上ぐ…

※［　］内の字は、一度書かれた後に消されたもの。

②乙種（続修別集〈中倉18〉第48巻　10ページ）

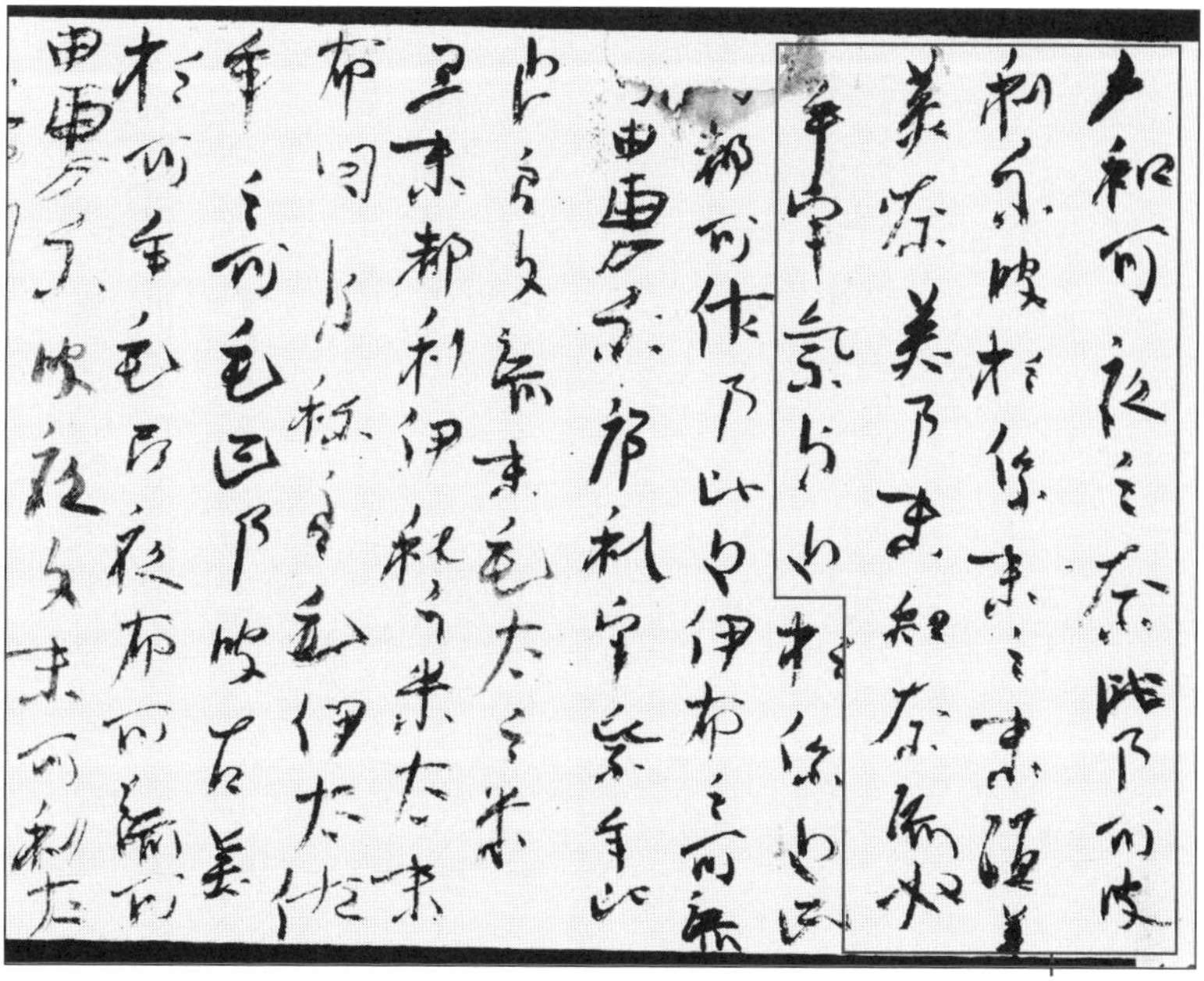

（画像は宮内庁正倉院ホームページ「正倉院宝物（文書）」から借用し、明度・コントラスト等を調整してあります。）

【■】和可夜之奈比乃可波
（わかやしなひのかは）
利尓波於保末之末須［美］
（りにはおほまします）
美奈美乃末知奈流奴
（みなみのまちなる奴）
乎宇気与止…
（をうけよと…）

【通しての読み】
我が養いの代わりには、大座します南の町なる奴を受けよと…

※最初の字は書きかけで消されている。

コラム

書体の歴史から見た草書のはじまり

本書で「くずし字」とよぶものは、書体としては「草書」にあたります。ところで、書体の歴史から言いますと、くずし字というのは、**楷書**や**行書体**から生まれたものではありません。私は教室で板書しながら、「この字をくずすと…」などと説明はしますが、それはその字体のくずされた歴史ではないと思ってください。

ここで、**中国**における草書体の生まれた状況について大まかに触れておきましょう。

亀甲獣骨文字（甲骨文字）

漢字の起源は**殷**《いん》(一)の時代の**亀甲獣骨文字**《きっこうじゅうこつもじ》（**甲骨文字**）に始まります。王がその年の吉凶、自然現象、戦乱の有無などを占うために、臣に命じて亀甲や牛の肩甲骨などに穴をあけ、それを火であぶったときの、ひびの入り具合で吉凶を判断させました。その穴の側に刻された文字が漢字の始まりです。

大篆と小篆

その後、周(二)になり、盛んに作られ始めたのが、さまざまな形の**青銅器**です。当時の青銅器の銘文には、甲骨文字から変わった「**篆書**《てんしょ》」が用いられました。はじめは地域によっても少しずつ字体の違いを持っていまして、これを「**大篆**《だいてん》」とよびます。

大篆の持つこうした不便さを解消するために、統一国家を作った**秦**《しん》の**始皇帝**(三)は大篆を廃止し、字体を統一するという大きな改革を行いました。こうして生まれた篆書体が**小篆**《しょうてん》です。つまり大篆は古い時代の、そして小篆は新しい時代の篆書というわけです。現代の書家や篆刻家の間では、小篆よりも古雅な味わいを持つ大篆が好まれているのです。

【大篆「石鼓文」】

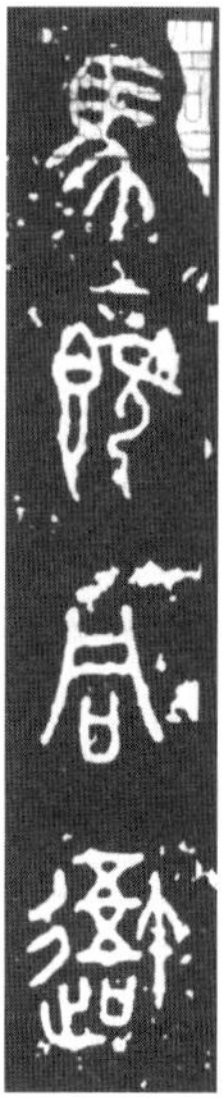

【小篆「泰山刻石」】

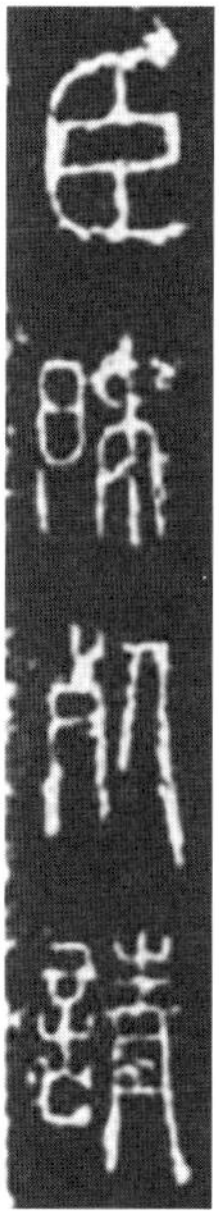

（画像：国立国会図書館デジタルコレクション『昭和新選碑法帖大観第1輯 第6巻』より〈大篆〉／『漢字要覧 31版』より〈小篆〉）

隷書

そして、**漢時代**になると篆書から**隷書**《れいしょ》が作られます。隷書を発明した人が誰かはわかっていません。おそらくこれは個人の仕事ではなかったはずです。中国西部の楼蘭《ろうらん》や敦煌《とんこう》の砂漠などで数多く見つかっている**木簡**や**竹簡**は、紙が発明される以前の貴重な隷書の遺品なのです。

紀元前二世紀には紙らしきものが作り始められ（放《ほう》馬灘紙《ばたんし》）、隷書というのは、さらに改良されたこの紙や筆を使うととても書きやすい書体でした。後漢のころになって、紙が書写材へと実用化します。大きな変遷はありますけれど、今に続く筆、墨、硯、紙（これを**文房四宝**とよびます）の発明が、当時の漢字の生成・発展に大きく寄与したのでした。

【隷書「曹全碑」】

（画像：国立国会図書館デジタルコレクション『昭和新選碑法帖大観第2輯 第7巻』より）

草隷

筆で書くのには適した隷書だったのですが、急いで書こうとしても、**文字を続けることができない**という不便さがありました。ですから、急ぎの手紙などの場合には、これをくずしたり、文字どうしを続けたり、省筆するなどの方法が考え出されました。もともと、「草書」の「草」とは「**急ぎ慌てるさま**」をも意味することばなのです。急いで書くから、くずして書く。それが草書なのですね。これが、隷書から草書の生まれた背景です。これを「**草隷**《そうれい》」とよびます。

王羲之

魏晋南北朝時代、中国の南方**東晋**《とうしん》(四)で活躍した、後世「**書聖**」とあがめられる天才書家**王羲之**《おうぎし》(五)は、このころ使われるようになった草書を駆使して、数多くの手紙の名品を遺しました。ただし、残念ながら王羲之の直筆はひとつも現存しません。すべて後代になって、模写されたものばかりなのです。

王羲之の草書の中で、特に評価が高いものが「十七帖」という手紙です。冒頭にある「十七」の二文字を取ってこのようによばれています。

【王羲之「十七帖」(草書)】

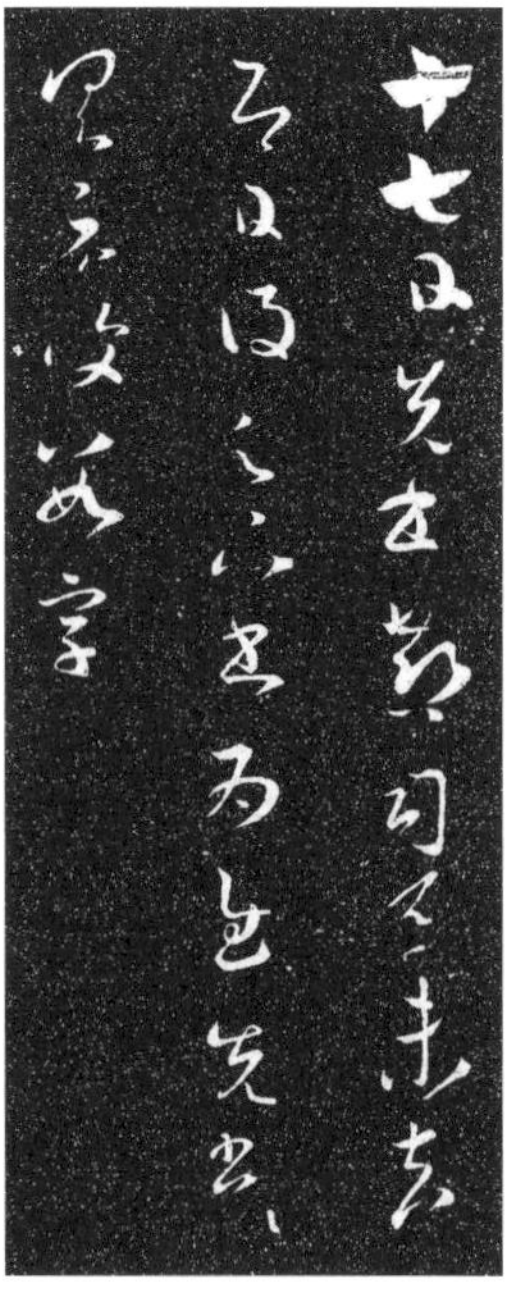

(画像：国立国会図書館デジタルコレクション『王羲之十七帖』より)

楷書

ここで押さえておきたいことは、王羲之当時はまだ**楷書**というのは完成されてはいなかったのです。いま私たちが使っている楷書は、六世紀末に建国された**隋**《ずい》(六)から、**唐**(七)の中ごろにかけて形づくられました。八世紀半ばのころの石碑文には今とほとんど変わらない楷書体の石碑が少なくありません。これら多くの書の名品が現在、中国陝西省《せんせい》西安市《せいあん》(長安)の碑林《ひりん》に集められて保管されています。

私たちになじみの深い楷書というものが最も美しく洗練されたのは、唐時代です。少し細かく言いますと、初唐の**太宗《たいそう》**皇帝のころ、**欧陽詢《おうようじゅん》**（八）や**虞世南《ぐせいなん》**（九）、**褚遂《ちょすい》良《りょう》**（十）といった官僚が模範的な楷書体を作りあげたのでした。この三人を**初唐の三大家**とよんでいます。これをもって楷書の完成と見るのです。

【欧陽詢「九成宮醴泉銘《きゅうせいきゅうれいせんのめい》」（楷書）】

（画像：国立国会図書館デジタルコレクション『九成宮醴泉銘 上（赤城和漢名蹟叢書 第11巻）』より）

これまでの説明で、**楷書体よりも草書のほうが先に生まれた**状況がご理解いただけたと思います。やや蛇足になりますが、今、新聞や本などで目にする活字、「明朝体」は、明時代（一三六八～一六四四）に作られたものです。

（一）殷…紀元前十六世紀頃～紀元前十一世紀。「商」ともよばれる。紂王の時代に周によって滅ぼされた。

（二）周…紀元前十一世紀～紀元前二五六。文王の子・武王が殷を滅ぼして建国。秦によって滅ぼされた。

（三）始皇帝…紀元前二五九～紀元前二一〇。秦の初代皇帝。姓は嬴（えい）、名は政。諸国を征服して天下統一を果たした。

（四）東晋…三一七～四二〇。晋（西晋）の滅亡後、司馬睿が江南で再建した王朝。建康（現在の南京）に都を置いた。

（五）王羲之…三〇七頃～三六五頃。東晋の書家。「蘭亭序」などの作品が有名。

（六）隋…五八一～六一八。南北朝を統一した王朝。日本からは遣隋使が派遣された。

（七）唐…六一八～九〇七。隋の後を継いで中国を統一。都は長安。律令制などを確立し、日本にも大きな影響を与えた。

（八）欧陽詢…五五七～六四一。唐・高祖の命で『芸文類聚』百巻を編纂。

（九）虞世南…五五八～六三八。唐・太宗に重用された。楷書の代表作に「孔子廟堂碑」がある。

（十）褚遂良…五九六～六五八。太宗に重用されるが、高宗の時代に則天武后の立后に反対して左遷された。代表作「雁塔聖教序」。

三 くずし字を読むための知識

平仮名の字母

さて、平仮名の話です。いま私たちが使う平仮名は約五十です。そして、その仮名には字母《じぼ》(一)があります。

【平仮名五十音の字母】

字母	平仮名	字母	平仮名	字母	平仮名
安	あ	奈	な	良	ら
以	い	仁	に	利	り
宇	う	奴	ぬ	留	る
衣	え	祢	ね	礼	れ
於	お	乃	の	呂	ろ
加	か	波	は	和	わ
幾	き	比	ひ	為	ゐ
久	く	不	ふ		
計	け	部	へ	恵	ゑ
己	こ	保	ほ	遠	を
左	さ	末	ま		
之	し	美	み		
寸	す	武	む		
世	せ	女	め		
曽	そ	毛	も		
太	た	也	や		
知	ち				
川	つ	由	ゆ		
天	て				
止	と	与	よ		

(一)字母…その仮名のもとになった漢字。

選ばれた平仮名と変体仮名

現在の五十という数字は、歴史的には最も少なくなったものです。時代をさかのぼるほど、多くの仮名文字が使われていました。平仮名以外の、主に古典の書写などに多く見ることのできる仮名を、今は便宜的に「**変体仮名**《へんたいがな》(一)」とよんでいます。これら変体仮名は、時代を追ってその数を減らしますが、これを知らないと、古典の学習者は不自由をきたすというわけです。

はじめは楷書体の「**万葉仮名**」でも、早く書こうとしてそれらが徐々にくずされます。そうした移行過程にある体を「**草仮名**《そうがな》」とよぶ人もいます。さらにこのくずしがどんどん進みますと、もとの字形からすっかり変わってしまいます。そうしてでき上がった草仮名から、五十の平仮名が選ばれました。

平安時代の草仮名の数はたいへんに多く、また変化に富んでいました。そして、鎌倉時代以降はおおむねその形を踏襲していまして、新たな仮名というのは作られなかったのではないかと私は思っています。もちろん例外はあるかも知れません。

仮名の字母数がもっとも多かった平安時代に始まり、およそ千年の時を経て、それらの中から使われることの少ない字は徐々に淘汰《とうた》され、消えてゆきます。そして主なものだけが残り、それが現在の平仮名となったのです。そして、平仮名とは違う形の仮名を「変体仮名」とよぶことにしました。変体仮名といいまして

(一) 変体仮名…現在使われている平仮名とは字体の異なる平仮名。現行の平仮名と字母は同じだが、くずし方が異なるものもふくめる場合がある。なお、現在使われている約五十の平仮名は一九〇〇(明治三十三)年の小学校令施行規則において左のように定められた。

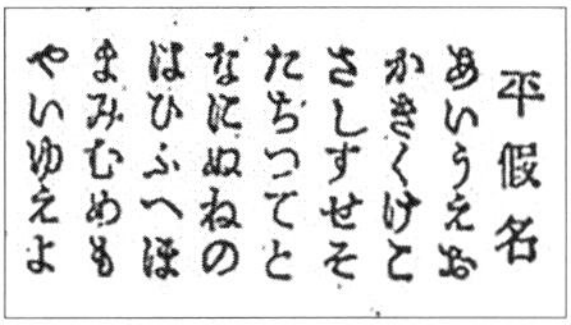
平假名
あいうえお
かきくけこ
さしすせそ
たちつてと
なにぬねの
はひふへほ
まみむめも
やいゆえよ

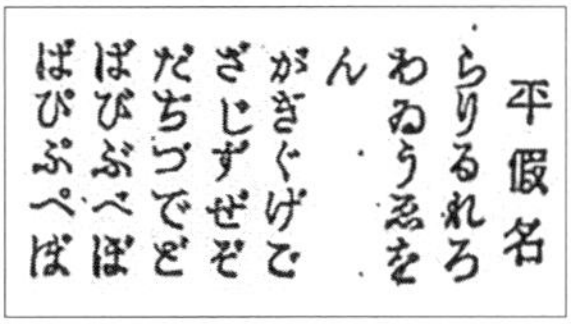
平假名
らりるれろ
わゐうゑを
ん
がぎぐげご
ざじずぜぞ
だぢづでど
ばびぶべぼ
ぱぴぷぺぽ

(国立国会図書館デジタルコレクション『法令全書 明治33年』より)

も平仮名の形によく似るものもあり、はっきりと両者に境界線は引きづらいところもあるようです。

【変体仮名の例】

①北斎《ほくさい》『東海道五十三次』より

【例①】

「にほんばし」という振り仮名の「ほ」と「は（ば）」が変体仮名。

 「本」を字母とする「ほ」

 「者」を字母とする「は」（濁点付き）

（画像：国立国会図書館デジタルコレクション『東海道五十三次』〈北斎〉より）

② 菱川師宣《ひしかわもろのぶ》『大和絵つくし』より

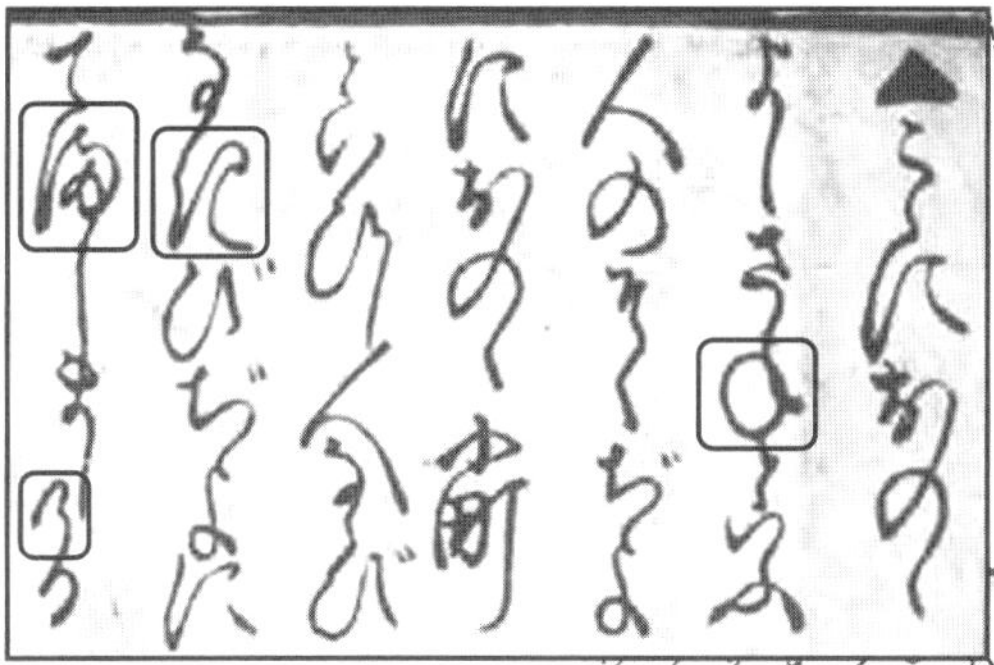

ここには、美女として名高い「小野小町」のお話が載っています。

【例②】

「ね」「き」「ま」「け」の変体仮名が使われている。

 「年」を字母とする「ね」

 「起」を字母とする「き」

 「満」を字母とする「ま」

 「介」を字母とする「け」

（画像：国立国会図書館デジタルコレクション『大和絵つくし』〈菱川師宣〉より）

使用頻度の高い省筆文字

使用頻度の高い文字ほど、大胆に省筆されるという傾向があります。それらは、草書といったものからさらに進んで、一種の記号と化してしまうのです。手紙にはそれがいくつかあります。

(1) 丁寧語の「御」（おん、ご、お、み）

↓142ページ参照

多くは語の上に来ます。くずしでは、のようですが図1、点は後から左側に打たれることが多いのです。

(2) 尊敬・受身を表す「被」（れる・られる）

↓52ページ参照

下から返って読まれます。これは活用語です。、のようにくずされます図2。原則として、右側の点は初めに打たれます。後から打つ場合にも、「御」と違って、点は右側に来ます。また、点は省略される場合もあります。

(3) 文末に来る「候」

↓51、53ページ参照

かつて文章を書くときの文体を「候文《そうろうぶん》」といいまして、「候」で終わるのがふつうでした。そのとき画数の多い「候」を書くのは面倒ですから、筆を押さえるだけの記号のような「」になってしまいます。ただし、これとよく似てはいる

図1

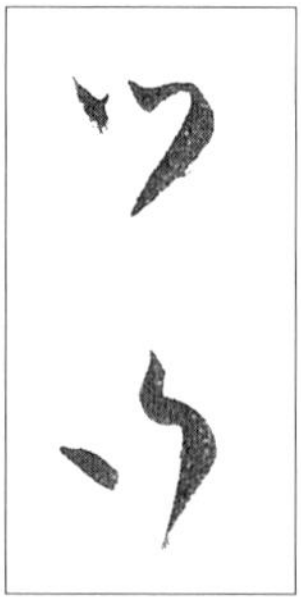

図2

図3

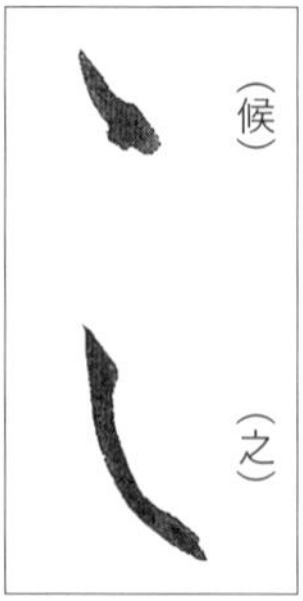

のですが、点ではなくしのように、やや長めに引かれるものは「之《の》」と読むほうがよいのです図3。

(4) 区切りを入れる語の「間」 ⬇80、90ページ参照

これは接続助詞のような働きを持ち、「…ので」、「…ところ」という意味です。この語は文の区切り目として前の叙述が後の叙述の理由・原因であることを表したりします。もともとこの文字は門構《もんがま》えに日を書いていたわけです。る、る、るという具合に、「間」の「門構え」は徐々に小さくなりました図4。字を書こうとするとき、人はおおちゃくなものですから、大きい筆の動きは徐々に小さく、簡略化されてゆく傾向にあります。そしてこのような形に落ちついたわけです。

(5) 接続助詞の「而《て》」 ⬇80ページ参照

る、るは仮名ではなく、漢文の「而(しこうして)」がくずされた字形です図5。字形は平仮名の「る」に似ています。

第二・三章「読み解き編」で、実際の古文書に出てくるくずし字を確認してみましょう。

図4

図5

※「間」と「而」のくずし字はたいへん似ていることがあるので注意が必要。

書止文言

現代の手紙を書くときにも使われる言葉が**書止文言**《かきどめ》です。たとえば、文頭の挨《あい》拶《さつ》「**前略**」や「**拝啓**」などと、文末の「**草々**（**早々**）」や「**敬具**」「**敬白**」などとの対応関係があります。今は、急いで書く場合には、挨拶語を省略して「前略」となりますから、「草々」で終わるという組合せです。急ぎではない場合には前文（挨拶）を書きます。たしかにそれはその通りなのですが、このように定式化したのは近代になってからのことかも知れません。

書止文言の「誠恐」「恐惶」「恐々」などのいずれを選ぶかについては、かつては相当に神経を使ったようです。なぜなら、「この身分の相手にはこの文言を使う」という固定的な決まりは存在せず、相手と自分の関係に応じて相対的な敬意の厚薄を考える必要があったからです。

書止文言のなかに「かしく」（かしこ）があります。これは「畏《かしこ》まる」という動詞の語幹で、「謹んで申し上げます」の意です。この語はかつては男女の別なく用いられましたが、今では女性語と書いている辞書もあります。

◆「かしく」の筆法

①②③

【書止文言の筆法】

書止文言は手紙の決まり文句なので、一般的なくずし字を覚えておくと手紙の読解に役立つ。

◆**恐惶**

◆**恐々**

◆**謹言**

◆**頓首**

漢文的な読み方

今の日本語表記にはありえないことですが、和文であるにもかかわらず、古い表記の仕方にはわずかに**漢文的**なものが残存していまして、**返り点**をつけて読むとわかりやすい字句もあるのです。高等学校で漢文を習ったときの、**レ点**、**一二点**、**上下点**などを思い出してください。それを付けると読み易くなるのです。ごく限られた字句にすぎませんので、覚えておきましょう。

たとえば次のようなものです。

(1) 可被 ⬇ 可《ク》レ被《ル》（らるべく）

(2) 被申 ⬇ 被レ申《サ》（申され）

(3) 可被申 ⬇ 可《ク》レ被レ申《サ》（申さるべく）

(4) 宜預御披露候 ⬇ 宜《シク》《ク》レ預《カル》二御披露《ニ》一候（宜しく御披露にあずかるべく候）

「宜（よろしく）…べシ」は再読文字のひとつでしたね。再読文字については次に述べます。

【返り点】

◆レ点…下の字から上の字に返って読む。

[2]レ[1]

◆一二点…左下に「一」が付いている字から、「二」が付いている字に返って読む。二字以上前に返る場合に使われる。

[3]二 [1] [2]一

◆上下点…一二点の付いた字を読んだあと、まず「上」が付いている字を読み、次に「下」がついている字に返って読む。

[5]下 [3]二 [1] [2]一 [4]上

⑸ 雖可申候 ⬇ 雖モ二可クレ申候スト一（申すべく候と雖《いえど》も）

これらはいずれも漢文体の名残りです。かつては漢文は**男性の教養**として学ばれましたから、その漢文につけられた返り点がここでも使えるわけです。ですから、これらは**女性が書いた仮名消息《かなしょうそく》**(三)には使われないようです。

多くの場合、仮名の手紙というのは女性どうしか、男性から女性に宛てる手紙に用いられました。男性どうしで仮名手紙を書くこともあるのですが、言葉に女性用語が使われることは少ないようです。

再読文字(四)というのも漢文で教わります。漢文に出てくる再読文字には「宜…ベシ」のほかにも、

猶（なお）…ゴトシ　将（まさに）…ス　応（まさに）…ベシ
須（すべからく）…ベシ　未（いまだ）…ズ

などがあるわけですが、手紙にわりとよく出るのは、「宜（冝）」です。

これらは、本来再読文字として、戻って読まれるのが原則ではありますけれど、時代とともに再読されない場合も出てくるようです。

【下から返って読む字の例】

可（べし）※可能・当然の助動詞
被（る・らる）※尊敬・受身の助動詞
使・令（しむ）※使役の助動詞
為（ために・として）
雖（いえども）
有（あり）
無（なし・なかれ）
不（ず）
非（あらず）
従・自（より）

仮名消息の慣習的表現

仮名消息についても同様、慣習的な書き方というべきものがあります。

日本独特の**省筆**《しょうひつ》が行きついた形である仮名文字は、一字一字単体で書かれるよりも続けて書かれること（**連綿体**）がほとんどです。それがさらに進みますと、これも一種の**記号化**です。これがいつ始まるかといいますと、遺された史料はさほど多くはないのですが、平仮名の美しさが磨き上げられる**平安時代**の中ごろにはすでに始まるものがあります。

いくつか例をあげましょう。

(1) おほえ候て
（思《おぼ》え候て）

(2) まいらせ候
（参らせ候）

(3) 候へく候
（候《そうろう》べく候）

(4) まいらせ候へく候
（参らせ候べく候）

(5) まいらせられ候
（参らせられ候）

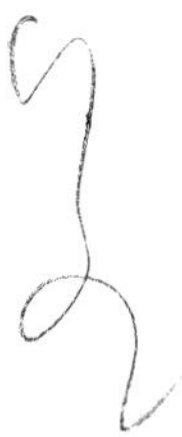

（三）仮名消息…平仮名で書かれた手紙。「消息」は手紙のこと。

（四）再読文字…漢文中の字で、訓読するときに二度読むもの。

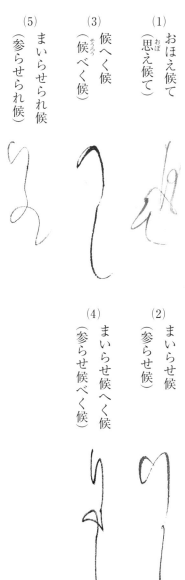

参考

本書に出てくる変体仮名の例

第二・三章「読み解き編」では、次のような変体仮名が登場します。

◆か（可）

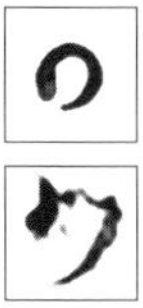

◆さ（佐）

◆に（尓／爾）

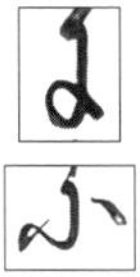

◆は（者）

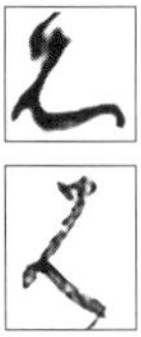

◆れ（連）

◆け（介）

◆た（多）

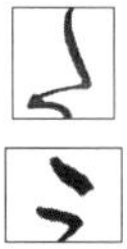

◆に（耳）

◆も（茂）

◆わ（王）

◆こ（古）

◆と（登）

◆ね（年）

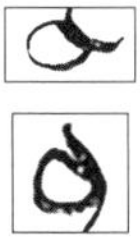

◆れ（礼／禮）

◆を（越）

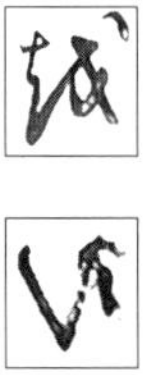

変体仮名は種類が多く、書き手によってくずし方もさまざまです。ひとつひとつの用例をじっくり観察し、少しずつ慣れていきましょう。

【参考ウェブサイト】

●国立国語研究所「学術情報交換用変体仮名」 https://cid.ninjal.ac.jp/kana/

●人文学オープンデータ共同利用センター「Unicode 変体仮名一覧」 http://codh.rois.ac.jp/char-shape/hentaigana/#

練習

変体仮名を読んでみよう　北斎『東海道五十三次』

右ページを参照しながら、地名の振り仮名を読んでみましょう。

(一)

(二)

(画像の出典は26ページに同じ。)

【答え】(一)くわな　わ（王）が変体仮名。
(二)さかのした　か（可）・た（多）が変体仮名。

コラム

仮名表記の必要性——人物画像鏡

江戸時代から知られるようになった銅鏡《どうきょう》のひとつに、五〇三年（あるいは四四三年）に作られたという『人物画像鏡《じんぶつがぞうきょう》（二）』があります。

【人物画像鏡（模写）】

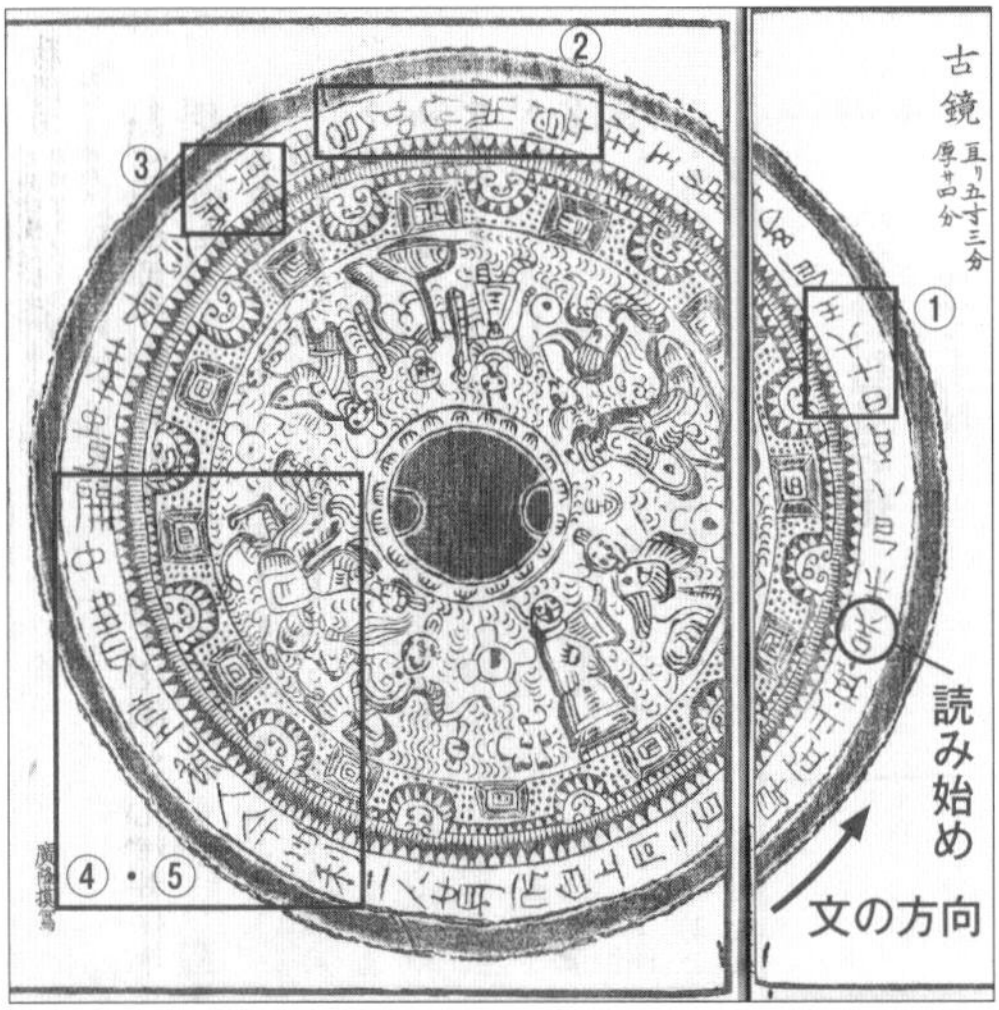

（画像：国立国会図書館デジタルコレクション『紀伊國名所圖會〈初〉・2編6巻、3編6巻 三編〈二之巻〉』より。赤字・赤線は加筆。）

この鏡の内周に鋳られた銘文（二）は、一見したところ、漢字の羅列に見えますが、漢字に混じって、ここにはわずかながら「やまとことば」があるのです。一見したところ稚拙な書に見えますが、鋳型を作るとき、書いた文字は反転させますから、水平線が右上がりとなれば、文字は逆に右下がりになるわけです。

これを読んでみますと、漢字を用いて、日本語（やまとことば）をあらわそうと涙ぐましい努力をしているのがわかるのです。具体的に見てゆきましょう。鏡の内側を一周して、これが作られた経緯が四十八文字で記されています。

この漢文体の中に、①「**日十大王《ひそだいおう》**」（人名）、②「**意《お》柴沙加宮《しさかのみや》**」（地名）、③「**斯麻《しま》**」（人名）、④「**開中費直《かふちのあたひ》穢人《えひと》**」（人名）、⑤「**今州利《いますり》**」（人名）といった日本の固有名詞があるのです（読み方には諸説あります）。

ここに見える漢字と仮名を繋いだものを見ても、その文字の「字（書）体」だけでは、漢字、仮名の区別はできません。文章の流れとしては漢文ですが、地名や人名などの日本固有の名詞などは漢字では書き表せません。この問題を解決するために、しかたなく**漢字の持つ音だけを借りて**それを書き表そうとしました。こうして生まれた表記方法が仮名文字という使い方なのです。五世紀半ばから、六世紀始めにかけてのことでした。

ですから銘文を一見したところでは、すべて漢字の羅列のように見えます。しかし、じつは漢文を基調としながらも、そこに仮名を用いて「やまとことば」を上手くとけ込ませているのです。こうした表記が仮名の出発点となりました。文章中から一字だけ抜き出して問われても、また、たとえそれが楷書体であろうと草書体であろうと、漢字なのか、仮名なのかの区別はそれだけではつきません。**文脈におけるその文字の「意味」の有無で、漢字か仮名か**がわかるものなのです。

くり返しますが、字体は楷書体で書かれていても、音を表すだけですから、「意柴沙加」は仮名なのです。仮に草書体にくずされていても、その文字に意味がある（表意文字）のであればそれは漢字です。意味はなく、音だけあらわす（表音文字）ならばそれは仮名文字だということなのです。文字のくずし方や形で判定するのではなく、その文字に義があるのか、あるいは音だけを表すものなのか、文脈において判断しなくてはわからないのが漢字か仮名かという点です。

（一）人物画像鏡…和歌山県橋本市の隅田（すだ）八幡神社蔵。

（二）「癸未年八月日十大王年男弟王在意柴沙加宮時斯麻念長奉遣開中費直穢人今州利二人等取白上同二百旱作此竟」と刻まれている。大意は「癸未の年八月、日十大王の年、男弟王が意柴沙加宮にいます時、斯麻が長寿を念じ、開中費直穢人・今州利の二人らを遣わして白上同（＝銅）二百旱を取って此の竟（＝鏡）を作る」（所説あり）。

四 くずし字読解と辞書

読めないから、辞書を引けない！

くずし字を覚えるためには**辞書**が必要です。近年は書店に行けば、古文書のコーナーには何種類もの解読のための辞書や、入門書が置いてあります。ここでは、くずし字を引くための辞書の使い方のコツをお話ししましょう。とはいえ、私の話は自然、辞書を作る側の立場となってしまうことをお許しください。

私は、「**辞書の命は引きやすさにあり**」だ、と心得ています。読めない文字に出会ったとき、それを読もうと格闘している人は、少しでも早く目的の文字にたどり着きたいわけです。ところで、くずし字の辞書が語学の辞書と違う点は、**読めない字を引く**のですから、つまり、**どこから引いたらよいかわからない**というところにあります。

市販の多くの辞書の配列は、おそらく漢和辞典と同じく、**部首**ごとに並んでいるでしょう。こうした並べ方は、字が読めるということが前提となって、そのくずし方を知るための配列なのです。ですから、逆に、読めない字を引くためには、けっして便利とはいえません。読めない一字を探すために、分厚い辞典を端からあたってゆくのは困難です。この点が、語学の辞書と大きく異なります。

「」…どこが部首？
部首のくずし方を覚えると…
「辶」の漢字だな。
辞書の「辶部」を見てみよう。

部首のくずし方を覚えよう

この不便を克服するために、辞書の視点を大きく変えて、書き始めの第一画に注目して配列している辞書もあります。新しい、辞書編集上の一つのアイデアです。しかし、考えてみますとそのやり方というのは当然、部首による配列とは無関係になります。漢字の多くは、部首によって成り立っているものなのですから、この検索方法というのは異色なものといえましょう。

そこで私は次のように考えます。読めない字を探す場合、その漢字の持つ**部首に着目することがかなり有効となる**はずです。たとえその文字は読めなくとも、せめて字の部首が何であるかが正しく判断できれば、まず、その部首のところを丹念に探してみることにより、目的の字に行き当たる可能性は高くなります。ですから、漢字のくずし字読解の第一歩として、まずは主な部首のくずし方を覚えることをおすすめします。

私自身、読めない字に出くわしますと、くずし字の辞典のほか、**漢和辞典**もよく使うのです。なぜかといいますと、ある程度、部首がはっきりとわかるものなら、その部首を持つ文字をあたってみることで見つけられることがあるからです。**人偏**《にんべん》、**行人偏**《ぎょうにんべん》、**阜偏**《こざとへん》、**言偏**《ごんべん》、**隹**《ふるとり》や**頁**《おおがい》といった**部首のくずし方**を覚えておくことはたいへんに有効です。たとえば、この字はどうやら「辶」の字だと見当が立てば、辞書の「辶」の部を探すことによって目的の文字にたどり着くわけです。

【部首のくずし方の例①】

◆人偏

◆言偏

◆隹

やはり「手紙」は手ごわい！

そういう面では、漢字の成り立ちというのはたいへん合理的です。部首のくずしはおおむね決まっていますし、また、部首はその字の音《おん》や義にも深くかかわりを持っています。

しかし、個人間でのやりとりとしての手紙などは、相手次第で、くずし方も大胆になったり、あるいは、書き進むにつれてとかく筆が走って読みにくくなったりもします。古文書の中でも、手紙のような難しいものを読みこなそうとしますと、さほど簡単ではありません。私たちが時日をかけて、多くの実例を頭の引出しに溜《た》めながら、経験を重ねてゆく以外に王道はないのです。このことを逆にいいますと、手紙という〈難度の高い領域〉を制覇《せいは》できれば、他の文書類はおそらく読みやすいように感じられるはずですし、それが自信にもつながってきます。

くずすと似てしまう部首

さらにひとこと添えておきましょう。部首のくずし方ということで言いますと、忘れてはならないことがひとつあります。それは、くずした形がたいへんよく似て、区別がつきにくい部首がいくつかあるということです。たとえば、「糸偏《いとへん》」、「馬偏《うまへん》」、「子偏《こへん》」、「弓偏《ゆみへん》」などはくずし字がとても似てくることがあります。

【部首のくずし方の例②】

◆頁

◆行人偏➡76ページ参照
◆阜偏➡66ページ参照

しかし、私たちが読もうとする古文書、特に手紙というのは、たんなる語の羅列ではけっしてなく、**実用**の文なのですから、必ず前後の**文脈**（語句の連続性）、流れといったものがあるはずです。いつもそうした文意を思い浮かべながら読んでいるわけです。そのため、たとえ部首の形が似ているからといって、意味を取り違えることはあまりないのです。

固有名詞はお手上げ…？

単語の中で、いちばんわかりづらいことばは固有名詞でしょうか。つまり、地名や人名などは前後関係から類推することが難しいのです。個人間でのやりとり、つまり手紙の場合ですと、互いに知っている人名などはくずされて書かれますけれど、後世の私たちが文脈だけに頼り、読解しようとしますと、もうお手上げです。

とはいえ、固有名詞以外については文脈から判断できることがありますから、がんばって読んでみましょう。そうすれば、その読めない固有名詞が人名なのか地名なのかということくらいは見当がつくかもしれません。

たとえばそれが地名であれば、その手紙に関係している地方へ赴き、現地の人に尋ねてみるのもよいでしょう。読み解きの手がかりはさまざまなところにあるものです。

【くずし方が似ている部首の例】

◆糸偏・馬偏・子偏・弓偏

糸偏

馬偏

子偏

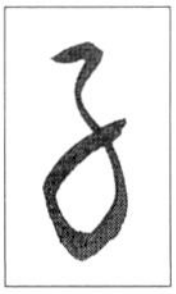

弓偏

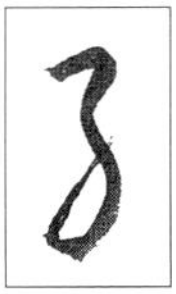

◆足偏と言偏➡91ページ参照

コラム

使者と飛脚

郵便の無いころ、手紙は**使者**や**飛脚**《ひきゃく》が届けました。使者は受取人がいれば、その場で返事をもらうことができます。しかし、あいにく相手が留守ですと、往信をそのまま置いて帰らざるをえません。そのようなとき、留守をした方は返事を書いて、あらためて自分から使者を出さなくてはなりません。わりと近距離のやりとりであれば、その日のうちに使者は頻繁にでも往復できます。

この近距離における往復信の場合、**往信**には日付と宛所《あてどころ》が書かれますが、しかし、**復信**は使者を待たせておいて認《したた》めますから、日付も宛名も要りません。たとえば、日付に「**即刻**」とか「**乃刻**《ないこく》（**迺刻**《ないこく》）」と書かれた手紙があれば、それは右のような状況で書かれているのです。つまり、手紙を受け取ってすぐに返事を書き、その手紙を運んできた使者にそのまま返信を持たせて帰すので、改めて日付を書くことはしません。もし、受信者が不在で飛脚が手紙を置いて帰るような場合は「**片便宜**《かたびんぎ》」といって嫌われたものです。

また、ふつう**一枚**、**もしくは二枚の料紙**（一枚めを「本紙《ほんし》」、二枚めを「礼紙《らいし》」といいます）で書くのが前提です。そして、挨拶は略されることもしばしばです。

なお余談ですが、今でも毛筆で手紙を書くのに用いられる**巻紙**というのは、歴史的には江戸時代の後期になってから発明されたものらしく、中期以前の手紙の中に私はこれまで見たことがありません。ただし、必要に応じて、適宜、紙を切ってつなぐことはありました。これを**継ぎ紙**とよびます。

第二章 読み解き初級編

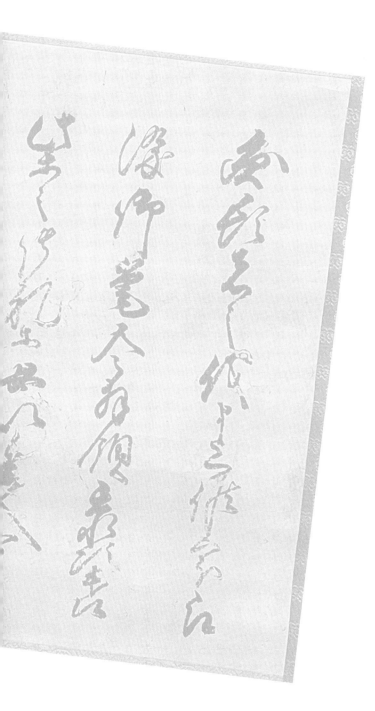

「読み解き編」の使い方

① 古文書を鑑賞する

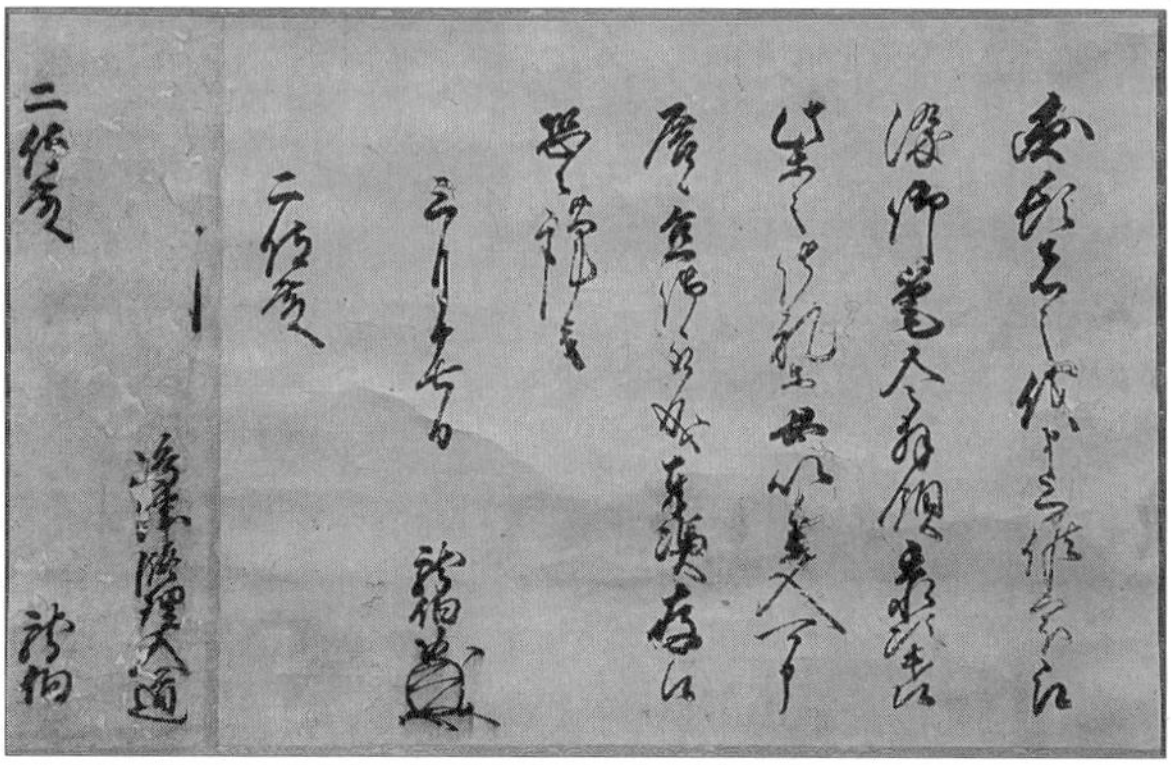

内容

① 円頓者之儀申上候処「被
② 染御筆令拝領「忝次第候
③ 「此等之御礼等必以参入可申
④ 展候「宜御取成奉憑存候
⑤ 「恐々謹言
⑥ 三月十七日　龍伯（花押）
⑦ 二位殿
⑧ （切封墨引）　嶋津修理入道
⑨ 二位殿　龍伯

現代語訳

円頓者《えんどんしゃ》のことを申し上げましたところ、
（円頓者之儀申上候処）
揮毫《きごう》してくださり、拝領しました。

「 は文章の切れ目を示しています。

50

③「現代語訳」で意味を把握

②「内容」で古文書の文面を確認
※旧字体は新字体に改めて表記しています。

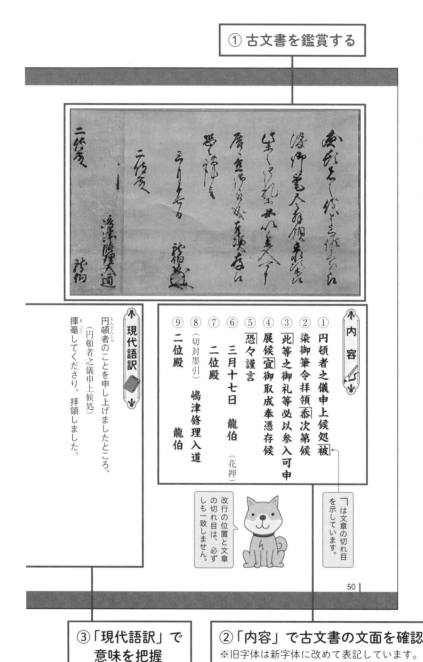

④ ガイド付き写真を見ながら「読み解きポイント」を予習

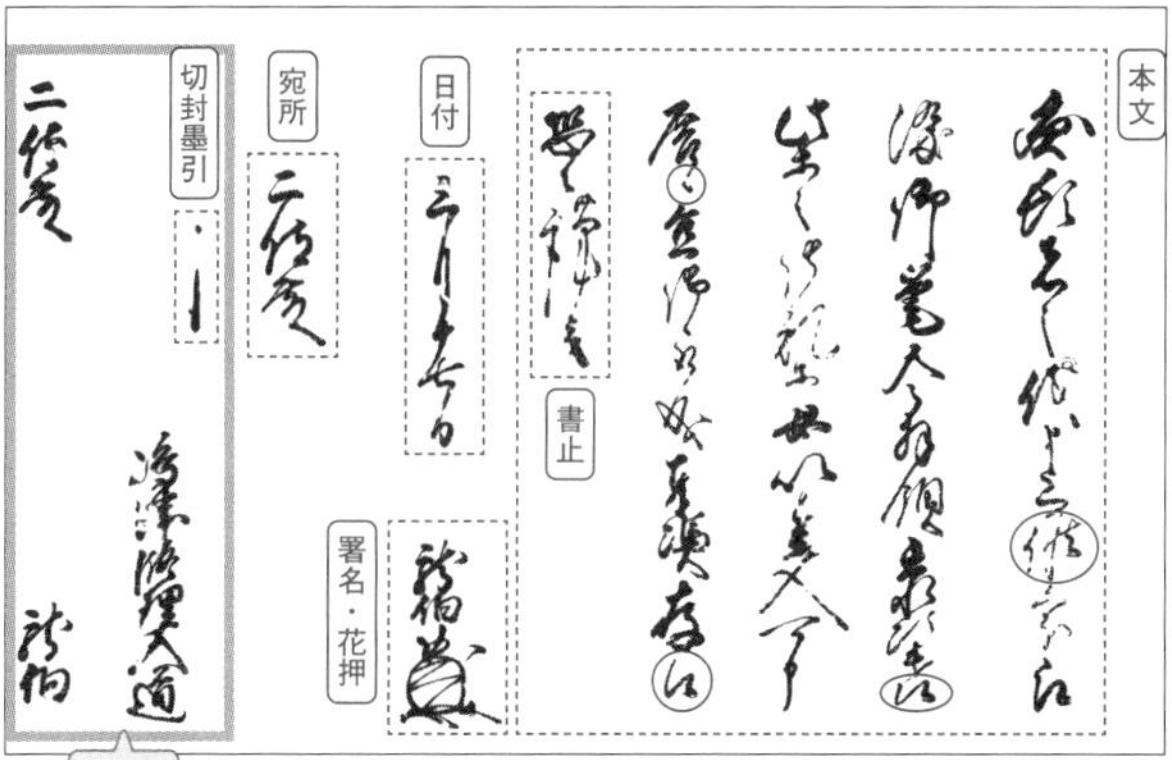

この部分は、手紙をたたんだ際、外側になるところです（⬇57ページ参照）。

（被染御筆令拝領）
忝《かたじけな》い次第です。
（忝次第候）
これらのお礼は必ず参上して申し上げますので、
（此等之御礼等必以参入可申展候）
よろしくお取り計らいください。
（宜御取成奉憑存候）

※「内容」⑤～⑨（書止文言・日付・差出所・宛所）の訳は省略。以下同。

読み解きポイント

「候」のくずし字を覚えましょう。上の四つの○部分は、すべて「候」という字です。さまざまなくずし方があることがわかりますね（⬇53ページ参照）。

51　第二章　読み解き初級編

※（　）内は現代語訳と対応する「内容」の部分です。

まずは古文書をじっくり鑑賞して、全体像をつかんでおきましょう。

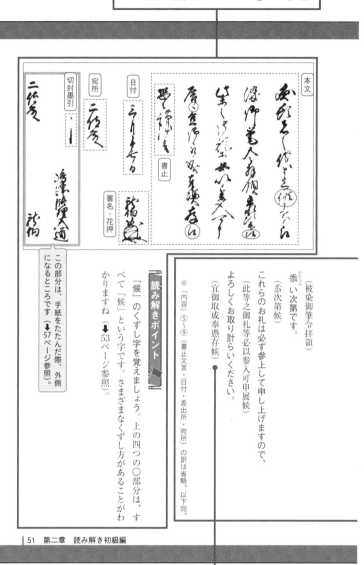

⑤「読み方」で１行ずつ丁寧に読み解く

読み方

1行目　**「惟杏和尚新春の賢作一篇あり」**

「**惟杏和尚**《いきょうおしょう》**、新春の**」。は「**賢作一篇**《けんさくいっぺん》」図1。

2行目　**「杜少陵か古来稀とかいひし年波」**

「**杜少陵**《としょうりょう》」。は陵 図2。「阜偏《こざと》」（⻖）はこのようにくずします。は「か《可》」。ただし、読むときは濁点を打って「が」と読みます。歴史的には、原則として濁点を打ちませんでした。

「**古来稀**《こらいまれ》**と**《登》**かいひし**《い》**年波**《としなみ》」。は「と《登》」図3。は「**波**」図4。さきほどの「陵」の「⻖（こざと）」と、「波」の「氵（さんずい）」とは、形が似ていますね。

3行目　**「こえたりとて　唐体の末に加一年と」**

は「**こ**《古》**えた**《多》**りとて**」です。「た（多）」はのようにくずします 図5。「**唐体**《とうたい》」の「体」は俗字の「**躰**」で書かれていて、この字は「身偏」です。「躰」の形がだんだんと「体」に近づいてゆくのです。「身偏」のくずしは、「糸偏」「馬偏」「子偏」などと似ています。「**末に**《尓》**加**《か》**一年**《いちねん》**と**」。は「に（尓）」です。

4行目　「**いへる妙言をきゝて　吟輿に堪さりしか**

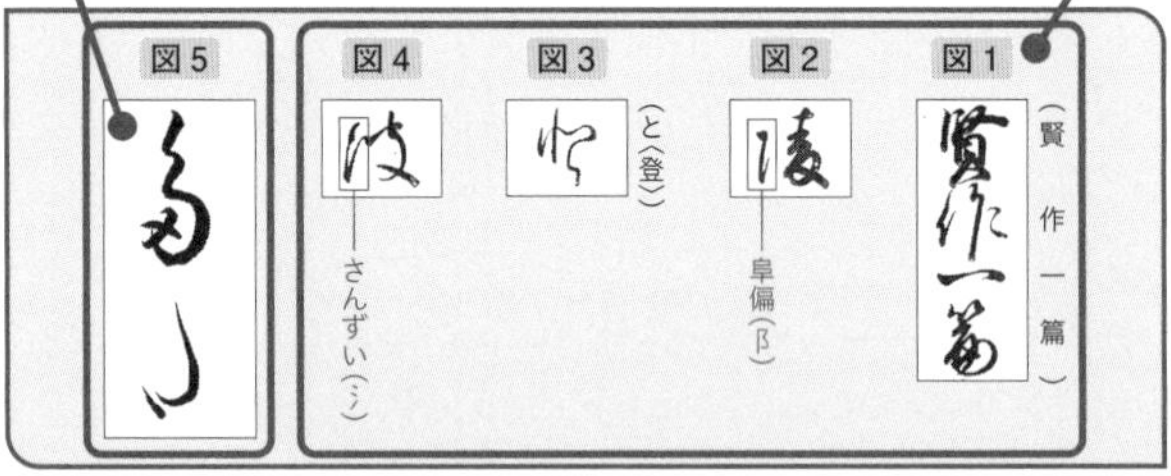

66

著者直筆のくずし字見本も掲載

古文書の筆跡をピックアップして解説

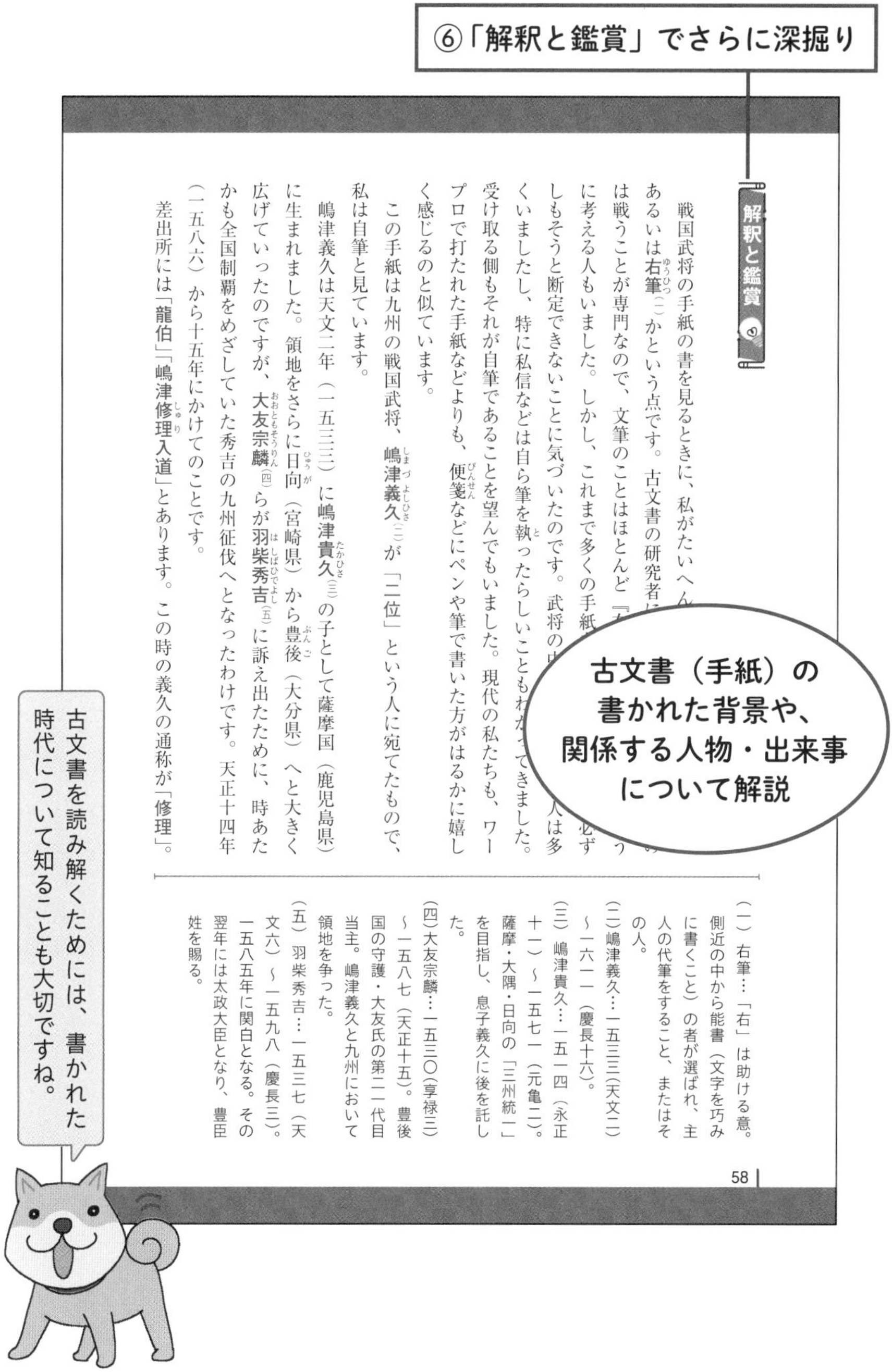

⑥「解釈と鑑賞」でさらに深掘り
解釈と鑑賞

戦国武将の手紙の書を見るときに、私がたいへん
あるいは右筆《ゆうひつ》(一)かという点です。古文書の研究者に
は戦うことが専門なので、文筆のことはほとんど『
に考える人もいました。しかし、これまで多くの手紙　必ず
しもそうと断定できないことに気づいたのです。武将の中　人は多
くいましたし、特に私信などは自ら筆を執《と》ったらしいこともわか　てきました。受け取る側もそれが自筆であることを望んでもいました。現代の私たちも、ワープロで打たれた手紙などよりも、便箋《びんせん》などにペンや筆で書いた方がはるかに嬉しく感じるのと似ています。

この手紙は九州の戦国武将、嶋津義久《しまづよしひさ》(二)が「二位」という人に宛てたもので、私は自筆と見ています。

嶋津義久は天文二年(一五三三)に嶋津貴久《たかひさ》(三)の子として薩摩国(鹿児島県)に生まれました。領地をさらに日向《ひゅうが》(宮崎県)から豊後《ぶんご》(大分県)へと大きく広げていったのですが、大友宗麟《おおともそうりん》(四)らが羽柴秀吉《はしばひでよし》(五)に訴え出たために、時あたかも全国制覇をめざしていた秀吉の九州征伐へとなったわけです。天正十四年(一五八六)から十五年にかけてのことです。

差出所には「龍伯」「嶋津修理《しゅり》入道」とあります。この時の義久の通称が「修理」。

(一)右筆…「右」は助ける意。側近の中から能書(文字を巧みに書くこと)の者が選ばれ、主人の代筆をすること、またはその人。
(二)嶋津義久…一五三三(天文二)～一六一一(慶長十六)。
(三)嶋津貴久…一五一四(永正十一)～一五七一(元亀二)。薩摩・大隅・日向の「三州統一」を目指し、息子義久に後を託した。
(四)大友宗麟…一五三〇(享禄三)～一五八七(天正十五)。豊後国の守護・大友氏の第二一代目当主。嶋津義久と九州において領地を争った。
(五)羽柴秀吉…一五三七(天文六)～一五九八(慶長三)。一五八五年に関白となる。その翌年には太政大臣となり、豊臣姓を賜る。

58

古文書(手紙)の
書かれた背景や、
関係する人物・出来事
について解説
古文書を読み解くためには、書かれた
時代について知ることも大切ですね。

表記・内容について

(1) 解説文は原則として新仮名遣い・新字体で表記しています。

【例】候「そうろう」、申す「もうす」

※旧仮名遣いでは「さうらふ・さぶらふ」、「まうす」。

(2) 新字体に対する旧字体、および変体仮名の字母をルビで示すことがあります。

【例】こ《古》えた《多》りとて（66ページ）

帰国《國》之旨（90ページ）

(3) 漢文的な表現について、ルビで訓読を示すことがあります。

【例】「被染《そめられ》」被レ染→染められ（52ページ）

※「被」は助動詞なので平仮名になっています。

(4) 原文の片仮名表記は、平仮名に改めることはせず、そのまま翻字しています。

(5) 漢字の部首については諸説ありますが、本書ではくずし字の読み解きという点を優先し、部首を漢字の構成要素として広義に捉え、便宜的な呼び方をしています。

(6) 古文書（手紙）の読み方は著者の見解を示したものであり、異なる説を否定するものではありません。

(7) 歴史上の人物の生没年や出来事の起きた年については、本書で紹介したものとは異なる説や数え方が存在する場合があります。

一

「二位」に宛てた嶋津義久の手紙

嶋津義久《しまづよしひさ》（一五三三〜一六一一）

薩摩《さつま》国の武将、嶋津氏第十六代当主。九州地方において版図を広げるも、羽柴《はしば》（豊臣《とよとみ》）秀吉《ひでよし》の九州征伐を受けて降伏しました。

この手紙は、秀吉に敗れた後、出家して「龍伯《りゅうはく》」と号していた頃に書かれたものです。

読み解きポイント

「候」のくずし字を覚えましょう。

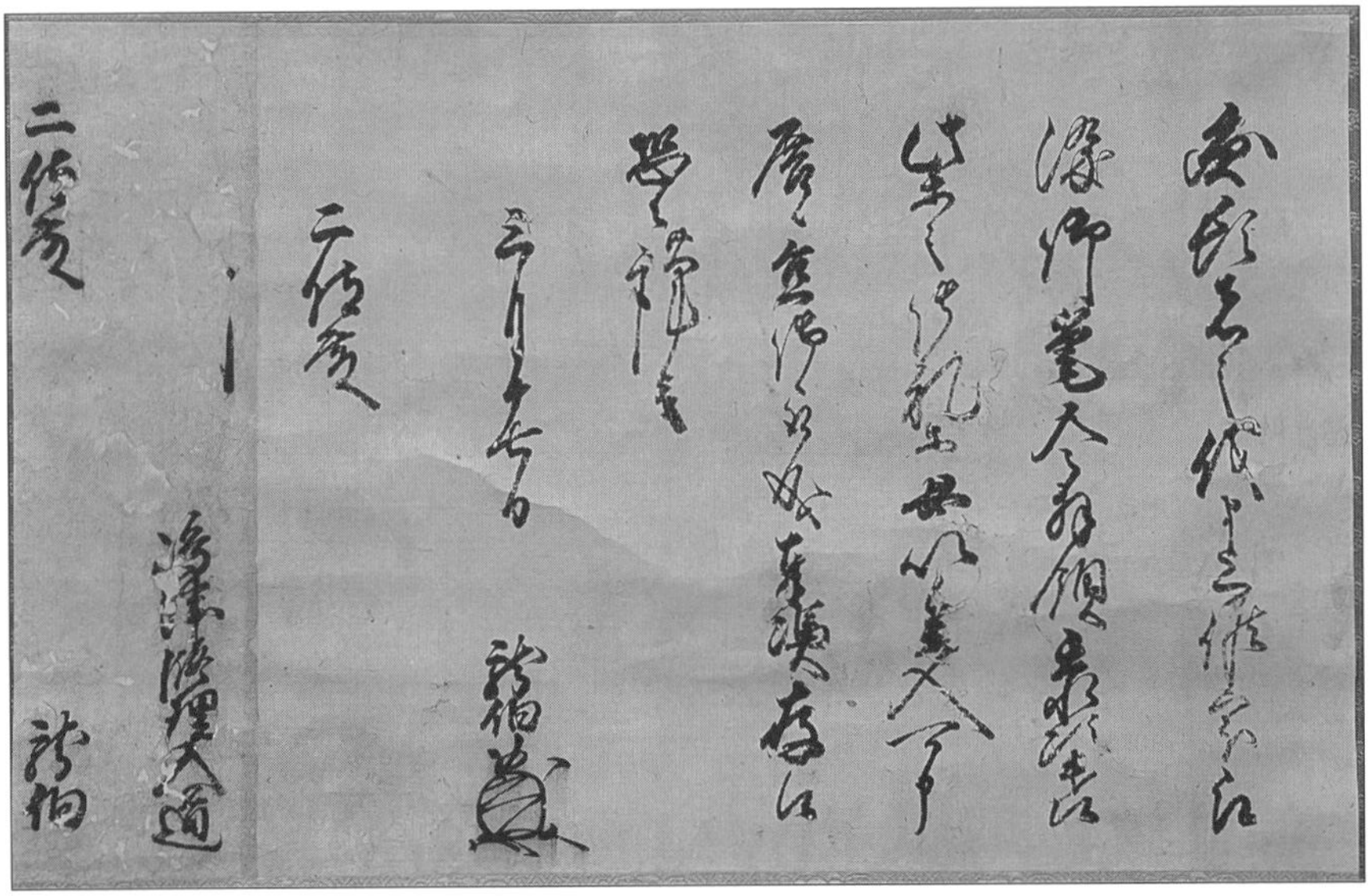

内容

①円頓者之儀申上候処「被
②染御筆令拝領「忝次第候
③「此等之御礼等必以参入可申
④展候「宜御取成奉憑存候
⑤「恐々謹言
⑥三月十七日　龍伯（花押）
⑦二位殿
⑧（切封墨引）嶋津修理入道
⑨二位殿　龍伯

「は文章の切れ目を示しています。

現代語訳

円頓者《えんどんしゃ》のことを申し上げましたところ、（円頓者之儀申上候処）揮毫《きごう》してくださり、拝領しました。

改行の位置と文章の切れ目は、必ずしも一致しません。

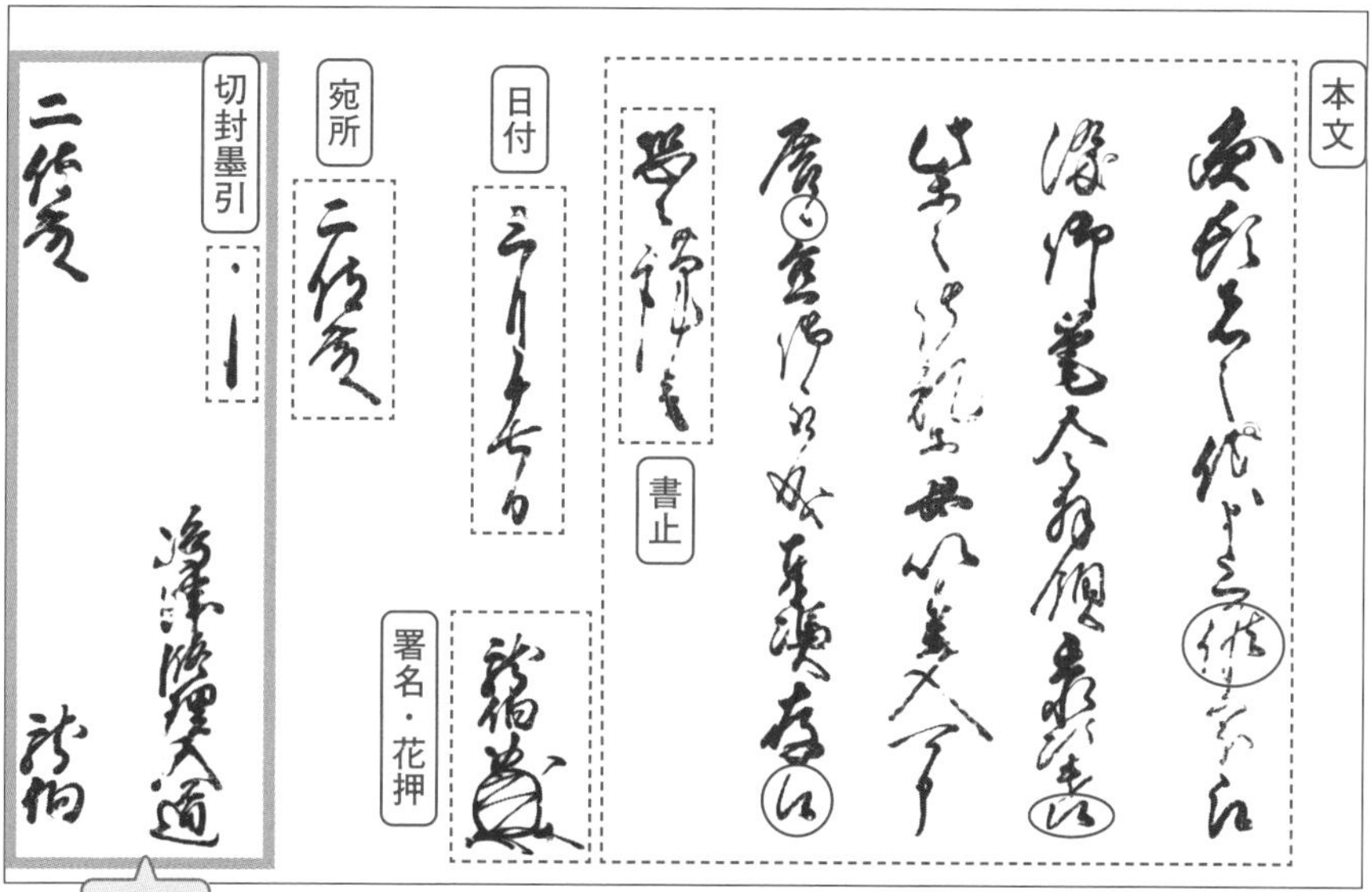

この部分は、手紙をたたんだ際、外側になるところです（⬇57ページ参照）。

（被染御筆令拝領）
忝《かたじけな》い次第です。
（忝次第候）
これらのお礼は必ず参上して申し上げますので、
（此等之御礼等必以参入可申展候）
よろしくお取り計らいください。
（宜御取成奉憑存候）

※「内容」⑤～⑨（書止文言・日付・差出所・宛所）の訳は省略。以下同。

読み解きポイント

「候」のくずし字を覚えましょう。上の四つの〇部分は、すべて「候」という字です。さまざまなくずし方があることがわかりますね（⬇53ページ参照）。

読み方

1行目　「**円頓者之儀　申上候処　被**」

「**円頓者《えんどんしゃ》之《の》儀《ぎ》**」。一字目は「**圓**」と書いてあり、これは「円」の旧字体です。

古文書の勉強のために、旧字体の知識は欠かせません。なぜかといいますと、かつては旧字体で書くことも多く、くずし字はそれを元にしているものが多いのです。とはいえ新字体も旧字体とともに古くから使われています（たとえば、「会」と「會」図1、「処」と「處」図2など）。

「**申し上げ候処《そうろうところ》、被《られ》**」です。「**申**」の形はまるでアルファベットの「p」のようです。は「**處**」で、これは「処」の旧字体です。これは、、、などのようにもくずされます図3。その下の「**被《られ》**」は、「**染《そめ》**」から返って読みます。

2行目　「**染御筆　令拝領　忝次第候**」

前の字に返って「**被染《そめられ》**」。このように、和文なのに、あたかも漢文のように返って読む字句がわずかにありますが、これらはおおむね慣用句だと思ってください。

ここでだいじなのは「**被**」のくずし方です。このような頻繁に使われる文字ほど、くずしが進み、ついには記号のようになってしまいます。いくつか例を挙げましょう。

図1

図2

図3

「被」の形はあたかも平仮名の「ら」、あるいは片仮名の「ヒ」のように書かれるようになります。

またここでは、「**染**」の下には「**御筆**《おふで》」とありますから**図4**、「**御筆を染められ**」という語順になります。かつて私は、高等学校の漢文で「□□ヲ」、「□□ニ」とある所では、きまって上に返りますので、「ヲニ（鬼）とあったら返れ」と覚えたらよいと教わりました。

「**筆**」はのように書かれます**図5**。

「**令**」は「せしむ」と読みます。したがって、「**令拝領**《はいりょうせしむ》」です。ところで、「令」という助動詞は、自らの動作・行為につけて、相手にへりくだって「拝領いたしました」と言っているわけです。現代語にはピッタリした訳語はないようです。要するに、使役ではなく謙譲の意なのですね。

ここでは「令」のくずし方に注意したいのです。この一字だけを取り出しますと、「今」に見えてしまいます。は「令」**図6**、は「今」**図7**なのです。このように、読みながらどちらか迷うようなときは、文脈が大

図4

（染御筆）

図5

図6

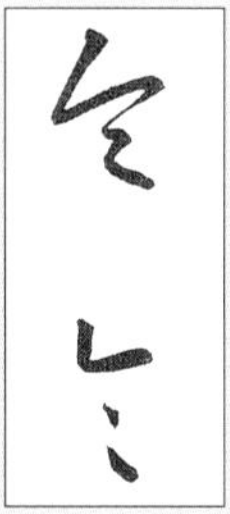

図7

いに頼りになります。しかしここでは「拝領せしむ」でも、「今拝領」でも、いちおう通じてしまいますから、困りますけれども……。

その下が「忝《かたじけなき》次第《しだいに》候《そうろう》」です。「に」は書かれていませんが、入れて読みましょう。「忝」（かたじけなき）」も手紙にはよく出る形容詞で、この字には書く人の個性がよく現れるようです。

3行目　「此等之御礼等　必以参入　可申」

「此等《これら》之《の》御《お》礼等《れいとう》」です。は「此」（これ、ここ、この、などと読みます）、その下に書かれる片仮名の「ホ」のような字は「等」です 図8。このすぐ下には「御礼等」とあります 図9。「等」の字をふたつとも同様に書いていますね。この字、かつては「竹冠《たけかんむり》」に「寺」という成り立ちがわかるようなくずし方で書かれていたのですが、やがてこのようになったのです。このくずしはたいへん古くからあります（もちろん中国にも）。「ホ」と出てきたら「等」だろうと覚えていただいてまず間違いありません。

「必以参入《かならずさんにゅうをもって》」、「可申展候《もうしのぶべくそうろう》」（「展候」は次の行の頭）。ところで、「必《かならず》」の筆順はとても重要です。正しい筆順で覚えましょう。しかし、正しいといってもひと通りだけではなかったのです 図10。先に「心」を書いてしまって、あとから「ノ」を書く人がいるのですが、私は、古文書でその書き方をこれまで見たことはありません。おそらくそれは間違いなのでしょう。「必」に限らず、ともかく筆順と

図8

（此　等）

図9

（御　礼　等）

図10

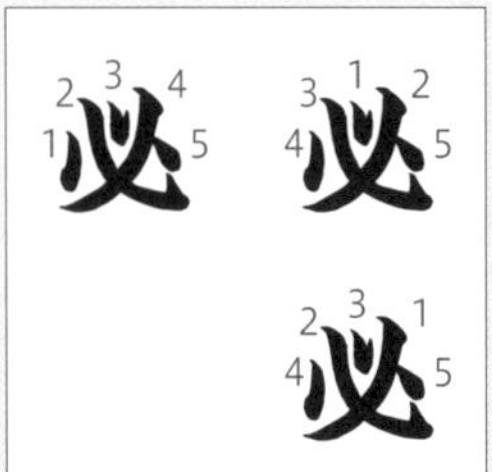

（「必」の筆順の例）

いうものは大事なものです。筆順がデタラメですと、くずしたときに読めなくなってしまうおそれがあるのです。

そしてその下、は「参」の基本的なくずし方です。ただし、この手紙の場合、虫損《ちゅうそん》（虫食い）がありますので、少しわかりづらくなっています。その下に「可申《もうすべく》」とあります 図11。

4行目　「展候　宜御取成　奉憑存候」

「展《のぶ》」は「述」と同義です。その下のは「候」です 図12。文末には必ずといってよいくらい頻出する「候」ですから、これは草書体というより、記号なのです
（➡53ページ参照）。

その下、「宜御取成《よろしくおとりなし》」です。は「取」です。この字も重要です。

「奉《たてまつり》」は厚い敬意を持った言い方で、現代語にはありませんが、かつてはよく使われました。その下のは「憑《たのみ》」で、「頼」と同義です。この字は、、のように書かれることもあり 図13、ここに用いられるのは「異体字《いたいじ》」とか「俗字《ぞくじ》」などとよばれます（「憑」の「心」を「大」と書いています）。このような字体も、出会ったときに、ひとつずつ覚えましょう。

は「候」。この短い手紙の中にも何回も使われていますね。すぐ近くにまったく同じ形の字が並ぶことはあまりにも芸がないので、このように変化をつけたのでしょう。「書」を「美」として眺めているのですね。

図11

（参入可申）

図12

（展候）

図13
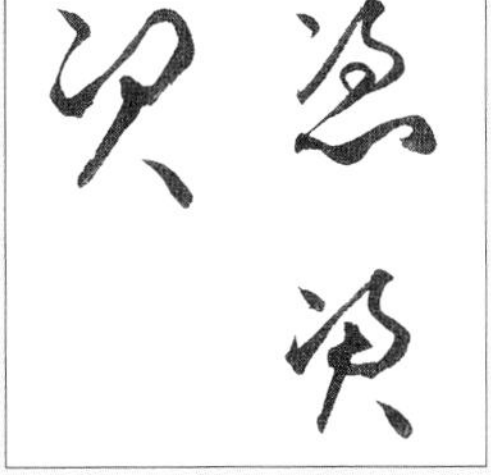

5行目「恐々謹言」

「**恐々謹言**《きょうきょうきんげん》」**図14**は、本文の末尾につける挨拶の語で、これを「**書止**《かきどめ》」とよびます（⬇30ページ参照）。

6・7行目「三月十七日　龍伯（花押）／二位殿」

「**三月十七日**」は日付。原則、その真下に差出人の名が来ます。そして最下部には「**花押**《かおう》」**図15**。花押の上には、「**龍伯**《りゅうはく》」とあります。これは義久の号です。花押は「**書き判**《かきはん》」とも言い、**印**《いん》と同じ働きをします。署名ではありません。もともと中国でも使われていました。日本では平安時代のものから遺っています。たとえば『花押かゝみ1　平安時代』（東京大学史料編纂所、一九八一年）を見ますと、八四五（承和十二）年の花押がそのトップに収載されています。

花押の中には、意匠であるために文字としては読めないものもあります。もし、文字として読めるような場合は、これを「**草名**《そうみょう》」といって区別するのですけれど、両者はなかなか区別がつきにくいものもあります。

そのうしろの「**二位殿**」は宛所《あてどころ》なので、できるだけ上の方に、そして、差出所《さしだしどころ》「**龍伯**」は下の方に書きます。「**二位殿**」の後ろには料紙の継ぎ目があるようにも見えますが、実際のところはよくわかりません。厚手の楮紙《こうぞがみ》は、表具に際して両方から繊維を出して上手く繋ぐと境目が見えなくなりますから……。

さて、奥の二行を見てゆきましょう。

図14

（恐々謹言）

図15

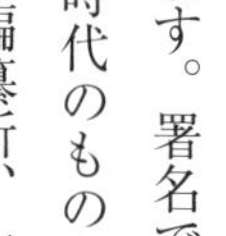

（花押）

図16

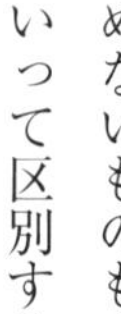

（切封の墨引）

切封は書状の封じ方の一種。本紙の右端を下から途中まで細長く切り、ひも状にして書状を結わえ、その上から墨を引いて封印をつける。

8・9行目　「(切封墨引)　**嶋津修理入道／二位殿　龍伯**」

「・┃」**図16**は「切封《きりふう》の墨引《すみびき》」といいます。「墨引」と言うのは、これは文字ではない、ただの線だからです。その下に「**嶋津修理入道**《しまづしゅりにゅうどう》」。修理入道は義久の通称です。人名辞典などには「島津」とあるようですが、この手紙には「嶋津」と書いているのです。

9行目は手紙を出す際に折りたたまれたときの表側、8行目は裏側の関係です。手紙が表装される前に、折りたたまれたまま長い年月保存されていたことが、この汚れの状態でわかります。

【通しての読み】

円頓者※の儀、申し上げ候処、お筆を染められ、拝領せしむ。忝き次第に候。此等のお礼等、必ず参入を以て申し展ぶべく候、宜しくお取り成し、憑み存じ奉り候。恐々謹言　三月十七日　龍伯（花押）　二位殿

※円頓者…天台の教えを要約した百五十七字から成る句で、習字の手本として用いられた。円頓章。

一つ一つの文字が読めたら、【通しての読み】で改めて手紙の内容を確認し、次の「解釈と鑑賞」に進みましょう！

解釈と鑑賞

戦国武将の手紙の書を見るときに、私がたいへん気にするのは、それが自筆か、あるいは**右筆**《ゆうひつ》(一)かという点です。古文書の研究者にはこれまで、「武将というのは戦うことが専門なので、文筆のことはほとんど『右筆』が書いた」というふうに考える人もいました。しかし、これまで多くの手紙を眺めているうちに、必ずしもそうと断定できないことに気づいたのです。武将の中にも書の得意な人は多くいましたし、特に私信などは自ら筆を執《と》ったらしいこともわかってきました。受け取る側もそれが自筆であることを望んでもいました。現代の私たちも、ワープロで打たれた手紙などよりも、便箋《びんせん》などにペンや筆で書いた方がはるかに嬉しく感じるのと似ています。

この手紙は九州の戦国武将、**嶋津義久**《しまづよしひさ》(二)が「**二位**」という人に宛てたもので、私は自筆と見ています。

嶋津義久は天文二年（一五三三）に**嶋津貴久**《たかひさ》(三)の子として薩摩国（鹿児島県）に生まれました。領地をさらに日向《ひゅうが》（宮崎県）から豊後《ぶんご》（大分県）へと大きく広げていったのですが、**大友宗麟**《おおともそうりん》(四)らが**羽柴秀吉**《はしばひでよし》(五)に訴え出たために、時あたかも全国制覇をめざしていた秀吉の九州征伐へとなったわけです。天正十四年（一五八六）から十五年にかけてのことです。

差出所には「**龍伯**」「**嶋津修理**《しゅり》**入道**」とあります。この時の義久の通称が「**修理**」。

(一) 右筆…「右」は助ける意。側近の中から能書（文字を巧みに書くこと）の者が選ばれ、主人の代筆をすること、またはその人。

(二) 嶋津義久…一五三三(天文二)～一六一一（慶長十六）。

(三) 嶋津貴久…一五一四（永正十一）～一五七一（元亀二）。薩摩・大隅・日向の「三州統一」を目指し、息子義久に後を託した。

(四) 大友宗麟…一五三〇(享禄三)～一五八七（天正十五）。豊後国の守護・大友氏の第二一代目当主。嶋津義久と九州において領地を争った。

(五) 羽柴秀吉…一五三七（天文六）～一五九八（慶長三）。一五八五年に関白となる。その翌年には太政大臣となり、豊臣姓を賜る。

秀吉に敗れた義久は薙髪《ちはつ》入道し、「**龍伯**」と号していました。戦に敗北したにもかかわらず、薩摩・大隅《おおすみ》・日向などの地を安堵《あんど》され、家督を次弟義弘《よしひろ》の長男又一郎久保《ひさやす》に譲りました。この手紙はそうした時期に書かれたことがわかります。

さて、この手紙の宛所となっている「**二位**」とはいったい誰なのでしょうか。ここで見ておきたいのは鎌倉時代以来、嶋津氏と時には対立しながらも深い関係にあった**近衛家**《このえ》(六)との関係です。

この頃の近衛家の当主は**前久**《さきひさ》(七)でした。〈流浪の戦国貴族(八)〉などといわれる前久は、関白職にありながら地方の戦国大名の間を動き回り、織田信長にも近づきました。ところが信長が本能寺に斃《たお》れると、出家して「龍山」と号し、京都東山に引退してしまいます。この人は書が大変にうまく、私の見るところ、ふだん書いている手紙の書もまるで習字の手本そのものと言ってよいくらい整っているのです。そして、その子が江戸初期の能書家**近衛信尹**《のぶただ》(九)です。書風はこの父子でまったく違いますけれど、信尹の書の才能も父前久譲りのものだったことがよくわかります。

いうまでもなく当時は身分社会ですから、嶋津義久といえども関白という貴顕《きけん》(身分が高く有名な人物)に直接に手紙を書くことはできません。もし手紙を書くとすれば、近衛家の**家礼**《かれい》(十)を通じて前久に披露してもらう必要があります(十一)。そこで「二位」といわれる人を探してみることにします。

ここからはかなり専門的な話になりますから、要点だけをまとめましょう。公

(六) 近衛家…藤原北家の嫡流。五摂家の筆頭。
(七) 近衛前久…一五三六(天文五)〜一六一二(慶長十七)。
(八) 谷口研語著『流浪の戦国貴族 近衛前久 天下一統に翻弄された生涯』(中公新書、一九九四年)より。
(九) 近衛信尹…一五六五(永禄八)〜一六一四(慶長十九)。近衛流(三藐院流)の祖。
(十) 家礼…「けらい」とも。摂関家などに仕える者。
(十一) このような手紙は披露状とよばれる。

↓61ページコラム参照

卿に対しての呼び方ということから考えますと、「二位」と官位でよんでいるような場合、この人は、「参議《さんぎ》」とか「納言《なごん》」とかの職にはない者（**散位《さんに》**）なのです（十二）。それを前提として、手紙の日付「三月十七日」を調べることになるわけですが、天正十六年から、義久の亡くなる一月二十一日を勘案しますとその前年、慶長十五年までの間で「二位」とよばれ得る人を探し出しますと、柳原淳光《やなぎはらあつみつ》、吉田兼見《かねみ》、山科言経《やましなときつね》、白川雅朝《まさとも》、日野輝資《てるすけ》、東坊城盛長《ひがしぼうじょうもりなが》などがいます。そうして、これらの人々のうち、前久に手紙を取り継ぐのにいちばんふさわしい「二位」となりますと、それは**吉田兼見**（十三）だろうということになるわけです。兼見は前久ととても昵懇《じっこん》でした。ですから、決定的ではありませんけれども、その可能性が高いのです。

さて、ここであらためて義久の手紙を書として眺めてみますと、この書の姿かたちは近衛前久の書にたいへんによく似ているといえます。筆づかいはじつに丁寧で慎重なのですが、全体的に運筆は遅い。お世辞にも軽妙とは言えません。もしこれを右筆が書いたなら、もっと流暢な書になっていたでしょう。しかし、だからといって書として不自然な点はどこにも見えないのです。けっして疑問の持たれるようなものではないことを考えますと、いわばこれは義久の個性なのでしょうか。残存数がとても少ない嶋津義久の自筆の筆跡《ふでのあと》を味わっていただきたいと思います。

（十二）律令制において、官人の序列を規定するものが「位階」であり、「二位」は位階を表す。一方、具体的な職務の種類・範囲が「官職」であり、参議や納言は官職を表す。

（十三）吉田兼見…一五三五（天文四）～一六一〇（慶長十五）。神道家。

コラム

披露状と勘返状

身分社会だった昔は、異なる身分間での手紙のやりとりというのは基本的になかったのですが、どうしても必要な場面が出てきます。たとえば、武将である**古《ふる》田《た》織部《おりべ》**(一)が**関白近衛信尹**に連歌の添削を依頼した手紙が、京都の**陽明文庫**(二)にまとまって遺されています。

古田織部の手紙の宛所は「**進藤修理《しんどうしゅり》**」という近衛家の**諸大夫《しょだいぶ》**(三)になっています。これらの手紙は進藤修理をとおして信尹に渡されたものなのです。**貴人の側にいる者が、主人に披露《ひろう》することが前提となっている**わけです。織部はこれらの手紙の中では披露のことにはまったく触れていませんが、貴人へのやりとりにおいては、側近に宛てて披露を依頼するのが礼に適ったやり方でした。これを「**披露状《ひろうじょう》**」とよびます。

ほかの披露状を見ますと、手紙の書き始めのところでは、相手に直接語りかけているような書き方をしていますが、文末に来ますと「宜しく披露に預かるべく候」(よろしく披露を頼みます)などと、披露を依頼する形をとるわけです。

また、たとえば**後水尾天皇《ごみずのお》**(四)は、弟の**近衛信尋《のぶひろ》**(五)や**一条昭良《いちじょうあきよし》**(六)から来た手紙への返信に新しい紙を用いず、返事の必要な部分に**合点《がってん》**(七)を書いて、その下に詳細に返事を書き込んで返したものがいくつもあります。つまり、使者を待たせておいて、その場で来簡を利用して返書とする、このような例を**勘返状《かんぺんじょう》**とよびます。私の知る範囲では、すでに鎌倉時代の手紙の中に勘返状がありますから、ずいぶん古くから行われていたようです。

勘返状というものは、親しい者どうしのやりとりが多く、たとえば弟からの手紙に、兄が勘返をするようなことはよいのですが、その逆（兄から来た手紙に弟が勘返する）はおそらく許されなかったのではないでしょうか。そうした例を私は見たことがありません。なお、このような往復書簡ですから、その手紙は元の家に戻されるのです。

　ところで、電子メールが普及した今、返信は来たメールの側に書き込んで返信することもできます。いろんな内容のメールであれば、その箇条ごとに返事を書き込めます。これはまさに**現代において勘返状が復活した**のではないかと思われます。

（一）古田織部…一五四四（天文十三）～一六一五（慶長二十）。安土桃山時代の武将、茶人。千利休の弟子で、織部流茶道の祖。

（二）陽明文庫…近衛家に伝わる文書・書籍などを収めている文庫。一九三八（昭和十三）年、近衛文麿によって京都市右京区に設立された。

（三）諸大夫…位階が四位・五位である者の総称。また、武家の五位相当の者。

（四）後水尾天皇…一五九六（文禄五）～一六八〇（延宝八）。後陽成天皇の第三皇子。母は近衛前久（⬇59ページ）の娘。

（五）近衛信尋…一五九九（慶長四）～一六四九（慶安二）。後陽成天皇の第四皇子。近衛信尹の養子。⬇167ページ参照。

（六）一条昭良…一六〇五（慶長十）～一六七二（寛文十二）。後陽成天皇の第九皇子。

（七）合点…「〽」などの印のこと。肩点《けんてん》ともいい、文字の右肩につける。長点・短点の区別もある。

二

惟杏永哲の詩に応える聖護院道澄の和歌

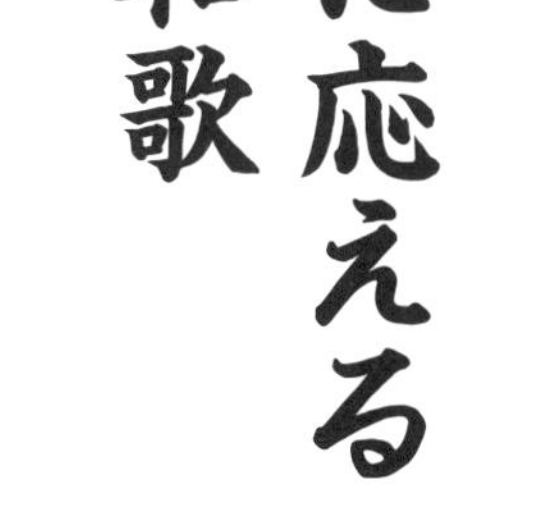

聖護院道澄《しょうごいんどうちょう》（一五四四～一六〇八）

公家・近衛稙家《たねいえ》の子。叔父である聖護院道増《どうぞう》から戒を受け、天台宗三井寺の僧侶となります。その後、聖護院の門跡《もんぜき》（住持）となりました。

惟杏永哲《いきょうえいてつ》（生年未詳～一六〇三）

臨済宗の僧侶。豊臣秀吉に従い外交の任にあたりました。

読み解きポイント

平仮名のくずし字を読んでみましょう。

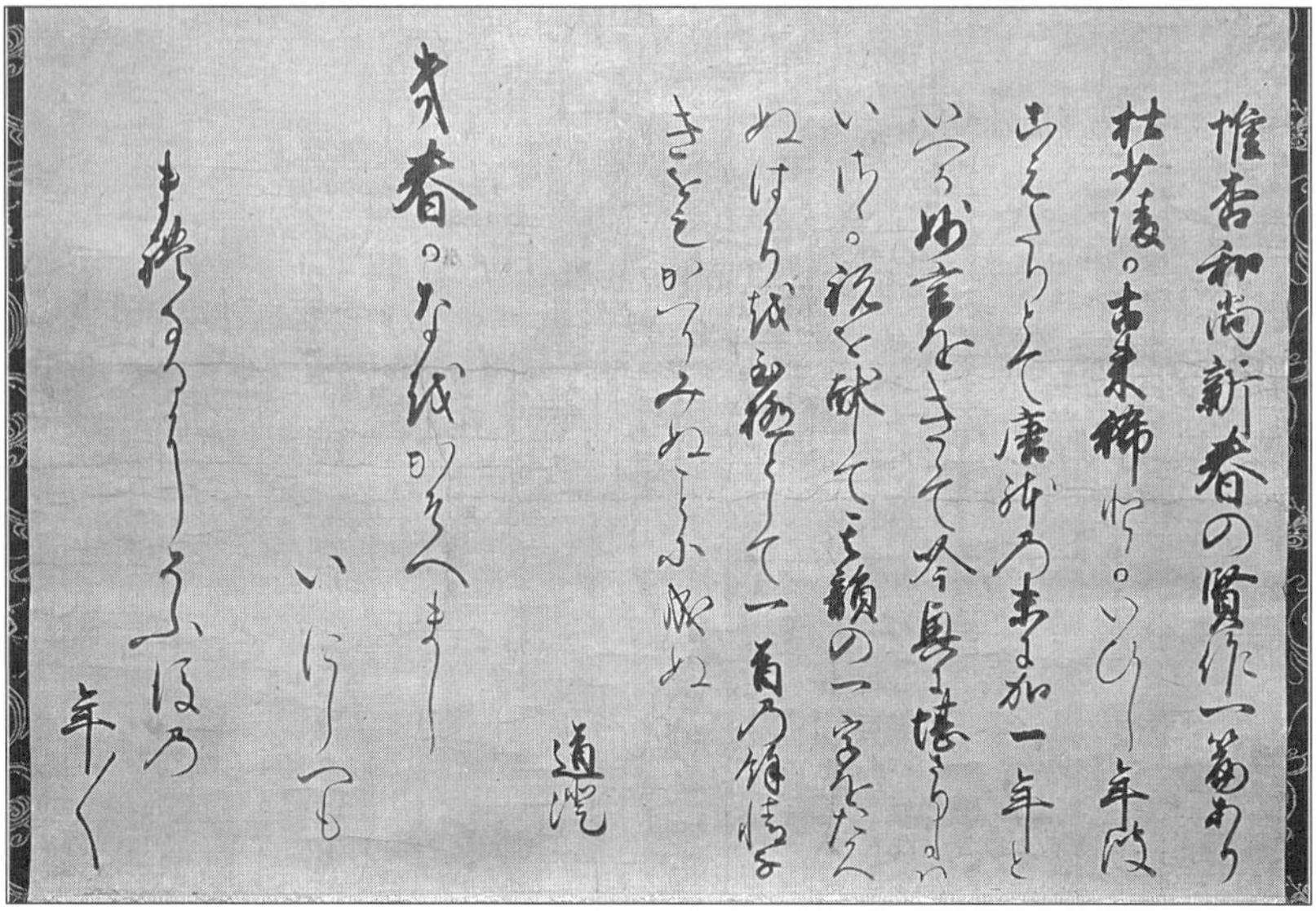

内容

①惟杏和尚新春の賢作一篇あり
②杜少陵か古来稀とかいひし年波
③こえたりとて唐体の末に加一年と
④いへる妙言をきゝて吟興に堪さりしかハ
⑤いさゝか祝を献して其韻の一字をたかへ
⑥ぬはかりを至極として一首の余情な
⑦きをもかへりみぬことに成ぬ
⑧道澄
⑨幾春かなをかそへまし
⑩いにしへも
⑪まれなるにそふ後の年〱

現代語訳

惟杏和尚から、新春の作を一篇いただきました。

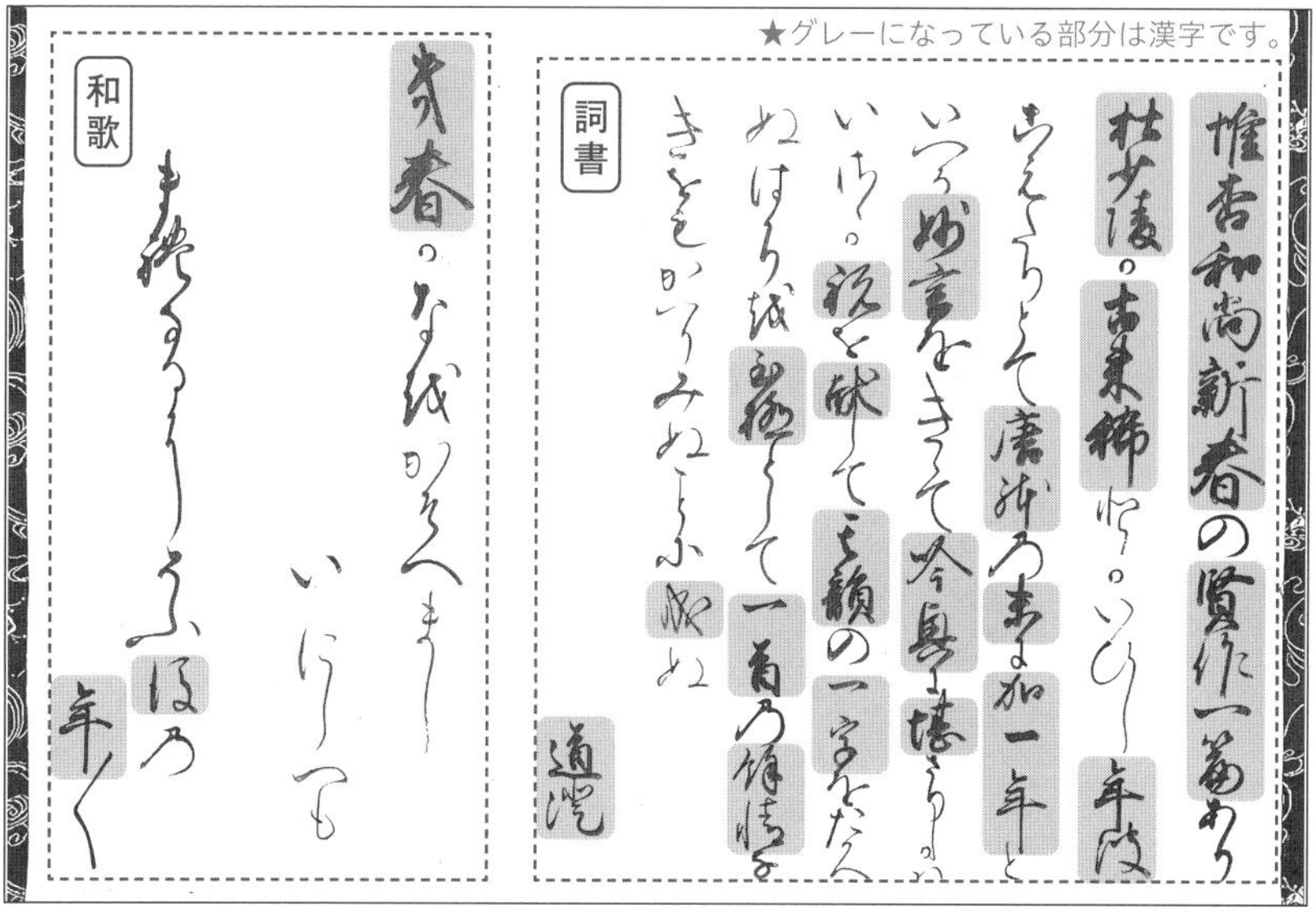
★グレーになっている部分は漢字です。
詞書
道澄
和歌

（惟杏和尚、新春の賢作一篇あり）

杜少陵《としょうりょう》の「古来稀《こらいまれ》」とか言った年齢を越えたということで、
（杜少陵か古来稀とかいひし年波こえたりとて）

唐詩の末に「加一年」と作られた、見事なお詩作をうかがい、
（唐体の末に加一年といへる妙言をきゝて）

吟興《ぎんきょう》に堪えられず、わずかですけれども祝意をささげたく思い、
（吟興に堪さりしかハいさゝか祝を献して）

いただいた詩の韻を違えぬことばかりに意を注ぎ、
（其韻の一字をたかへぬはかりを至極として）

詩の風情の無さをも省みることなく作った歌です。　道澄
（一首の余情なきをもかへりみぬことに成ぬ　道澄）

［和歌］これから末永く春を数えたいものです。むかし「古来稀」とか詠《よ》まれました、そののちの年々を
（幾春かなをかそへましいにしへもまれなるにそふ後の年〳〵）

読み解きポイント

平仮名のくずし字を読んでみましょう。「可→か」「爾（尓）→に」のように、頻出する変体仮名の字母は覚えておくとよいでしょう（⬇66ページ参照）。

読み方

1行目　**「惟杏和尚新春の賢作一篇あり」**

「惟杏和尚《いきょうおしょう》、新春の」。は**「賢作一篇《けんさくいっぺん》」**図1。

2行目　**「杜少陵か古来稀とかいひし年波」**

「杜少陵《としょうりょう》」。は陵図2。「阜偏《こざと》」（阝）はこのようにくずします。は「**か**《可》」。ただし、読むときは濁点を打って「が」と読みます。歴史的には、原則として濁点を打ちませんでした。

「古来稀《こらいまれ》と《登》かいひ《い》し年波《としなみ》」。は「**と**《登》」図3。は「**波**」図4。さきほどの「陵」の「阝（こざと）」と、「波」の「氵（さんずい）」とは、形が似ていますね。

3行目　**「こえたりとて　唐体の末に加一年と」**

は「**こ《古》えた《多》りとて**」です。「た（多）」は、のようにくずします図5。「**唐体《とうたい》**」の「体」は俗字の「**躰**」で書かれていて、この字は「身偏」です。「躰」の形がだんだんと「体」に近づいてゆくのです。「身偏」のくずしは、「糸偏」「馬偏」「子偏」などと似ています。「**末に《尓》加《か》一《いち》年《ねん》と**」。は「**に**（**尓**）」です。

4行目　**「いへる妙言をきゝて　吟興に堪さりしかハ」**

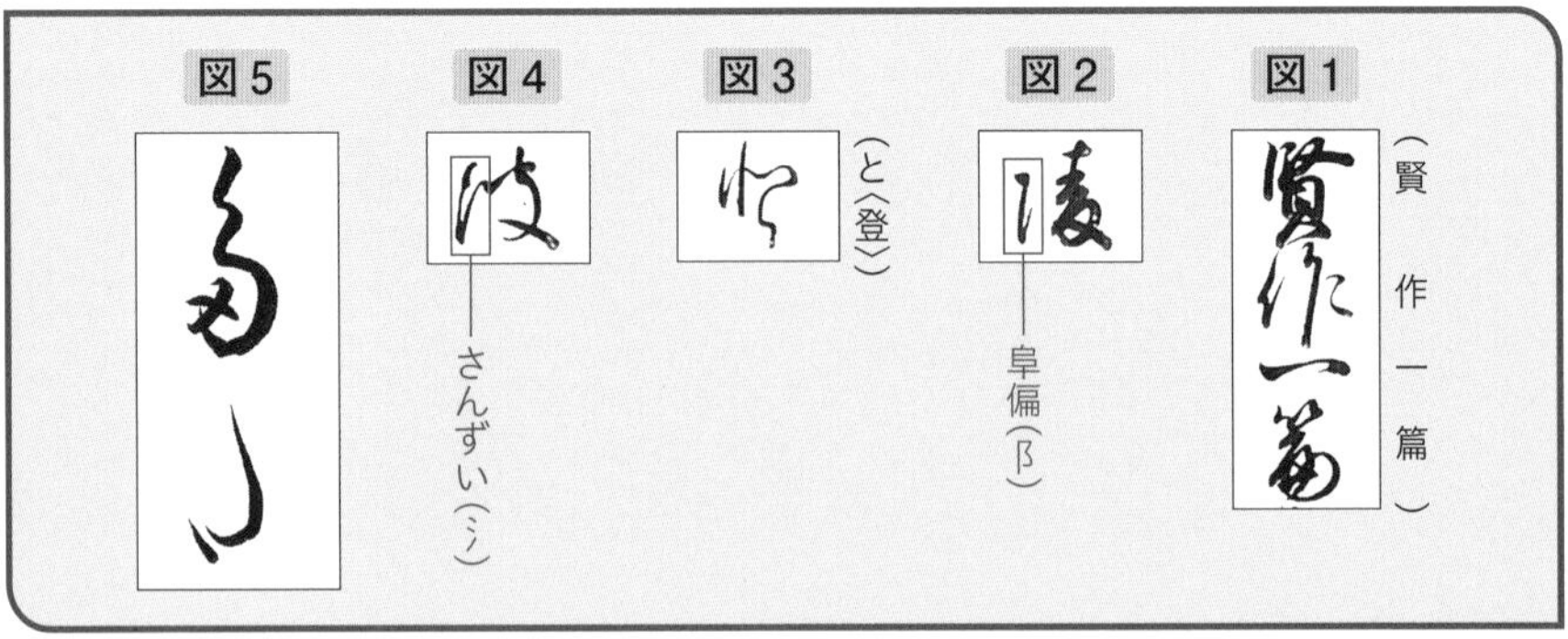

「いへ《え》る妙言をきゝて」、「吟興《ぎんきょう》に堪《たえ》さ《ざ》りしかハ《ば》」。「ハ」（ば）は片仮名です。

かつては、片仮名を混ぜて用いることに違和感がなかったようです。あくまで私個人の見解にすぎませんが、日常的に漢字の世界で生きてきた男性には、「仮名文字」というのは漢字の送り仮名としての認識が強くあったようで、その送り仮名を書くときの「ニ」「ハ」などには片仮名をよく遣うのです。

このことについて述べた論文は国語学の分野ではあるかもしれませんが、寡聞《かぶん》にして私はぞんじません。ここで書かれるのは和歌ですが、ここにも同様、助詞にあたる「ハ」が片仮名になっております（⬇68ページ脚注参照）。

5行目　**「いさゝか祝を献して　其韻の一字をたかへ」**

「いさ《佐》ゝか」。は「さ《佐》」。「祝《しゅく》を献し《じ》て、其韻《そのいん》の一字をたか《が》へ《え》」です。

6行目　**「ぬはかりを至極として　一首の余情な」**

「ぬは《ば》かり」。は「を《越》」図6。「至極《しごく》として一首の」。は「余《よ》（餘）情《じょう》な」図7。は「な《奈》」で、、、のようにくずします図8。

7行目　**「きをもかへりみぬことに成ぬ」**

「きを」。は「も」。「かへ《え》りみぬことに成《なり》ぬ」。「こと」図9はこのようにまるで一字のように書かれることが多いのです。

図6

（を〈越〉）

図7

（余〈餘〉情な）

図8

図9

（こと）

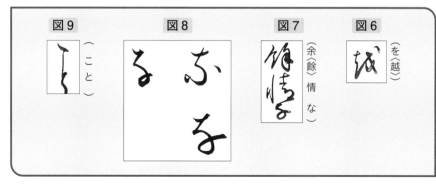

8行目　「**道澄**」

「**道澄**」。これは、自分の名ですから下の方に書きます。

9行目　「**幾春かなをかそへまし**」

「**幾春《いくはる》か《可》なを《お》かそ《ぞ》へ《え》まし**」。は「を」です（図6参照）。

10・11行目　「**いにしへも／まれなるにそふ後の年〱**」

「**いにしへ《え》も**」、「**まれなるに**」。「れ」の字母は「**礼**（**禮**）」図10。は「**に《耳》**」。「**そ《添》ふ《う》後《のち》の年〱《年》**」。

【通しての読み】

惟杏和尚、新春の賢作一篇あり。杜少陵が古来稀とか言いし年波越えたりとて、唐体の末に、「加一年」と言える妙言をききて、吟興に堪えざりしかば、いささか祝を献じて、その韻の一字をたがえぬばかりを至極として、一首の余情なきをもかえりみぬことになりぬ

道澄

幾春かなお数えまし　いにしえも　稀なるに添う後の年々

図10

（れ〈禮〉）

【平仮名・片仮名の遣い分け】

近代になると、片仮名の使い道に制限ができたようで、外来語や擬声語などに限るように、学校では教えていると思われる。文部科学省の指導がいつ導入されたのかについて、ここでは詳しく触れないが、平仮名・片仮名の使用法を決めたのが近代のことであるのは確かだと思われる。要するに江戸時代以前は、平仮名・片仮名の遣い分けが決まっていたわけではなさそうである。

聖護院道澄《しょうごいんどうちょう》(一)の和歌で、前半はその詞書《ことばがき》(二)です。聖護院は京都の天台宗寺門派の**門跡**《もんぜき》**寺院**です。当時の摂家は将来、家を継ぐ予定者以外は僧籍に入ることが多く、その寺院を門跡寺院とよびます。道澄は**近衛稙家**《このえたねいえ》(三)の子ですが、近衛家は道澄の兄の**前久**《さきひさ》が家を継ぎ、そのあと前久の子**信尹**《のぶただ》が当主となります（➡59ページ参照）。ですから、道澄は信尹の叔父にあたるわけです。近衛信尹はまた、江戸時代初期の書の名手として知られます。

冒頭の「惟杏和尚」とは、**惟杏永哲**《いきょうえいてつ》(四)という臨済宗の僧侶です。京都五山のひとつ東福寺二一八世の住持（住職）となった人で、豊臣秀吉に従い、**文禄・慶長の役**(五)に際しては肥前名護屋《なごや》で外交の任にあたったことが知られています。中国語に堪能だったのでしょう。その惟杏から道澄に書き初《ぞ》めの詩が送られてきました。それへのお返しとして作られたのがこの和歌だというわけです。かつてはこのように、教養人の間で詩や和歌の贈答がよく行われていました。

ところで、当時の人の寿命はおよそ五十年ほどだったと考えてよく、惟杏が「**古稀**」だとか「**加一年**」と言ってきたように、七十歳を越える人は少なかったでしょうから、とりわけめでたいことでもありました。惟杏はそのよろこびを七言絶句(六)に読み込んで送ってきたわけです。

詩が送られてきた場合、返す側は同じく詩だったり、あるいは和歌にしたり、

（一）聖護院道澄…一五四四（天文十三）～一六〇八（慶長十三）。
（二）詞書…和歌の前に置かれ、歌のテーマや詠作時の状況などを説明する文章。題詞とも。
（三）近衛稙家…一五〇三（文亀三）～一五六六（永禄九）。
（四）惟杏永哲…生年未詳～一六〇三（慶長八）。
（五）文禄・慶長の役…豊臣秀吉による二度の朝鮮侵攻。第一回は一五九二（文禄元）年、第二回は一五九七（慶長二）年に行われた。
（六）七言絶句…漢詩の形式の一つ。七言の句が四つあり、第一・第二・四句の末字が押韻する。

いろいろな形で応答しています。ここで道澄は得意の和歌で返したのでした。「**余情なきをもかへりみぬ**」とは常套《じょうとう》的な謙辞だと思ってください。

さて唐体の詩（絶句、律詩など）に対して、和歌で「**韻を踏む**」とはいったいどういうことなのでしょう。惟杏の詩がもし絶句であれば、偶数句に韻を踏んでいるわけです。ですから、おそらくその韻は「**年**」だったはずです。なぜなら、道澄の和歌の末尾が「**年々**」となっていることから推測されます。

補足ですが、ここに用いられている料紙は、ふだんよく使われたような楮紙《こうぞがみ》ではありません。**雁皮**《がんぴ》という、薄い上質なものです。繊維が緻密で筆の跡がくっきりと見える、もっぱらお手本などに使用される丈夫な紙です。あまり墨を吸い込みませんから、ほとんど滲《にじ》みは出ません。それだけにごまかしようのない料紙なのです。これを見事に使いこなす力量を道澄は持っていました。

ところで、この和歌の書かれた**正月**（**新春**）とは何年のことなのでしょう。ここでも、内部からそのことがわかるかどうか探してみるのですが、中にそれを知る手がかりはありません。書かれた年次がわかれば、これは貴重な史料となります。なぜかといいますと、惟杏永哲の履歴の書かれている『東福寺史』などを繙《ひもと》いても、惟杏の生年が不明だからです。これを裏返していいますと、書かれた年が判明すれば、ここから逆算して、これまで不明だった惟杏の生年がわかることになるからです。

おしまいに「**古稀**」の語のもととなった、**杜少陵**（七）の「**曲江詩**《きょっこうのし》」をご紹介します。

（七）杜少陵…杜甫。七一二～七七〇。中国唐代の詩人で「詩聖」と称される。

朝回日日典春衣
毎日江頭尽酔帰
酒債尋常行処有
人生七十古来稀
穿花蛺蝶深深見
点水蜻蜓款款飛
伝語風光共流転
暫時相賞莫相違

（朝《ちょう》より回《かえ》って日日《ひび》春衣《しゅんえ》を典《てん》す）
（毎日江頭《まいにちこうとう》酔《よ》いを尽《つ》くして帰《かえ》る）
（酒債尋常《しゅさいじんじょう》行《ゆ》く処《ところ》に有《あ》り）
（**人生七十《じんせいしちじゅう》古来稀《こらいまれ》なり**）
（花《はな》を穿《うが》つ蛺蝶《きょうちょう》深深《しんしん》として見《み》え）
（水《みず》に点《てん》ずる蜻蜓《せいてい》款款《かんかん》として飛《と》ぶ）
（伝語《でんご》す風光《ふうこう》共《とも》に流転《るてん》す）
（暫時《ざんじ》相賞《あいしょう》して相違《あいたご》うことなかれ）

【現代語訳】

朝廷を退出すると、毎日春着《はるぎ》を質に入れ、そのたびに曲江（八）のほとりで酒を飲んで帰ってくる。

酒代の借金はあたりまえのこと、行く先々にある。どうせ人生七十まで生きられるのはめったにない（だから今のうちに飲んで楽しんでおきたいものだ）。

あたりを見ると揚羽《あげは》蝶は花のしげみに見えかくれして飛び、とんぼは水面に尾をつけてゆるやかに飛んでゆく、のどかな風景。

私はこの春景色にことづてしたい。我が身も春光もともに流れに身をまかせ、春のしばらくの間でも、その美しさを賞《め》で楽しみ、そむくことのないようにしようではないかと。

（八）曲江…唐の都・長安の東南にあった池の名前。

この詩のように、七言の句が八つある形式を「七言律詩」といいます。

コラム

料紙の年代測定

料紙の年代が気になる理由

私が料紙として使われた古い和紙に関心を持ちはじめてから、半世紀以上たちました。古文書を見るときには、自然、同時に紙も見ているのです。なぜ紙が重要かといいますと、**古文書が書かれた年代と料紙の年代とは一致しなくてはなりません**。これはとても興味深い事柄です。その手紙がいつごろ書かれたものか、当時の紙に書かれているか、大変気にかかるのです。

具体的にいいますと、もし鎌倉時代の手紙が見つかったならば、その紙も当然、鎌倉時代のものでなくてはなりません。紙を見たとき、時代に違和感の懐《いだ》かれるような場合には、どうしても疑念が持たれます。

料紙の原料となる植物の種類は、紙の繊維を顕微鏡で覗《のぞ》くことによってわかるわけですが、それが漉《す》かれた年代までは、顕微鏡を覗いてもわかりません。

「炭素14」で年代を測る

話がやや脇道にそれますが、紙の年代測定をした結果について、概略をここに書いておきましょう。

二〇〇〇～二〇一〇年代の話です。**名古屋大学**にある「**宇宙地球環境研究所**」（当時は「年代測定総合研究センター」）というのは、放射性同位体(一)である**炭素14**から、和紙の年代測定をしてくれる数少ない機関のひとつでした。

炭素14は、空気中の炭素に一定の割合で含まれています。植物は生きているときは光合成により常に外界から炭素を体内に取り込みますが(二)、**伐採された時点で取り入れることはなくなります**。以降、そこから**炭素14は徐々に減り続けます**(三)。このことを利用して、紙のセルロースから取り出した炭素14の比率を測定することにより、紙の制作年代を知るのです。

　それをするために、私の所持する古文書の一部を試料としてたびたび提供し、文書の書かれた歴史的な推定年代と、料紙の年代とが一致するか否かを確かめるため、共同研究を続けました。

年代測定技術の進歩

　むかし、私がこの測定法の存在を知ったのは学生時代でした。いま思い出すのは、かつてこれが実用化された当時は測定値にプラスマイナス百年ほどの誤差が出ることや、測定のためには多くの炭素が必要なことでした。**破壊検査**なのです。

　それから時が流れ、私が古文書の年代測定をするようになった理由は、測定技術が進んで**年代的な誤差もプラスマイナス二十年ほどとなり、試料もなんと米一粒ほどのもので済むようになった**からです。私たちがお世話になった名古屋大学の加速器(四)の愛称は「タンデトロン」一、二号機といいます。

年代測定でわかること

　ひと昔前の話になります。縄文土器に付着する「お焦げ」の炭素14の年代測定の結果が、発掘による考古学的年代推定のそれと齟齬《そご》していたということがマスコミに取りあげられたこともありました。

　私が共同研究を申し出た意図は、私たちは、（普通は年次の書かれない）手紙などを**歴史的手法**により年代を推定しているわけですが、その結果が**料紙の年代を測定した結果に合致するかどうか**、つまり、こちらの年代推定の正しさが科学的に裏付けられるかどうか、知りたかったのです。

　測定を重ねた結果、いろいろな事がわかりました。

　私がいちばん嬉しかったのは、年代推定したものが測定結果とほぼ一致したこと、つまり私が推定した「料紙制作の年代」や「書かれた時期」と測定結果に隔たりがなかったことです。

ほかにわかったことは、紙の年代測定が正確にできる時代の範囲は古代から室町時代までに限られることです。それ以後は正確な値が出せないということでした。その理由は、十六世紀後半から、ヨーロッパでは燃料としての木材が不足し、石炭を燃やし始め、特に産業革命以来、大量に空気中に化石燃料の炭素14が放出され、それが植物に貯えられたため、測定値が攪乱《かくらん》されたためでした。

ともかくも、今からおよそ三十年ほど前に、私の提供した古文書の一部を用いて紙の年代測定を試み始めたことが、結果として、文書の真贋《しんがん》鑑定などの役に立っているのは嬉しいことなのです。

（一）放射性同位体…放射能をもつ同位体。放射能は放射線を出す性質のこと。同位体は、原子番号が等しく、質量数（陽子数と中性子数の和）が異なる原子のこと。炭素14は放射線（β線）を放出して崩壊し、窒素14になろうとする性質をもつ。

（二）炭素は酸素と結びついて二酸化炭素となり、空気中に存在している。植物は光合成で二酸化炭素を取り込む。

（三）炭素14の崩壊は規則的に起こり、五千七百三十年経つと半分になる。これを半減期という。

（四）加速器…荷電粒子を加速して、その運動エネルギーを大きくする装置。荷電粒子とは、電子・陽子・イオンなどの電荷を帯びた粒子のこと。加速器を使うことで、年代測定に必要な炭素14を選り分けることができる。

三

蘆名盛隆に鷹を贈る伊達輝宗の手紙

伊達輝宗《だててるむね》（一五四四〜一五八五）

戦国武将。陸奥《むつ》国の戦国大名・伊達晴宗《はるむね》の子。権力闘争の激しかった家中を統制し、蘆名《あしな》氏と同盟を結びました。嫡男《ちゃくなん》は伊達政宗。

蘆名盛隆《もりたか》（一五六一〜一五八四）

武将。母は伊達輝宗の姉・阿南姫《おなみひめ》、妻は伊達輝宗の妹（養女）・彦姫《ひこひめ》。

読み解きポイント

漢字の部首のくずし方を覚えましょう。

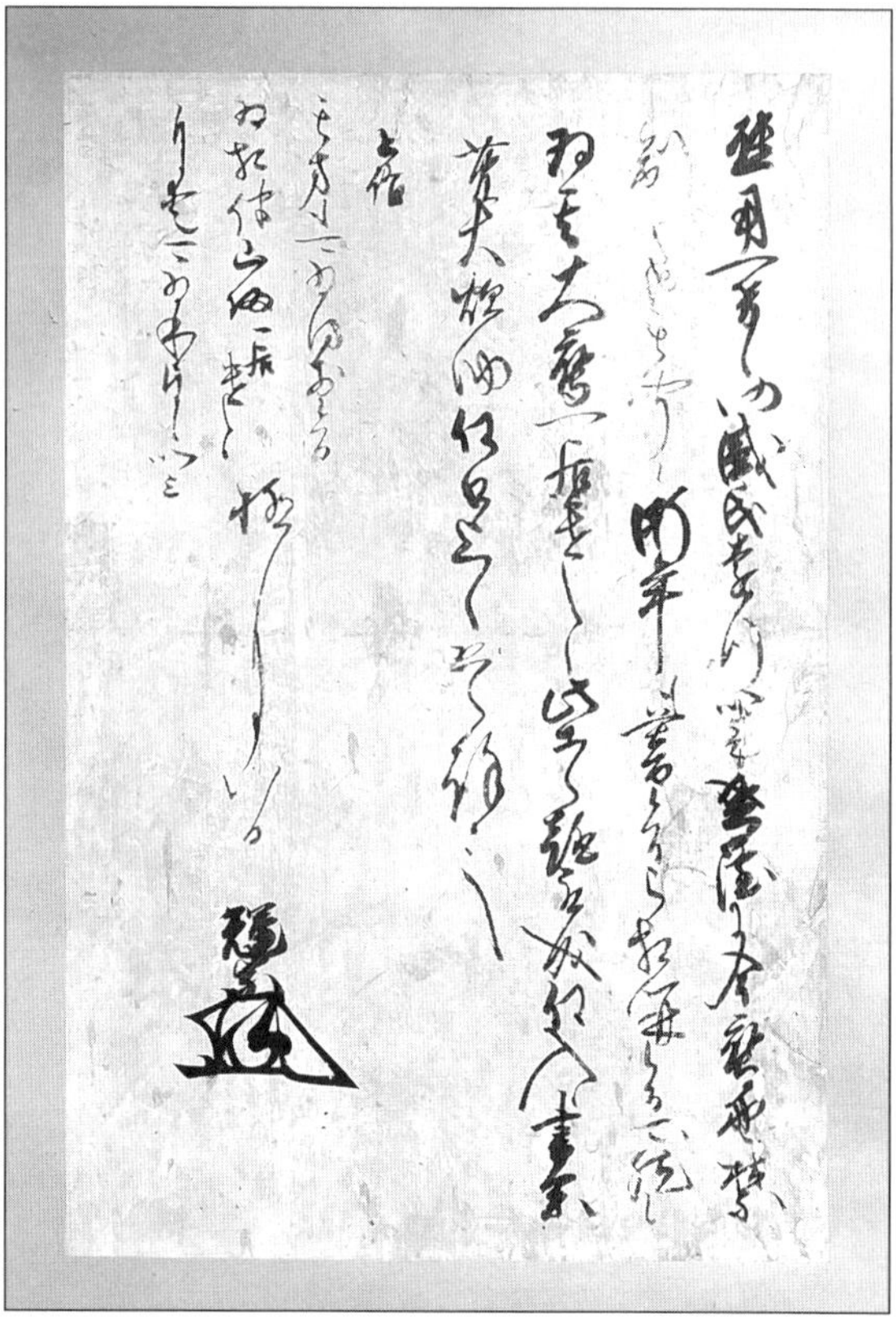

内容

①態用一簡候「仍盛氏遠行以来
盛隆于今鷹野禁
②制之由其聞候「漸年も暮候間
被相開候而可然候
③「為其大鷹一居進之候「此等之
趣取成任入候「書余
④菅大炊助任口上候「恐々謹言
⑤極月八日　輝宗（花押）
⑥追啓
⑦其方も可為同前候間
⑧為相伴山帰一居遣之候
⑨「自愛可為本望候以上

読み解きポイント

漢字の部首のくずし方を覚えましょう。「行」の行人偏※は点がついていることが特徴。「間」の門構えは「つ」のような形にくずされます（⬇78ページ参照）。

※「行」の部首は行構えとされますが、説明の便宜上行人偏という表現を用いています。

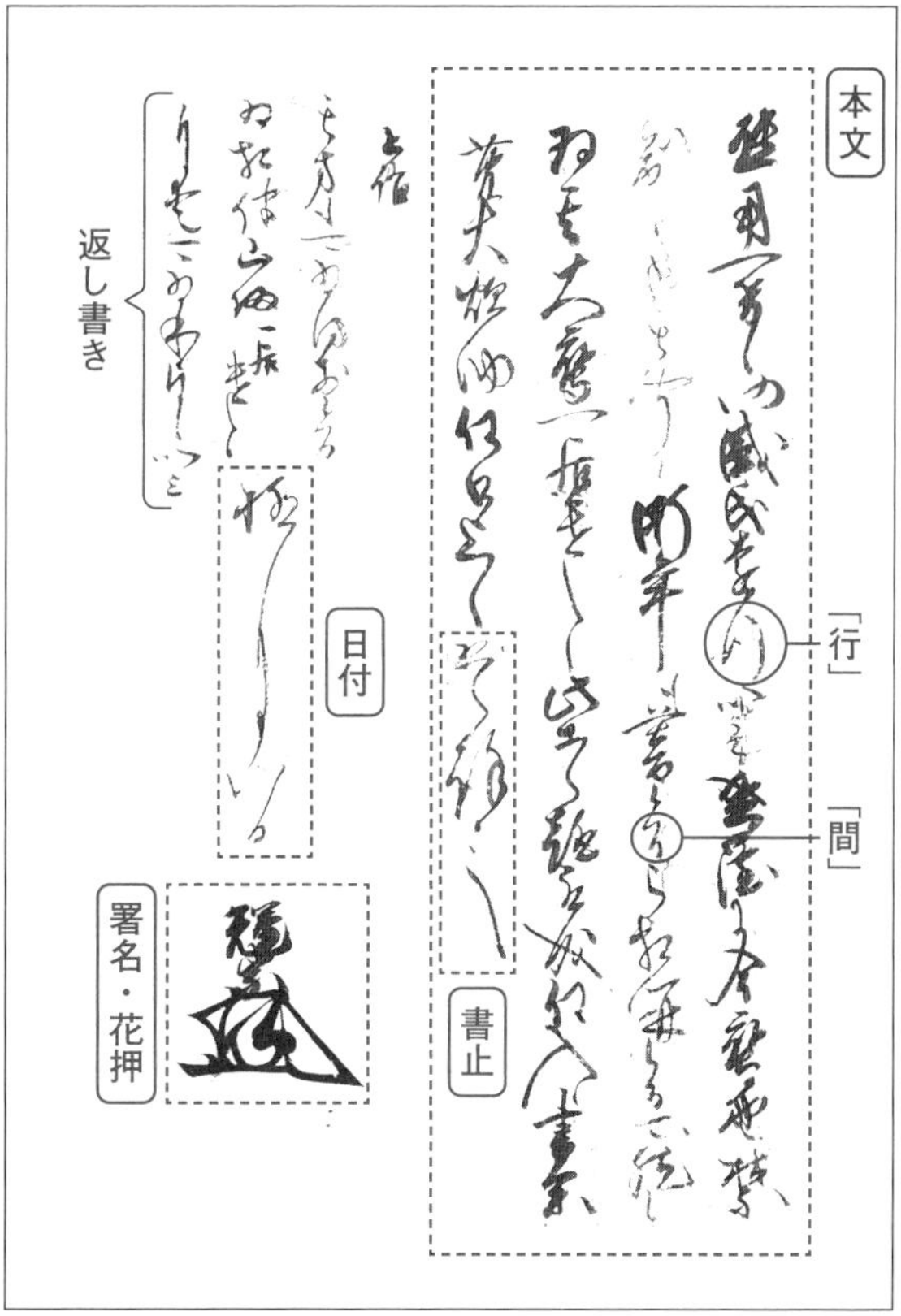

現代語訳

あらためて一筆つかわします。（態用一簡候）

さて、盛氏が亡くなってから、盛隆は今以て鷹狩《たかがり》を禁じているとの噂《うわさ》です。（仍盛氏遠行以来盛隆于今鷹野禁制之由其聞候）

ようやく年も暮れますので、再開されたらいかがでしょう。（漸年も暮候間被相開候而可然候）

そのために、大鷹を一羽進呈します。（為其大鷹一居進之候）

このことをお取り次ぎ、お願いいたします。（此等之趣取成任入候）

手紙に書きませんことは、菅大炊助《すがおおいのすけ》から口頭で申します。（書余菅大炊助任口上候）

なお、貴方も、同じ気持ちでしょうから、相伴のために、「山帰」を一羽遣わします。（其方も可為同前候間為相伴山帰一居遣之候）

自愛なされませ。（自愛可為本望候以上）

読み方

1行目　**「態用一箇候　仍盛氏遠行以来盛隆于今鷹野禁」**

冒頭のは「**態**《わざと》」です 図1。この字のくずし字は「熊」と全く同形です。「**用一箇候**（一箇《いっかん》を用《もち》い候《そうろう》）」となります。

ここでの「**箇**」は竹冠の下に「間」と書いています 図2。「間」も頻出する文字です。「間」の門構えは、のように、まるでひらがなの「つ」のように見えます 図3。ところが、またこの字は筆の動きがだんだんと小さくなった結果、図2 のようになってしまったのです。輝宗だけの話ではありません。誰もがこのように書いています。

は「**仍**《よって》」と読みます。この字だけですと「何」などとも読めそうですね。しかし、最初の文（態用一箇候）の次の文頭にこれがあることで判断します。意味は「さて」、「ところで」など話題を転ずるときに用いる独立語です（この字は「すなわち」などと読むことはありません。念のため）。

は「**盛氏**」という人名。古文書を読むときもっともわかりにくいのが人名や地名といった固有名詞で、これは前後関係や文脈などから類推することが困難なのです。

は「**遠行**《えんこう》」。ここで、「**行**」の真ん中に打っている点について書いておきましょう 図4。ここでは「**行**」の偏《へん》と旁《つくり》との中程にあとから点を打っていま

図1

（態）

※「わざわざ」とも読む。

図2

図3

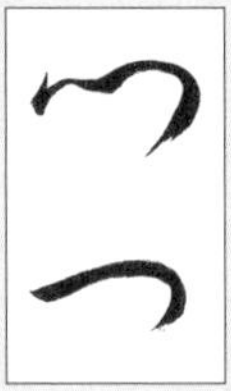

図4

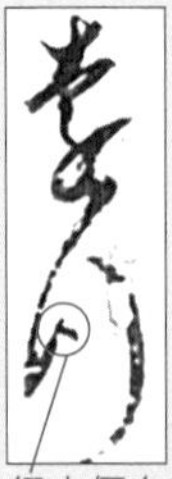

す。この点は「行人偏《ぎょうにんべん》」であることを示します。点は縦の線を引いたあとで打ちます。ここに点がある部首というのは、「言偏《ごんべん》」、「行人偏」なのです。それ以外の、例えば氵（さんずい）や、人偏《にんべん》などには原則、打ちません。また、この点はなくても構いません。このような点を古文書の方では「**捨筆**《すてふで》」とよびます。要するにあってもなくてもよいもの、の意です。なお、仮名の「も」の点を打つ場所を見ますと、偏の左側（　）や線上（　）などです。

　は「**以来**」。「**以**」の形は「心」と同形です。この字も文脈で判断しましょう。「来」は　、　などのようにくずされます **図5**。

　は「**盛隆**」で、これも人名。先を見ますと、すぐ上の「**盛氏**」と下の「**盛隆**」はわざと字形を変えて書いていることにお気づきですか **図6**。同字をくり返すときは少し変化をつけたいという心理なのです。

　は「**于今**《いまに》（今に）」と下から返ります。ですからこの「**于**《う》」は仮名ではなく、漢字なのです。形の似る、「尓（に）」という仮名の　とは別物です **図7**。形は似ていますけれど、混同してはいけません。

　は「**鷹野**」です。「**野**」がなぜこのような形になるのかといいますと、偏の「里」の「土」を下に持ってきた形なのです（　）。148ページの**図30**に同じ字がありますので参照してください。そして　が「**禁**」**図8**。

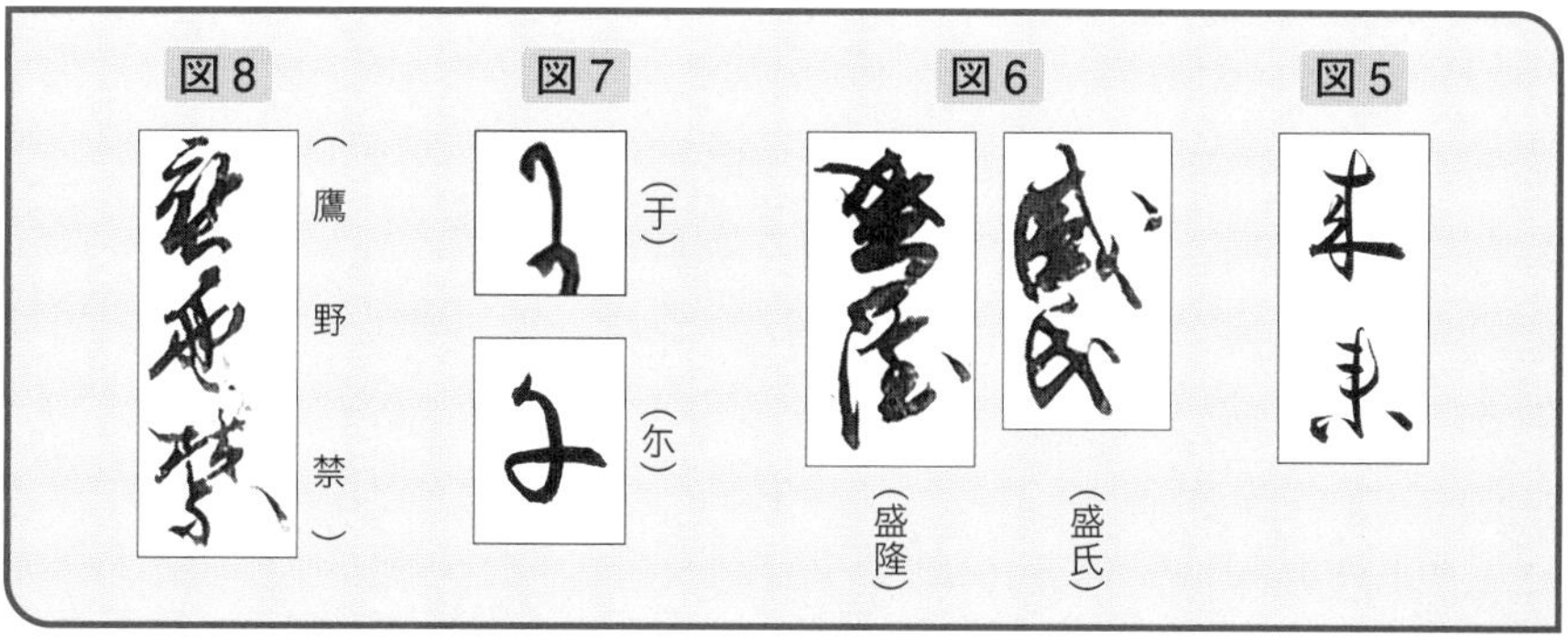

2行目　「**制之由其聞候　漸年も暮候間被相開候而　可然候**」

は「**制**」で、「**禁制**《きんぜい》**之由**《のよし》」となります。は「**之**」です。「之」は仮名として読むと「し」ですが、ここは漢字として「の」と読みます。この部分は渇筆（筆の墨が少ない状態）で書かれます。「**其聞候**《そのきこえそうろう》」です 図9。ここにきて墨継ぎ（筆に墨をふくませること）をしています。

古文書を見てゆくとき、どこで墨継ぎをするかというのはたいへんに重要な観点です。なぜかといいますと、ひと続きの字句においては、多少墨がかれてきても、あらぬところで墨を継ぐのは不自然なのです。ですから、文意の切れ目ごとに、自然に墨継ぎがなされているかどうか、これはとても大事な点です。

は「**漸**《ようやく》**年も暮候間**《くれそうろうあいだ》」図10、は「**被相開候而**《あいひらかれそうろうて》」（相開かれ候て）」と読みます 図11。

ここでは「**間**」と「**而**」の書き方に注意していただきたいところです。この行のは「**候間**」であり、は「**候而**」です。「**間**」と「**而**」とは形が似ていますね（➡29ページ参照）。これまで私は、「間」なのか「而」なのか、じつはしばしば迷わされてきたというのが実感です。

は「**可然候**《しかるべくそうろう》」（然るべく候）」図12。

3行目　「**為其大鷹一居進之候　此等之趣取成任入候　書余**」

は「**為其**《そのため》」。は「**大鷹一居進之候**《おおたかひとすえまいらせ》」です 図13。「居」

図9

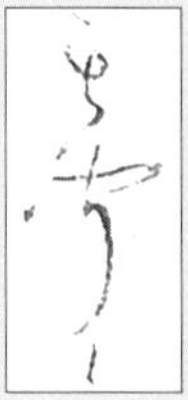

（其聞候）

図10

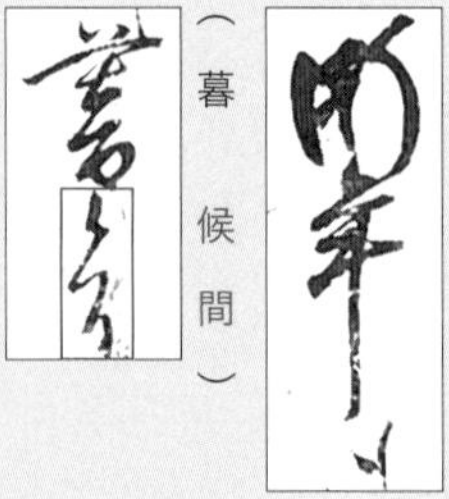

（漸年も）（暮候間）

図11

（被相開候而）

図12

（可然候）

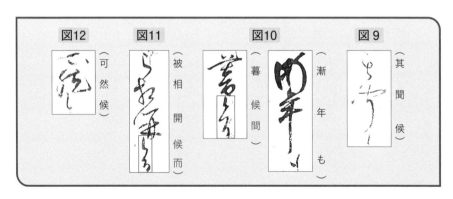

は「据《すえ》」と同義です。「大鷹一羽」ですね。「**進之**」を私は「まいらせ」と読みました。しかし、「これをすすめ」、「これをしんじ」などと読んでも問題ありません。当時、どう読んだかについてはわからないことがじつは多いのです。は「**此等之趣**《これらのおもむき》」です。「**此**」は「これ」、「ここ」、「この」などと読みます。「**等**」はすでに触れました（⬇54ページ参照）。「**趣**」は「走繞《そうにょう》」に「取」を載せます 図14。どちらの部位のくずし方も重要です。

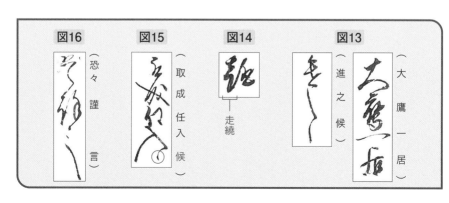

部首（偏《へん》、旁《つくり》、冠《かんむり》、繞《にょう》、構《かまえ》、頭《かしら》など）がなぜ大事なのかといいますと、漢字は部首の組合せで成り立つものが多く、それらの組合せの違いにより、いろいろな文字を形成するからです。しかも、その部首にはたいてい音《おん》や義《ぎ》（意味）があります。ですから、部首のくずし方を正しく把握しておけば、漢字の解読や理解に応用できます。

は「**取成**《とりなし》」、は「**任入候**《まかせいり》」です 図15。は「**書余**《しょよ》」。

4行目　「**菅大炊助任口上候　恐々謹言**」

「**菅大炊助**《すがおおいのすけ》」はこの手紙を届けた人の名。は「**任口上候**《こうじょうにまかせ》（口上に任せ候）」。「**恐々謹言**《きょうきょうきんげん》」図16 となります。

5行目　「**極月八日　輝宗**（花押）」

本文の続きとして、まず、日付を読みます。「**極月八日**　**輝宗**（花押）」です。

図13

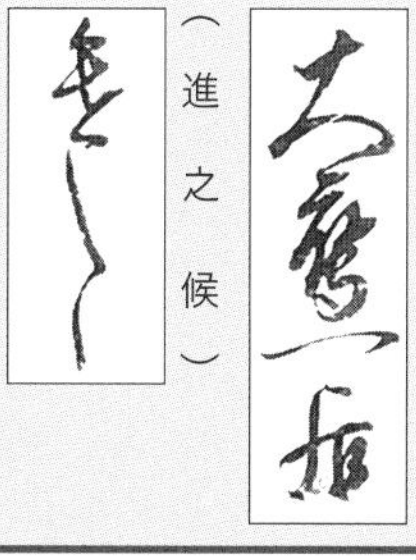

（大鷹一居）（進之候）

図14

走繞

図15

（取成任入候）

図16

（恐々謹言）

ここから返し書きに移ります。返し書きとは、手紙の最初に戻って書かれる追伸のことです。このような書式で料紙を使う場合、この位置に返し書きが書かれることが多いのです。

6行目「**追啓**」

は「**追啓**（追って啓《けい》す）」**図17**。

7行目「**其方も可為同前候間**」

「**其方**《そのほう》**も可為同前**《どうぜんたるべく》**候間**《あいだ》（其方も同前たるべく候間）」。「**同前**」**図18**は「同然」と同義です。

8行目「**為相伴山帰一居遣之候**」

は「**為相伴**（相伴《しょうばん》として／相伴のため）」。は「**山帰**《やまがえり》」です。

その下に続く書き方を説明しましょう。わざわざ「一居」を小さく書いています**図19**。これは「山帰」の割書《わりがき》です。割書は本文の間に書き入れた注であり、小さい字で二行に分けて書かれます。

その後に来る「**遣之候**《これをつかわし》」という本文に戻るのですが、本文であるにもかかわらず「遣之候」までは小さく下げて書いています。なぜこのような書き方をしたのかは、私にはわかりません。

図17

（追啓）

図18

（同前）

図19

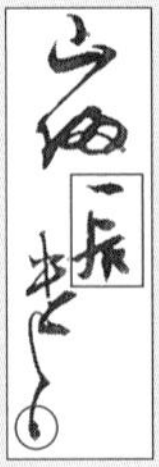
（山帰）一居（＝割書）
（遣之候）

図20

（自愛）

（可為本望候）

なお、「**進**」（⬇80、81ページ参照）と「**遣**」との違いにも注意しましょう。

9行目　「**自愛可為本望候　以上**」

は「**自愛**《じあい》**、可為本望**《ほんもうたるべく》（本望たるべく）**候**」です **図20**。ここでの「**望**」の字の判読は、前後関係なしには読みにくいものです。そのあと書止の「**以上**」となります。

【通しての読み】

わざと一簡を用い候。よって、盛氏遠行以来、盛隆、今に鷹野禁制の由、その聞こえ候。漸く年も暮れ候間、相開かれ候て然るべく候。その為、大鷹一居まいらせ候。これらの趣き、とりなし、任せ入り候。書余、菅大炊助、口上に任せ候。恐々謹言

極月八日　輝宗（花押）

追啓。その方も、同前たるべく候間、相伴として、山帰※一居、これを遣わし候。自愛本望たるべく候。以上

※「山帰」は、年を越えて山で羽毛をかえた若い鷹のこと。より立派な「大鷹」を盛隆へ進呈し、盛隆の従者（手紙を取り次ぐ人物）へは若鷹を遣わすのである。なお、「大鷹一居まいらせ候」「山帰一居、これを遣わし候」というように、相手によって敬語表現と通常の表現を使い分けている。

解釈と鑑賞

伊達輝宗《だててるむね》(一)は**伊達政宗**《まさむね》の父です。これは輝宗が自筆を揮《ふる》った手紙であろうと推定しています。

戦国武将の手紙の書については、それが**自筆**であるのか**右筆**《ゆうひつ》なのかは易しい問題ではありません。先にも触れましたが（⬇58ページ参照）、これまで、「武将は戦に命をかける者なので、あまり能筆ではなく、ほとんどを代筆させていたようだ」と考える人もいたのでした。しかし、書風という視点から子細に観察し続けていますと、必ずしもそうとばかりは言い切れないのではないかと思うようになりました。また、武将間でも、右筆のものよりも自筆書状を喜ぶ状況だったこともわかってきました。ですから、逐一、それが自筆、右筆のいずれかを判断する必要があるわけです。

東北随一の都市**仙台**の生みの親政宗の名声に隠れているせいか、輝宗の筆跡は巷間《こうかん》にあまり多くはありません。ですから、これは珍品のひとつです。

ここに用いられている料紙は、一般に多く見られるような楮紙ではなく、丈夫で表面が緻密な**雁皮**（あるいはその混抄《こんしょう》）です。戦国期の武将の書状にはしばしばこれが用いられています。

この手紙を書として見ますと、ひじょうに端正で、それでいてこれは大らかさと品位を感じさせる書風なのです。自然な抑揚があり、潤渇によるリズム感、筆

(一) 伊達輝宗…一五四四（天文十三）～一五八五（天正十三）。

(二) 紙の向き

なお、一枚の縦紙を半分に切ったものが半紙である。

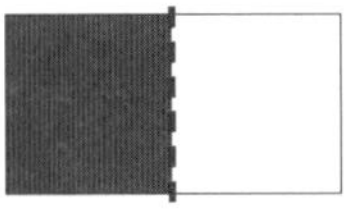

線の鋭さ、そして、幾何学模様のような構成による花押も魅力的です。日付の「**極**」から「**月**」への線には、細いながらも絹糸のような強靭《きょうじん》さが感じられます。このような書は右筆のものではないのです。

紙をこのように**横向き**(二)で書くのも、この期の東北地方に多く見られるやり方のようです。本文のあと、**返し書き**を日付の上にこのように書き込むのも、特徴なのです。

ここに宛所は見えませんが、もしかすると、包紙などにはあったのかも知れません。しかしながら、本文にある情報からも、隣国の**蘆名《あしな》氏**宛てと考えてよいでしょう。

文中に**蘆名盛氏《もりうじ》**(三)の名が見えますし、盛氏は伊達領の隣国**会津黒川**（現会津若松）もと城主で、伊達家とは当時姻戚関係(四)にありました。その蘆名氏の全盛期を築いたのが盛氏で、そのあとを継いだのが**盛隆《もりたか》**(五)だったのです。もともと盛氏には盛興《もりおき》(六)という息子がいましたが、盛興には子がいなかったうえ、若くして病死したため、盛氏はそれまで人質にとっていた**二階堂盛義《もりよし》**の子を養子にしました。それが盛隆です。

盛氏が亡くなったのは天正八年六月十七日ですから、この手紙の書かれたのはその年の暮れ（十二月）のことと考えられます。この年、輝宗は三十五歳です。この手紙のように、文の内容から書かれた年次が推測できるような手紙はさほど多いとはいえません。

(三)蘆名盛氏…一五二一（大永元）～一五八〇（天正八）。

(四)蘆名盛氏の正室は伊達稙宗（たねむね）の娘。伊達稙宗は輝宗の祖父。

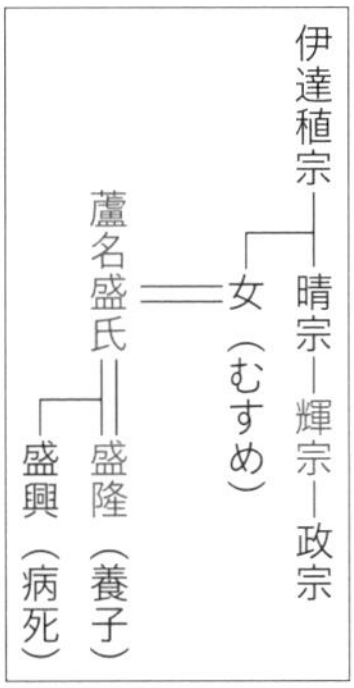

伊達稙宗
晴宗—輝宗—政宗
女（むすめ）
蘆名盛氏
盛隆（養子）
盛興（病死）

(五)蘆名盛隆…一五六一（永禄四）～一五八四（天正十二）。

(六)蘆名盛興…一五四七（天文十六）～一五七五（天正三）。

ところで、その後の伊達氏と蘆名氏との関係について書いておきましょう。盛隆が二階堂氏から来たということもあり、蘆名家臣団のまとまりには問題があったようで、天正十七年（一五八九）、**猪苗代盛国《いなわしろもりくに》**（七）の内応を得た輝宗の息子政宗との**磐梯《ばんだい》山麓（摺上原《すりあげはら》）の戦い**に敗走し、黒川を離れることとなり、これが事実上の蘆名氏滅亡だとされています。ですから、この手紙のような友好はこの時から十年も続かなかったことがわかり、これは戦国期の伊達輝宗と蘆名氏との関係を知る史料でもあります。

手紙の中で輝宗が「盛氏」「盛隆」と呼び捨てにしているのは、輝宗の方が上だったからです。戦国大名どうしでも、力関係（当時の人間関係をふくむ）や国の大小によって上下関係がありました。

（七）猪苗代盛国…一五三六（天文五）～一五九〇（天正十八）？　猪苗代氏は蘆名氏の重臣で、盛国は第十二代当主。盛国が伊達氏に寝返ったことが蘆名氏敗走の原因となった。

四

倉知益左衛門に宛てた豊蔵坊信海の手紙

豊蔵坊信海《ほうぞうぼうしんかい》（孝雄《こうゆう》）（一六二六〜一六八八）

江戸時代の僧侶・画人・狂歌師。豊蔵坊は石清水八幡宮《いわしみずはちまんぐう》にあった宿坊。八幡の地には、当時、小堀遠州《こぼりえんしゅう》や松花堂昭乗《しょうかどうしょうじょう》らを中心とする茶人の文化サークルが形成されており、信海もその一員でした。「倉知益左衛門」は信海に入門して書を習った人物です。この手紙は、書を学び終えて帰国する弟子に宛てて書かれました。

読み解きポイント

「返し書き」に注意して、本文の冒頭を見つけましょう。

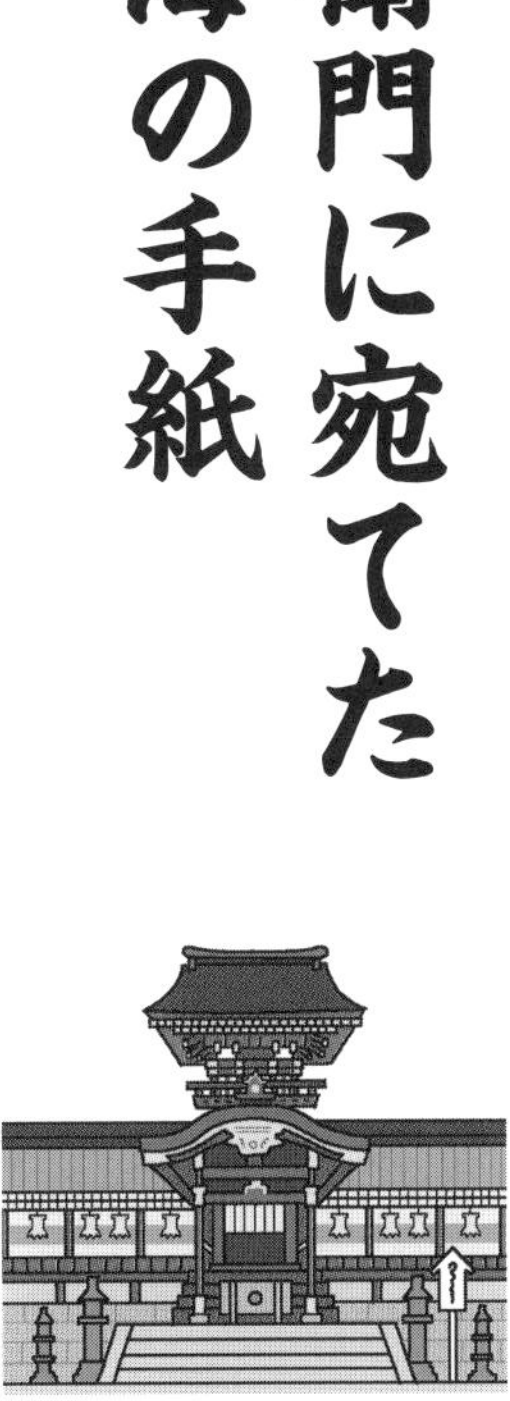

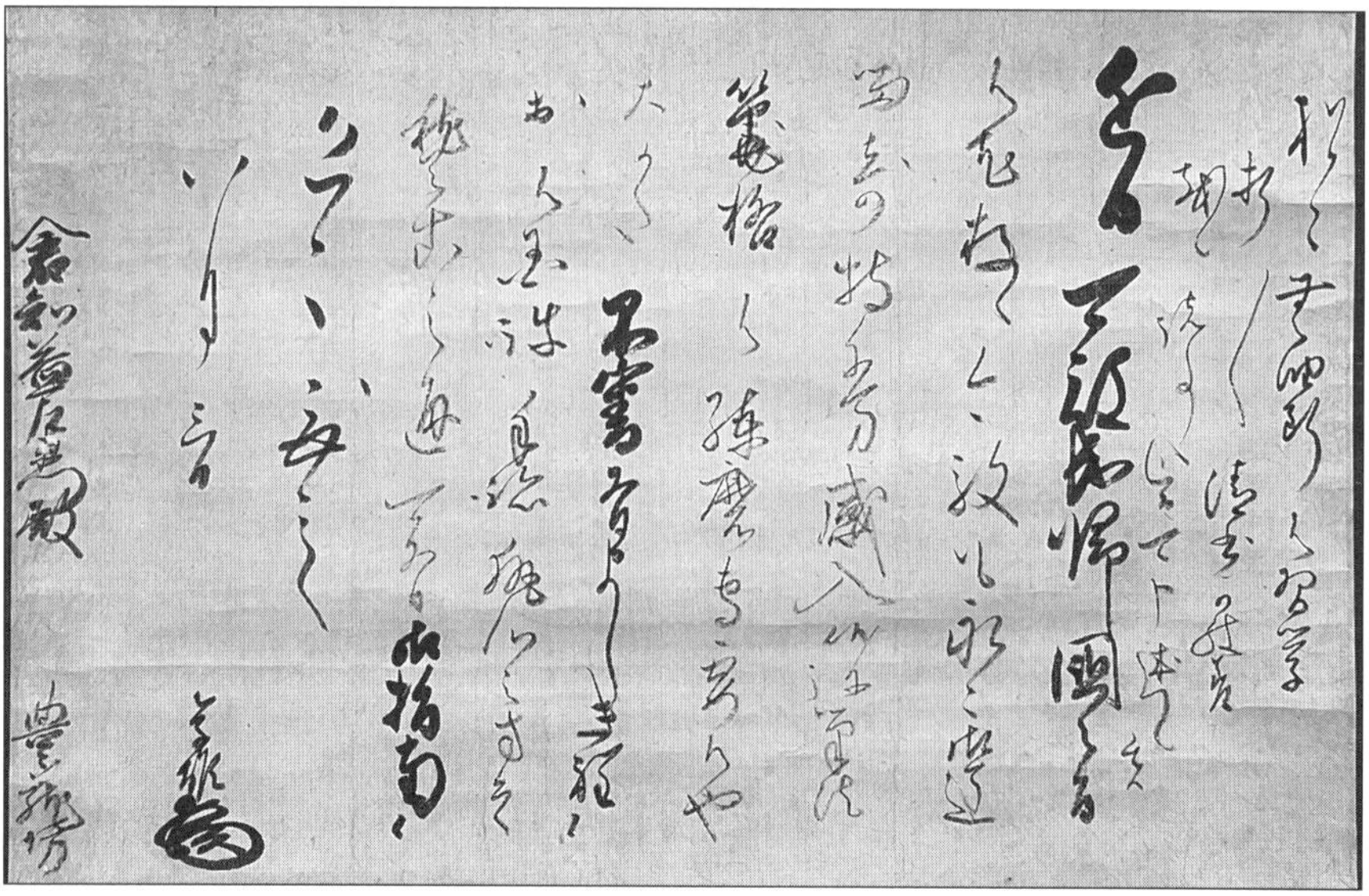

内容

①猶々無油断御習学
②折〱清書可被差
③越候諸事追而可申述候已上
④近日可被成帰国之旨
⑤御尤存候今般も永々御逗
⑥留奇特千万感入候弥筆法
⑦筆格御練磨専要候也
⑧大かた不審有ましき程候
⑨於御国許手跡執心之方候ハ、
⑩稽古之通可有御指南候
⑪恐々謹言
⑫八月三日　孝雄（花押）
⑬倉知益左衛門殿　豊蔵坊

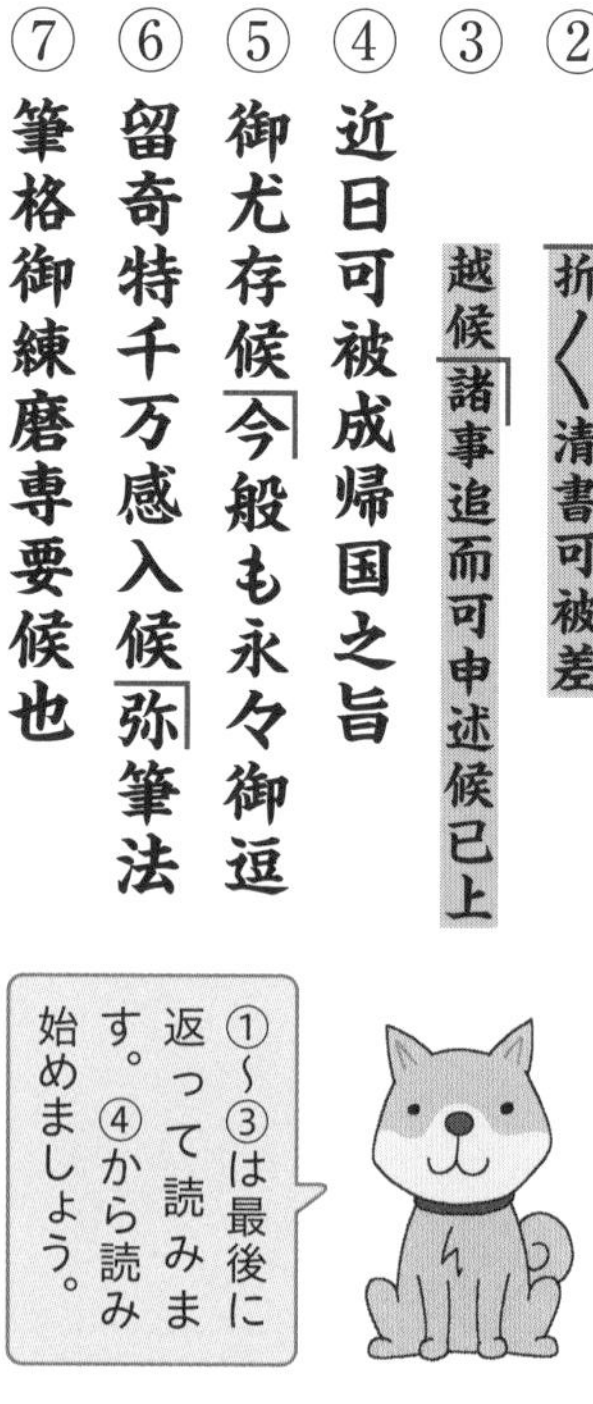
①〜③は最後に返って読みます。④から読み始めましょう。

現代語訳

近日帰国なさるとのこと、ご尤もに存じます。

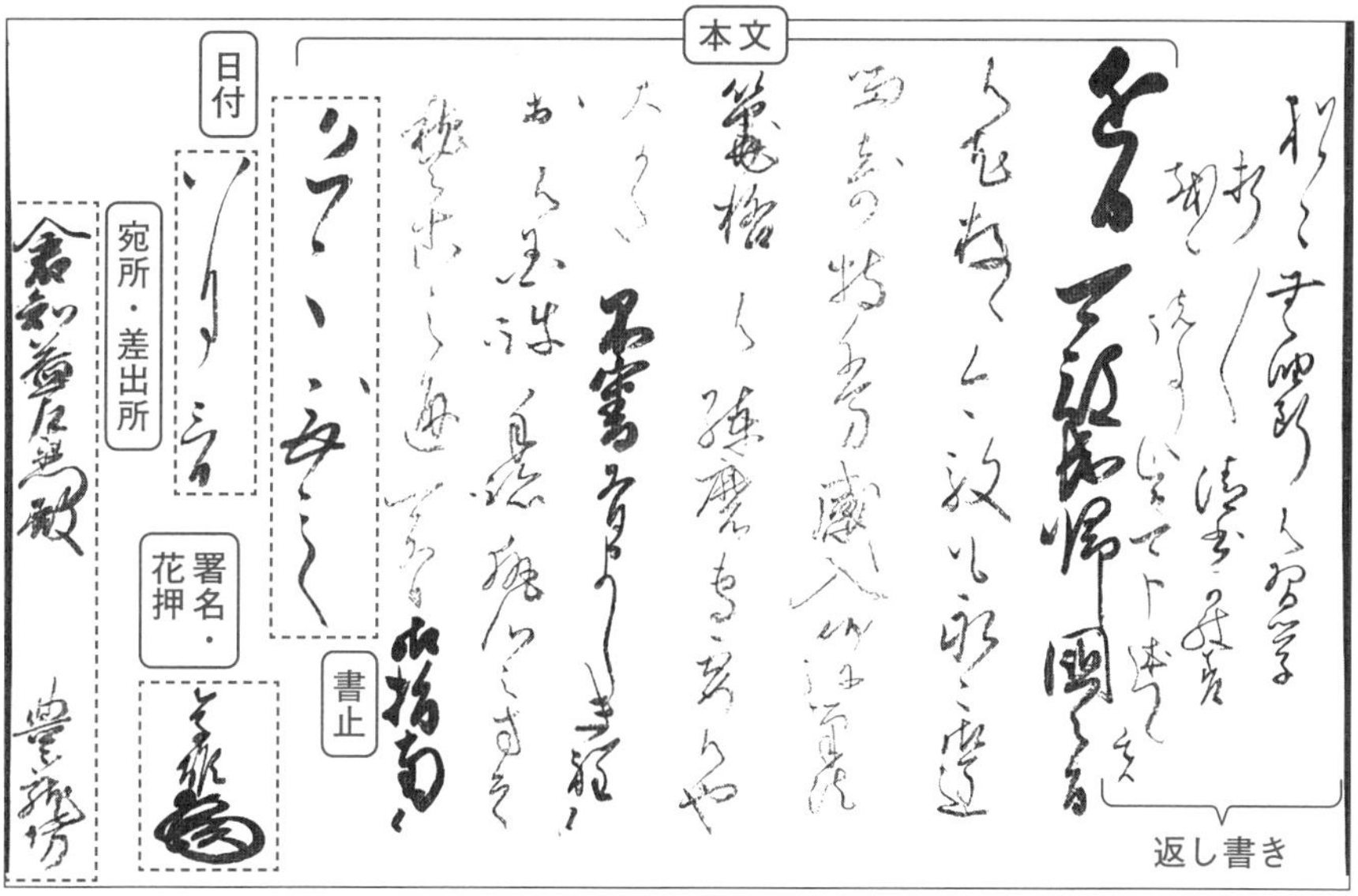

（近日可被成帰国之旨御尤存候）

このたびも、長らくご逗留になり、まことに感心なことです。

（今般も永々御逗留奇特千万感入候）

ますます筆法、筆格を磨くことが肝要です。

（弥筆法筆格御練磨専要候也）

大体において、不審は無いと思いますから、国許で、書を習いたいという希望者がいましたら、習ったところを教授して構いません。

（大かた不審有ましき程候、於御国許手跡執心之方候ハヽ、稽古之通可有御指南候）

なお、油断無きよう、学び習うこと。折々清書を送ってください。

（猶々無油断御習学、折〳〵清書可被差越候）

また手紙を出します。

（諸事追而可申述候已上）

読み解きポイント

「返し書き」に注意して、本文の冒頭を見つけましょう。この手紙の①〜③行目は、行頭を下げて小さな文字で書かれています。この部分は本文の後に追記された「返し書き」（追伸）なので、まずは④行目以降の本文から読み始めましょう。

読み方

4行目「**近日可被成帰国之旨**」

は「**近日**」。は「**可被成**《なさるべく》」で、この三字がひと続きに書かれているのは、これが常套句《じょうとうく》だからです。その下に「**帰国**《國》**之旨**」とありますから、「**可被成帰国之旨**《きこくなさるべきのむね》（帰国成さるべきの旨）」と読みます。は「**旨**」です図1。この字は「間」（）図2と形が似ていますから、注意しましょう。

5行目「**御尤存候　今般も永々御逗**」

「**御尤存**《ごもっともにぞんじ》**候**」。「**今般も**」の「**般**」はこれだけですと、なかなか読めませんけれども、文脈がヒントです。「**永々**《ながなが》**御逗**《ごとう》」です。「**逗**」も難しい書き方をしていますが、改行して続く文脈から判断できます。

6行目「**留奇特千万感入候　弥筆法**」

「**留**」とありますから、「**逗留**《とうりゅう》」と読めるのです。は「**奇特千万**《きどくせんばん》、**感入**《かんじいり》**候**」です図3。は「**弥**《いよいよ》**筆法**」です図4。

7行目「**筆格御練磨専要候也**」

は「**筆格**」。すぐ近くに「**筆**」が二度出てきます。こうしたときは、

図1

図2

図3

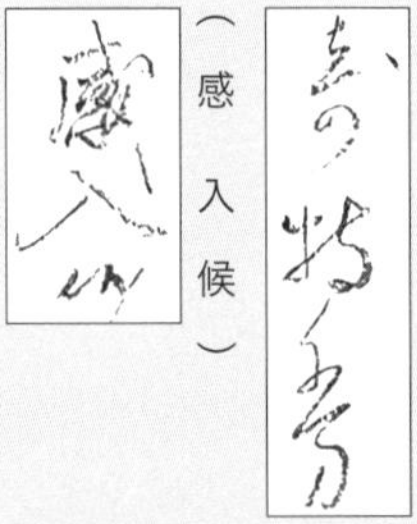

（奇特千万）（感入候）

図4

（弥筆法）

このように書体を変えるのです。「候」など、くり返し用いられる字は、そのたびごとに変えて書かれます。は「御練磨《ごれんま》」。「練」は同じ音の「錬」の代わりに用いられています（音通《おんつう》⬇103ページ参照）。しかし、「練」はのようにくずすことが普通です 図5。は「専要《せんように》」。は「候也《なり》」です。

8行目 「**大かた不審有ましき程候**」

は「**大かた**《可多》」。「**不審有**《ふしんある》**まし**《じ》**き程**《ほどに》**候**」。

ところで、この「**審**」という字を見てください 図6。「ウ冠」に「番」を書くわけですが、「番」は、「米」の下に「田」を書いています。現在は「米」ではなく、「ノ米（のごめ）」です。しかし、私はこれまで見た古文書では「米」を書いていたように記憶しています。「蕃」などの場合も同様のようです。

9行目 「**於御国許手跡執心之方候ハヽ**」

「**於御国許**《おくにもとにおいて》」です。は「**国**」で、「王」の左右に点を打ちます。この点が国構えにあたります。国構えの字、たとえば「円（圓）」ものように書かれます 図7（⬇50ページ参照）。は「**手跡**」。「足偏」だけを取り出しますと、「言偏」とまったく同形になります 図8。左側にあとから打たれる点までも同じです。

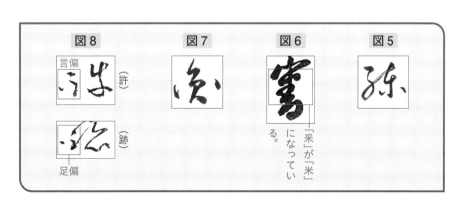

は「**執心之方**」。ここで「**執**」の偏だけ取り出しますと、あたかも「犭（けものへん）」のようです 図9。といいますのは、「幸」の草書体は「犭」そっ

図8

図7

図6

図5

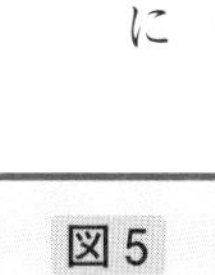

くりなのです。その下、まるで一字のように続けられるは、「候ハヽ《そうらわば》」です。これも常套的な句ですので、ひとまとまりに書かれているのです。

10行目「**稽古之通可有御指南候**」

は「**稽古之通**《けいこのとおり》」図10、は「**可有御指南候**《ごしなんあるべく》」（御指南有るべく候）」図11。

11・12行目「**恐々謹言／八月三日　孝雄**（花押）」

「**恐**」、「**々**」、「**謹**」、「**言**」。これは書止です。ここまで読んで、「返し書き」（1～3行目）に戻ります。

1行目「**猶々無油断御習学**」

は「**猶々**」、は「**無油断**《ゆだんなく》」、は「**御習学**」図12。

2行目「**折く清書可被差**」

は「**折く**」、は「**清書**」、は「**可被差**」図13。

3行目「**越候　諸事追而可申述候已上**」

は「**越候**」ですから、「**可被差越候**《さしこさるべく》」（差し越さるべく候）」と続けて読み

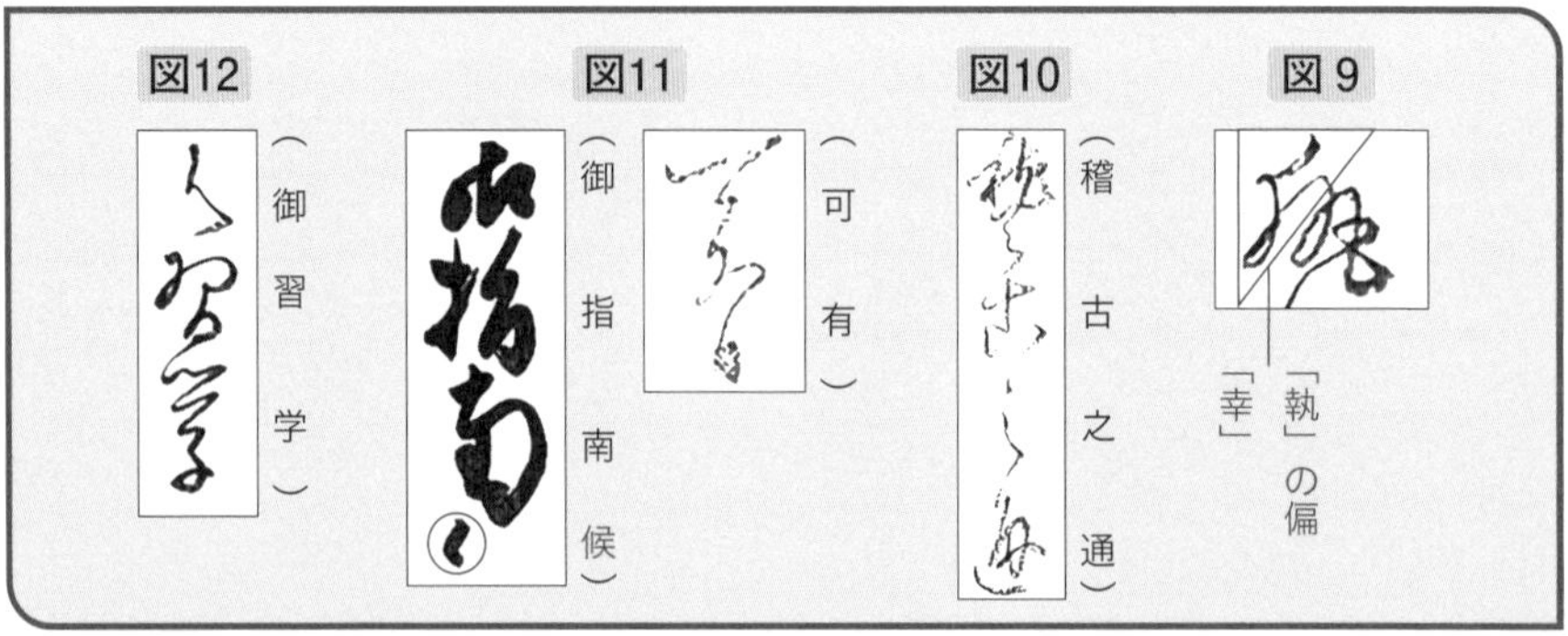

図9
「執」の偏
「幸」
図10
（稽古之通）
図11
（可有）
（御指南候）
図12
（御習学）

ます 図13。は「諸事」、は「追而」図14、は「可申述候《もうしのぶべく》」です。その下に「書止」の「已上《いじょう》」（＝「以上」と同義）が書かれます。

13行目　**「倉知益左衛門殿　豊蔵坊」**

「**倉知益左衛門殿**」は宛所。は「**衛門**」。「**衛**」は、、、などのようにくずされます 図15。「**豊蔵坊**」は差出所です。なお「坊」と「房」とは同音同義、どちらを書いても同じです。

【通しての読み】

近日、帰国なさるべきの旨、ご尤に存じ候。今般も、永々ご逗留、奇特千万、感じ入り候。いよいよ、筆法・筆格ご練磨、専要に候なり。大かた不審あるまじき程に候、お国許において、手跡執心の方候わば、稽古のとおり、ご指南あるべく候。恐々謹言

八月三日　孝雄（花押）

猶々、油断なく、ご習学。折々、清書差し越さるべく候。諸事、追って申し述ぶべく候。已上

倉知益左衛門殿　豊蔵坊

図13

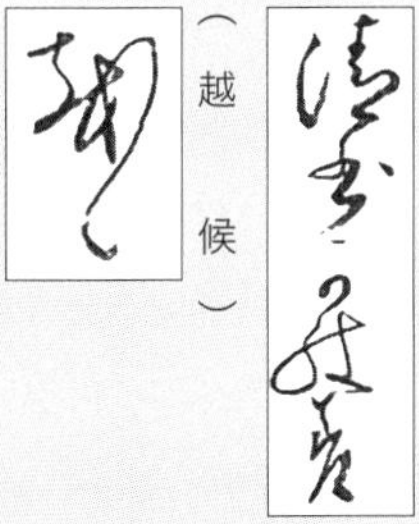

（清書可被差）（越候）

図14

（追而）

赤字は「追」の筆順

図15

解釈と鑑賞

京都の南部（現八幡市）にある**石清水八幡宮《いわしみずはちまんぐう》**は、中世以来、多くの僧侶が坊を構え、それぞれ貴顕からの信仰も厚く、ひじょうに栄えました。八幡宮では戦勝祈願や病気平癒の祈禱《きとう》をしていたのです。神社なのに、僧侶がいるのかと現代人は思うかもしれませんが、歴史的には長らく**神仏習合**だったのです。神社にいる僧なので、**社僧**といいます。

八幡《やわた》の地は京都府（山城国《やましろのくに》）のもっとも南にあります。桂《かつら》川、宇治《うじ》川、木津《きづ》川が合流するデルタ地帯で、それらが淀《よど》川となって大阪湾に注ぐ、交通の要地でもありました。そこに神社はあります。あたり一帯は平坦なだけに、神社のある男山《おとこやま》だけ、遠望にもここだけが飛び出て見えるので、どこか神々しい感じがします。

淀の港、伏見《ふしみ》、宇治や大坂にもほど近く、寛永初年以来、伏見奉行を勤めた数寄者大名**小堀遠州《こぼりえんしゅう》**（一）を中心に、盛んに茶の湯が催され、遠州や**滝本坊《たきもとぼう》（松花堂《しょうかどう》）昭乗《しょうじょう》**（二）らを中心とする、茶人の文化サークルが形成されていました。同好の志として、大徳寺の**江月宗玩《こうげつそうがん》**（三）や大坂の富商**淀屋个庵《よどやこあん》**（四）、奈良興福寺の**中沼左京《なかぬまさきょう》**（五）らがいて、そこに、寛永十年（一六三三）から淀藩へ移封されて来た**永井尚政《ながいなおまさ》**（六）や、その弟**永井直清《なおきよ》**（七）、淀藩の家老**佐川田喜六《さがわだきろく》**（八）らをはじめ、ほかにも、**木下長嘯子《きのしたちょうしょうし》**（九）ですとか、儒者の**三宅亡羊《みやけぼうよう》**（十）らも加わり、たいへんに賑やかな、それはあたかも上方の茶文化の聖地とよぶに相応しいものでした。**豊蔵坊信海《ほうぞうぼうしんかい》（孝雄《こうゆう》）**（十一）も

（一）小堀遠州…一五七九（天正七）～一六四七（正保四）。大名・茶人。

（二）滝本坊（松花堂）昭乗…一五八四（天正十二）～一六三九（寛永十六）。真言宗の僧侶。「寛永の三筆」の一人。

（三）江月宗玩…一五七四（天正二）～一六四三（寛永二十）。臨済宗の僧侶。茶道・書画にすぐれた。

（四）淀屋个庵…一五七七（天正五）～一六四三（寛永二十）。大坂の中之島を開拓した商人淀屋常安の長男で、淀屋の二代目。

（五）中沼左京…一五七九（天正七）～一六五五（承応四）。興福寺一乗院門跡に仕える諸大夫。松花堂昭乗の兄。妻は小堀遠州の妻の妹。

（六）永井尚政…一五八七（天正十五）～一六六八（寛文八）。

遠州から茶を学んだひとりです。

豊蔵坊信海の書の師、**松花堂昭乗**は後世「**寛永の三筆**」といわれる江戸初期の能書家で、石清水八幡宮に住する昭乗にはそこを中心に大勢の書の弟子がいました。彼らもまたそれぞれに弟子を育てましたから、昭乗の書風は広まり、しかも長い間、人々に親しまれ続けたのです。その意味ではたいへんに寿命の長い書の流派だったわけです。

その書の特徴といえば、誰もみな一様に**流麗**で、**線が滑らかで優美**でした。そうした点は、一世代前、慶長期の書が、大まかに言いますとメリハリの利いた力強さを感じさせるものだったのに比べますと、力感よりも流れるような美しい書が好まれるようになったのだとみることもできます。それが寛永という時代の主流だったのでしょう。

昭乗の弟子には、豊蔵坊信海のほかに、**藤田友閑**《ふじたゆうかん》(十二)、**法童坊孝以**《ほうどうぼうこうい》(十三)や、昭乗の甥にあたる**滝本坊乗淳**《じょうじゅん》(十四)、**萩坊乗円**《はぎのぼうじょうえん》(十五)といった能書家が輩出しました。

師昭乗の書様式は、以後長らく江戸幕府の標準的な書体としてもひろく受容されたといわれています。ところで、幕府の公用書体として、実際には**大橋龍慶**《おおはしりゅうけい》(十六)の始めた「**大橋流**」が行われたわけですが、昭乗と「大橋流」の書風はたいへんによく似ていましたから、両者が混同されてしまったのではないかと私は思います。ともかくも、書は、ご覧のとおり、入門者にはわかりやすく、また学びやすい、これは当時の標準的な書体だったわけです。孝雄はまた**狂歌師**でもありまし

(七) 永井直清…一五九一(天正十九)~一六七一(寛文十一)。徳川秀忠の近習。

(八) 佐川田喜六…一五七九(天正七)~一六四三(寛永二十)。歌人。

(九) 木下長嘯子…一五六九(永禄十二)~一六四九(慶安二)。歌人。

(十) 三宅亡羊…一五八〇(天正八)~一六四九(慶安二)。儒学者・茶人。

(十一) 豊蔵坊信海…一六二六(寛永三)~一六八八(元禄元)。「信海」とは狂歌師としての名で、僧侶としての名は孝雄。

(十二) 藤田友閑…生没年未詳。書家。絵画もよくした。

(十三) 法童坊孝以…生年未詳~一六六九(寛文九)。石清水八幡宮法童坊の社僧。書家。

て、後に流行る狂歌の先駆け的な存在です。

この手紙の内容は、宛名の「**倉知益左衛門**」という人が豊蔵坊信海に入門し、書の手ほどきをうけたのち、卒業し帰国する際に、書かれたものだとわかります。

ところで、江戸時代初期の京都において、このように子弟に書を教えていたのは石清水八幡宮だけではありません。東海道からの京都への出入口のひとつ、**粟《あわ》田口《たぐち》**にある天台宗の門跡《もんぜき》寺院青蓮院《しょうれんいん》と、八幡の石清水八幡宮とが肩を並べていました。青蓮院には鎌倉時代末期に**尊円《そんえん》親王**(十七)という能書家が出て以来、歴代門跡の中から何人もの書の名人が出ました。

将来、右筆を勧めようと志す武家の子弟は、ここに書の弟子として入門し、書の教程が済むと、免許が与えられ帰国。藩の右筆を勧め、あるいは弟子を育てたりなどした様子を、この手紙が具体的に物語っています。「倉知益左衛門」という人は、阿波国蜂須賀《あわのくにはちすか》家の家臣でした(十八)。

(十四) 滝本坊乗淳…生没年未詳。昭乗の後に滝本坊の住職となる。
(十五) 萩坊乗円…一六一三(慶長一八)~一六七五(延宝三)。
(十六) 大橋龍慶…一五八二(天正十)~一六四五(正保二)。能書家。幕府の右筆。
(十七) 尊円親王…一二九八(永仁六)~一三五六(正平十一)。南北朝時代の能書家。伏見天皇の皇子。
(十八) 蜂須賀家家臣成立書并系図『蜂須賀家家臣団家譜史料』より。

五

本阿弥光悦の礼状

本《ほん》阿《あ》弥《み》光悦《こうえつ》（一五五八〜一六三七）

桃山〜江戸時代の芸術家。書画、陶芸、茶道などさまざまな芸術分野に精通した数寄者《すきしゃ》でした。この手紙は、「宗純」という人物宛てに、手紙と贈り物をもらったお礼を述べたものです。

読み解きポイント

「しんにょう（辶・⻌）」のくずし方を覚えましょう。

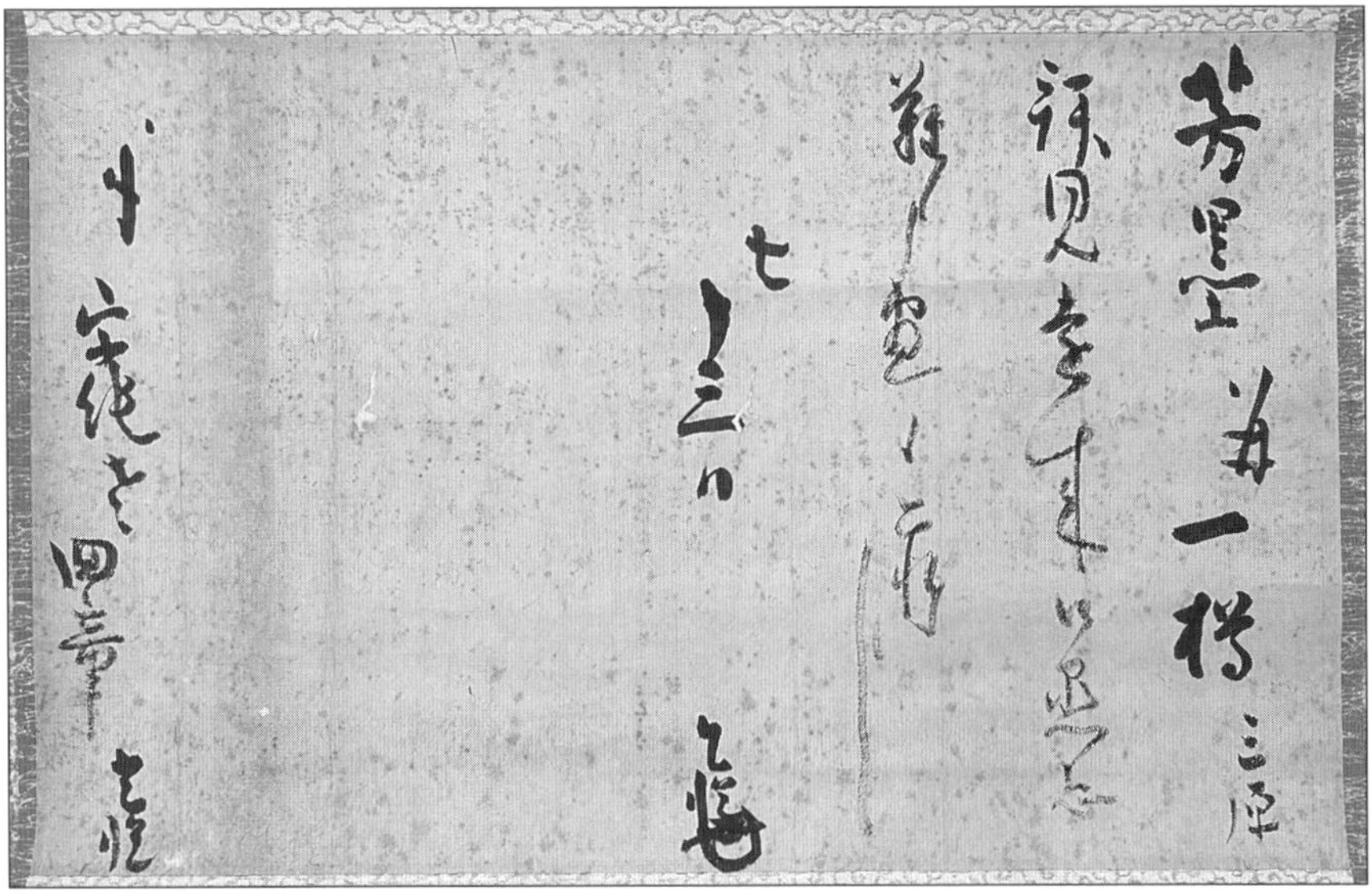

内容

① 芳墨并一樽三原
② 拝見遠来御懇志
③ 難申尽候恐惶かしく
④ 七　十三日　光悦（花押）
⑤ （捻封《ひねりふう》）宗純老　光悦
⑥ 回章

現代語訳

お手紙と三原名物の酒を一樽いただきました。
（芳墨并一樽三原拝見）
遠来のご懇志《こんし》、お礼の申しようもありません。
（遠来御懇志難申尽候）

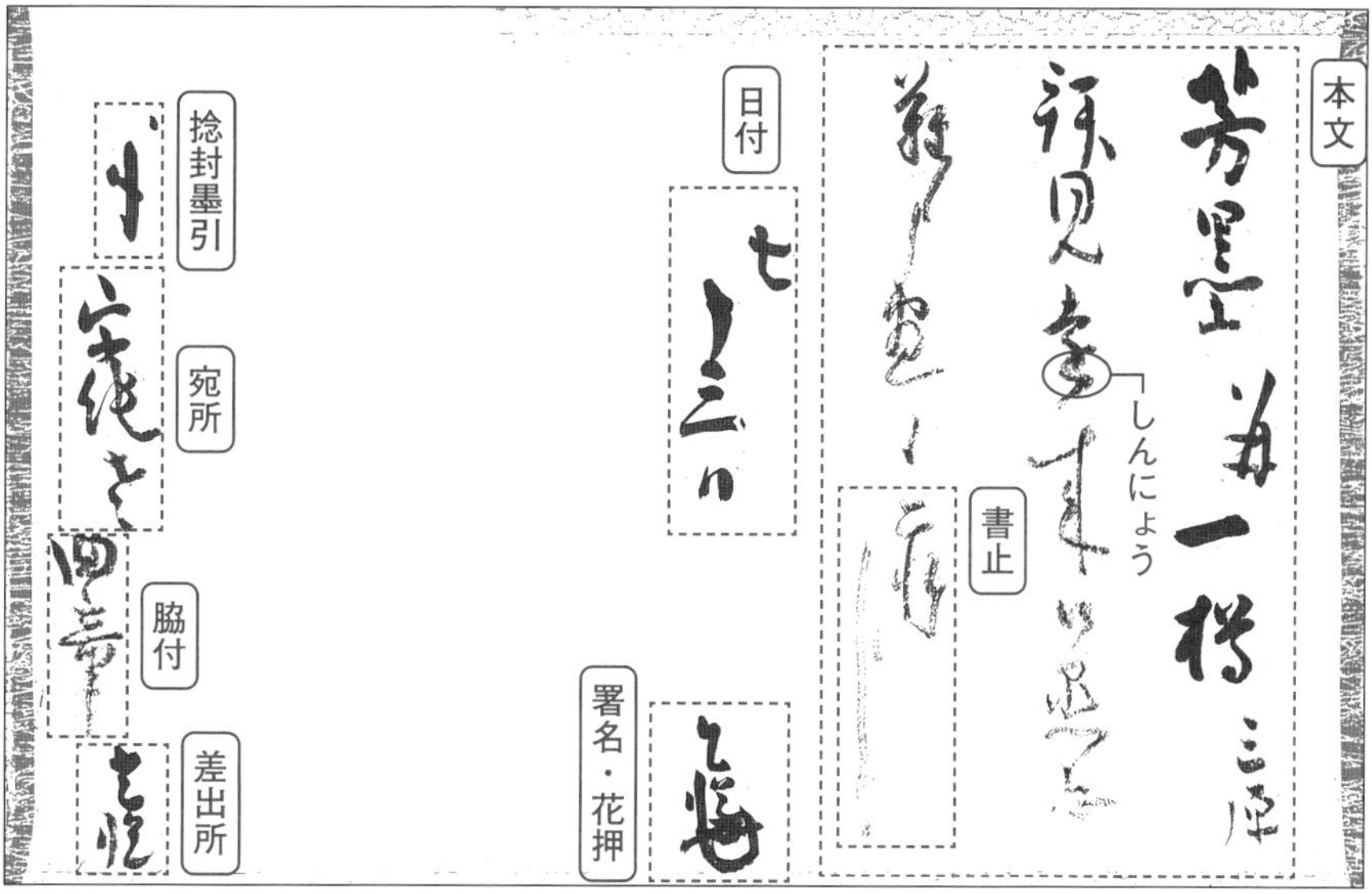
本文
しんにょう
書止
日付
署名・花押
捻封墨引
宛所
脇付
差出所

読み解きポイント

「しんにょう（⻌・⻍）」のくずし方を覚えましょう。漢字を書くとき、しんにょうは最後に書かれるので、くずし字だと下にぶら下がるような形になります。この手紙には「遠」という字が出てきますね。このほかにも、しんにょうがつく漢字のくずし方を確認してみましょう。⬇101ページ参照

「捻封」は、手紙を包紙で包んだ後、上下端（または上端のみ）を捻って封をする方法です。

読み方

1行目　「芳墨并一樽三原」

は「芳墨《ほうぼく》」。は「并《ならびに》」です。「芳墨」と「一樽《たる》」との間に書かれている「并」は、わざと小さくして右に寄せて書いています 図1。このようにすることで、その上と下とをわかりやすく並列して見られます。

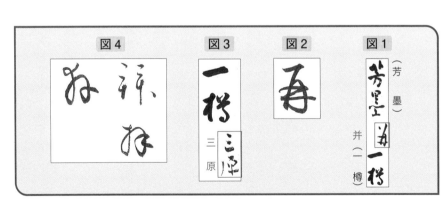

は、よく似た書き方でがあります 図2。こちらは「再」です。文脈をつかめば混同することは少ないはずですが、一字では判断しづらい場合があります。

「一樽」の下に「三原《みはら》」が小さく、これも右寄りに書かれます 図3。この「三原」は「一樽」の割書《わりがき》として書かれているわけです。つまり、樽入のお酒の産地や、ブランド名などを、このように小さく割って書くのです。かつて、品物の贈答をする際には、このように、品名と数量とをきちんと伝えるのが礼儀だったのです。

なお、光悦は「原」の字を右側から書いており、最後に左側の一画（雁垂《がんだ》れのはらい）を書いています。

2行目　「拝見遠来御懇志」

は「拝《拜》見」。ここは旧字体「拜」で書いています。今の「拝」は手偏で、同じものなのです。旧字体は「手」偏に「手」、つまり、左右の手を並べること

図1

図2

図3

図4

で拝む字を表します。「拝・拝」には**図4**のようなくずし方があります。

　ところで、「拝」の末画には点が打たれます。ほんとうは不要な点です。しかし、これに限らず、いろんな字の最後に点が打たれることがあります。たとえば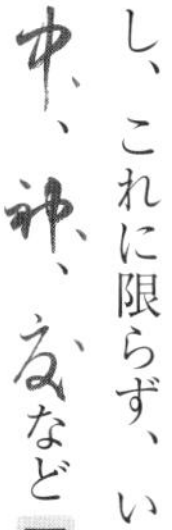など**図5**。なんのために打つのでしょう。しかとした理由はわかりませんが、おそらく書きながら、この点で筆のリズムを整えているのだろうと思います。おもに縦の線が引かれ、あるいは止めたところで、ポンとその右に打たれる。すっと伸びる線を書き放ったあと、右側に筆を止める。その着地点なのではないでしょうか。これを古文書学では「**捨《す》て筆《ふで》**」とよんでいます。捨て筆とはちょっとかわいそうな呼び名ですが、要らない点だからといってこれを無くしてしまうと、形のおさまりが悪い。どこか間が抜けて見えることが多いのです。
は「**遠来**」。ここで重要な部首、「**しんにょう**」について説明しましょう。「遠」は「袁」にしんにょうをつけているわけです。しんにょうを書くときは、どの字の場合でも**最後に書く**わけですから、その上に何が乗るかが字の決め手となります。しんにょうはのようにくずされます**図6**。逆からいいますと、末画の線がこのように引かれるものは、だいたいしんにょうのつく字と見てよいことになるわけです。たとえば、

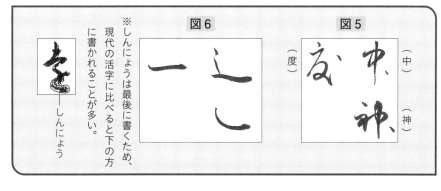

図5

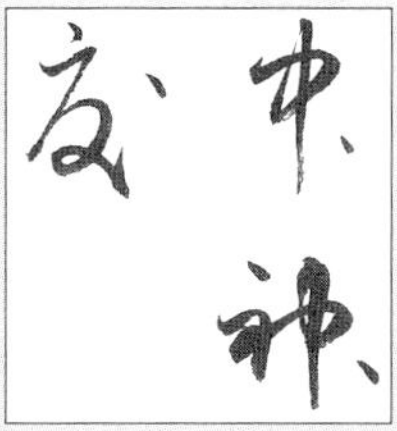

図6

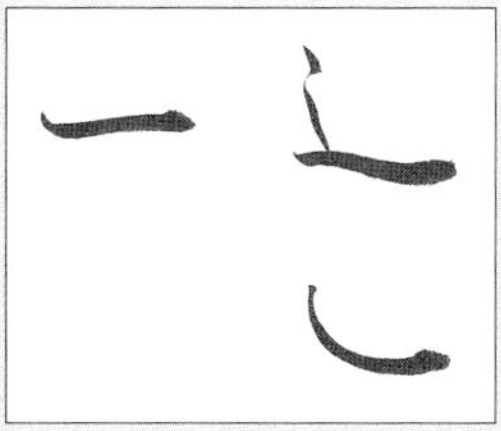

※しんにょうは最後に書くため、現代の活字に比べると下の方に書かれることが多い。

「述」、「追」、「迷」、「達」、「遅」、
「道」、「進」、「還」、「遥」、「邊」
などなど挙げれば切りがありません。

なお現在の「辺」という字は、「邊」のくずし字なのです。ちなみに、日本でのというくずし方は中国の古典にはごく稀です。これは日本独特のくずし方なのでしょう。中国でのくずし字としてはなどがあります図7。

「来」にはのようなくずし方があります。この字、「成」と似ていますから要注意です。違いは、

（一）第一画め（起筆）の入り方。

（二）最後に、捨て筆のような点が打たれているか、いないか。

このふたつです。は「来」、は「成」図8。

は「**御懇志**」です。「**懇**」という少し難しい字は、手紙にはしばしば出てきます。いくつかのくずし方をご紹介しますと、、、、などです図9。

3行目「**難申尽候　恐惶かしく**」

は「**難申尽候**《もうしつくしがたく》（申し尽くし難く候）」。「尽」は旧字体の「盡」

図7

（日本）（中国）

図8

（来）（成）

図9

で書かれています。ところで、現在では「難」の字を「むつ（ず）かしい」と読ませているのですが、現在では当たり前になっている「難しい」は、かつてはなかったようです。古い手紙で「むつかしい」の語に「難」の字をあてたのを私はこれまで見たことがありません。これを、「六借《むつかし》」とか「六个敷《むつかしき》」などと書いた例は数多くあります。ひと昔前までは、「難有《ありがたく》」などと書く人もいました。ともかくも「難」と出てきたときには、「かたし」と読んでほぼ間違いはありません。

なお、「六借」、「六个敷」などの書き方は、今は「宛字《あてじ》」として、あまり好まれないわけです。しかし、かつては、耳で聞いたときの音《おん》が一致すれば、別の字を用いることは許された時代でした。たとえば、手紙の宛名などにすら別字を用いているのです。それを許容する社会だったのですね。これを私は「音通《おんつう》」とよんでいます。今では想像もつかないような文字遣いをしていました。「やまとことば」を漢字で表そうとする試みは今なお続けられているということなのかも知れません。

は「尽（盡）」です。これが、となるわけです 図10。

は「恐惶か《可》しく」。この書止は 図11 のようにも書きます。「恐惶謹言」図12 とのちがいに注意しましょう。

4行目　「七　十三日　光悦（花押）」

「七　十三日」図13。これは「七月十三日」の「月」を省いて書いています。「七十三

図10

図11

図12

図13

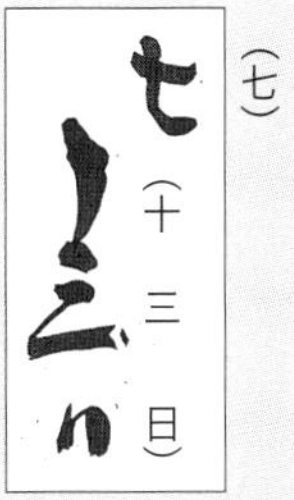

日」と書いてはややこしくなりますから、「七」と「十三日」をずらして書きます。その下に「**光悦**（花押）」を書いています。

5・6行目　「（捻封）**宗純老**　**光悦**／**回章**」

は捻封の墨引です。「**宗純老**」は宛所 **図14**。少し左側につけて脇《わき》付《づけ》の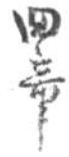「**回章**」が書かれます。脇付とは宛名の左下に書き添え、敬意を表す語のことで、「回章」は「お返事」の意です。

宛所の下に戻って「**光悦**」。これが差出所です。

【通しての読み】

芳墨ならびに一樽（三原）、拝見。遠来のご懇志、申し尽くし難く候。恐惶かしく

七　十三日　光悦（花押）　宗純老　　光悦

回章

図14

（宗純老）

※芳墨は「かおりの良い墨」ではなく、相手からの手紙への敬称。

解釈と鑑賞

まず初めに、**本阿弥光悦**《ほんあみこうえつ》(一)について書いておきましょう。

江戸時代初期の能書家のひとり、本阿弥光悦は永禄元年に生まれました。本阿弥家は室町時代以来、刀剣の事をもって家職とする京都の名門町衆のひとつでした。

ところが、光悦はその八十年の生涯にわたり、家職からは一歩退いて、当時隆盛をきわめた**茶の湯**にひたすら心を傾けたのでした。元和元年(一六一五)に徳川家康から洛北**鷹峯**《たかがみね》の地を拝領し、大虚庵《たいきょあん》に住み、深く日蓮宗を信仰した光悦は、そこに**鷹峯檀林**《たかがみねだんりん》をつくります。自身、当初は洛中の本阿弥屋敷に住みましたが、しばらくして鷹峯に移り、この地を拠点として茶湯三昧の生活を送った、などのことは、たくさん遺されている光悦書状や、**灰屋紹益**《はいやしょうえき》(二)の随筆**『にぎわい草』**(三)によっても知ることができます。

光悦はもともとすぐれた能書家ではありましたが、慶長十七年(一六一二)**五十五歳**の春に罹患《りかん》した**脳血管障害**によって、以後は右半身の自由を失ってしまいます。

初めは軽度だったようですが、幾度かの発作に見舞われるうち、後遺症による麻痺《まひ》が募る様子は、のこされた沢山《たくさん》の手紙からつぶさにうかがうことができます。腕の不自由さと格闘しつつ、光悦は書家としての活動を続けたのです。

(一)本阿弥光悦…一五五八(永禄元)~一六三七(寛永十四)。

(二)灰屋紹益…一六一〇(慶長十五)~一六九一(元禄四)。京都の豪商。父・本阿弥光益は光悦の甥。佐野家(灰屋は屋号)に養子入りした。

(三)『にぎわい草』(にぎはひ草)…全二巻。一六八二(天和二)年刊。文学・芸道に関する知識や見解、京都の貴紳との交わり、蹴鞠(けまり)のことなど多岐にわたる内容を持つ。

おそらくは茶湯を通しての楽家《らくけ》(四)との交友からでしょう、作陶用の赤土や白土を手に入れては手拈《てびね》りで**茶碗**を成形し、それをプロの陶工に焼いてもらっていたことも、今ある手紙からわかります。このようにして作られた茶碗などがいくつか知られています。光悦の若いころ（病気以前）の手紙には、作陶について述べた手紙は見出せませんが、罹患以降の手紙には焼物のことが書かれていることから、光悦が陶芸を始めたのは慶長末年以降、もしかすると鷹峯移住後のことだったかと考えられるわけです。

その一方で、依頼された和歌を揮毫《きごう》するなど、腕は不自由ながらも書家としての活動を精力的にこなしたのは事実なのですが、しかし、自身にとってはそうした創作活動よりも、むしろ**数寄《すき》の世界**に悦びを覚えていたのではないかと思われます。これは灰屋紹益が『にぎわい草』（巻下）に述べる光悦の生き方そのものです。

現存する、震える穂先で揮毫した和歌などを間近に見ますと、私には書家としてとても苦しそうな印象がぬぐえないのです。

それにしても、光悦の手紙はたくさん遺されています。おそらく現在、四百から五百点ほど見つかっているのではないでしょうか。まずそれらの中から、**執筆年代**の判明するものを抽出して基準作とします。それらを並べて、書風の変化を観察します。手紙というのは年号を記さないのが原則ですから、**書風の類似性**などを根拠にして、基準と見る流れの空白部分を埋めてゆく。これが、光悦を含めての書の基本的な研究方法だと考えています。そうした視点で眺めますと、ここ

（四）楽家…楽焼を創始した陶工の家系。楽焼は、ろくろを使わずに手で成形する方法（手拈り・手づくね）。

に掲載する手紙の書には脳血管障害の痕跡《こんせき》はまったく看取できません。線には震えとか不自由さとかはまったくないのです。**病気に罹《かか》るまえの光悦の手紙**だとわかります。どっしりと重厚な構えからは、これが書を得意とする光悦にとって、もっともよい時期に書かれた手紙なのです。書風からは慶長十年代前半の手紙と判断されます。

本文冒頭の「**芳墨并一樽**」とか、二行目「**拝見**」、日付「**十三日**」の筆線のもつ大らかさ、豊かな膨らみなど、まさに慶長中期における光悦の書の特徴を備えています。さらに、日下《にっか》（日付の下）の「**光悦**」や、**花押**の形もこの時期のものであることが言えるのです。光悦の八十年の生涯においても、このような書が書けたのは、慶長八年（一六〇三）頃から、同十六年末までのわずか**九年**の間と考えています。

残念ながら、宛所の「**宗純老**」という人物は誰なのかははっきりしません。光悦は京都の町人や加賀藩臣の中に多くの茶友を持っていましたから、おそらく「宗純」もそのひとりでしょう。

光悦の手紙の内容は概ね茶事に関するものばかりで、その招請状とか礼状といった簡潔な文章のものです。詳細な内容を縷々《るる》記述した手紙はわりに少ないものです。しかも、宛所のほとんどは茶をとおして結ばれた京都の町衆で、そこには刀剣を家職とする本阿弥家の実務的な内容のものはほとんどありません。

本阿弥光悦という人は、生涯、茶という遊びを楽しむことのできた、じつに仕合わせな人だったと思います。

【芳墨并一樽】

【拝見】

【十三日】

【光悦（花押）】

コラム

自筆と右筆

武将の筆跡——自筆か右筆か

「右筆（祐筆）」の「右」には「たすける」という意味があります。主人の意をうけて代筆をする職分で、中世以後武将の側近中から書に秀でた者が選ばれてこれを勤めました（➡58、84ページ参照）。その発生の起源はよくわかりませんが、**木曽義仲**《きそよしなか》（一）には「**大夫坊覚明**《たいふぼうかくみょう》（二）」という人が右筆をしていたといわれます。

そのようなわけで、武将たちの書は右筆が当然のように考えられていました。かつては、武将というのはあくまで戦に秀でていればよく、書の巧拙《こうせつ》など問われることがなかったということが、研究者の間でも常識のように考えられていたのですが、しかし、これまで、自筆・右筆の書について具体的な例から検証した論は寡聞《かぶん》にして知りません。ですから、「戦国武将の書＝おおむね右筆書き」という見方を鵜呑《うの》みにするわけにはゆかないわけです。

事実、仙台の**伊達政宗**は自身、書に巧み、かつ筆まめな人で、多くの自筆書状を遺しています。その中にある、本文を政宗の右筆が書いた手紙で、「**忙しくしていて自筆でない**」と、そこだけ自筆の返し書きで詫《わ》びている手紙もあります。

また、戦国武将で、千利休《せんのりきゅう》の茶の湯（三）の弟子だった**古田織部**《ふるたおりべ》（四）も「**病気で寝ているので、右筆を雇った**」と、松井康之《まついやすゆき》（五）宛書状の短い返し書き（この部分は自筆です）の中で述べているものがあります。長い本文のほうは右筆させたのでした。

そうしたことから、どうやら周囲の人たちは右筆よりも自筆の手紙を喜んでいたことが察せられます。

私の見るところ、ほかの戦国武将の中にもかなり書に堪能な人がいたらしく思われますから、従来のように、「武将の手紙の多くは右筆だったに違いない」というのは、案外、先入観なのかも知れません。ですから、自筆か、右筆かといった点に関しては、武将の筆跡を個々に検証してゆく方法しかないわけです。

自筆の魅力

歴史史料に関しては、**同時代性**が重要になります（➡199ページ参照）。同時代性という点から見ますと、その文書や記録がたとえ**自筆であろうと右筆が書こう**と、**史料的価値に差はない**のです。

ところが、戦国時代の終わりごろになりますと、京都を中心とした町衆（富裕な実業家）の間に「**茶の湯**」という遊芸が広まります。戦国の世から解放されつつある社会の安定、経済的な豊かさがこの文化を生んだといえます。戦国末期の武将たちも、戦の合間に茶を楽しんでいました。彼らの集う茶室はそうした恰好《かっこう》の美意識共有の空間だったのです。

床《とこ》には絵画や書、花を飾り、それを眺めながら親しい者どうしが茶を味わい、話に花を咲かせるとき、**茶掛けの書**、**就中**《なかんずく》、**自筆の手紙が好まれた**というのも十分に頷けます。

今日、**仙台市博物館**によって、伊達政宗の書状が数千点以上も確認されているのは、手紙を受け取った側が茶掛けなどとして、政宗存命中からこれを大切に保存してきたからにほかなりません（➡165ページ『伊達政宗文書』参照）。

昔から、「**書は人なり**」という言葉をよく聞きます。ことに手紙は、使者を待たせたまま返書の筆を執らねばならない慌ただしさの中で、書の中にその人があらわれるのです。それがまさに自筆の魅力といえるでしょう。

用件を伝えるだけの手紙ですから、受け取った人、つまり相手以外の人が読むことはないはずです。和歌を揮毫するように、書を飾ろうという気持ちはそこには生じません。

紙と墨による、白と黒の美ではありますが、書をたんに歴史を語る材料として読むだけではもったいないような気がします。手紙の持つ情報はとても多いものでして、見る側からの問いかけに応じて、いかようにも応えてくれるのです。

（一）木曽義仲…源義仲。一一五四（久寿元）～一一八四（寿永三）。平安末期の武将。『平家物語』に登場することでも有名。
（二）大夫坊覚明…生没年未詳。平安末期～鎌倉初期の僧侶。
（三）茶の湯…客人を招いて抹茶をふるまうことを中心とする芸能。千利休によって大成された。茶道。
（四）古田織部➡62ページ参照。
（五）松井康之…一五五〇（天文十九）～一六一二（慶長十七）。武将、茶人。九州・細川家の家老で、古田織部と同じく千利休の弟子であった。

第三章

読み解き中級編

中級編について

ここから中級編に進みます。といいましても、初級編・中級編を区分けするような明らかな基準があるわけではありません。

初級編にとりあげたのは戦国期から江戸初期の手紙です。これらはおおむねこの時期の手紙に見る通行体(ひろく行われた書)ともいえる書風でして、大きくとらえるなら、その後、江戸時代を通して普及した書の原形となったと見ることができます。

のちのちこれらは、江戸末期に至るまで、寺子屋などで町人の子弟に教える書体のおおもととなりました。寺子屋の書というのは、子供にとって習いやすく、覚えやすい、通俗的な書である必要があります。これは実用の書であっても、そのまま教養を持った大人が模倣するようなものではありません。仮に、幼少期にこうした書を学んでも、人格形成とともに自分の書というものがおのずから出来上がってゆくでしょう。

くり返しになりますが、初級編に採用した書たちは、それぞれ教養ある能書家によるものでしたから、それなりに書品は高く、のちの寺子屋の書とは比べものにならないことはもちろんです。

時代が移るとともに、ここから江戸の書が開花することになるのです。

中級編で読む手紙の書は、それぞれの時代、各地域で文化を創り上げた人たちのものです。お読みになれば、江戸という時代には、いかに幅広い書風の変化が生まれたかも味わっていただけるはずです。

よく言われる「書は人なり」という名言の意味するところも、それまでの彩りの少ない中世の書よりは、むしろ江戸の書のほうから強く感じていただけると思います。

一

土岐頼行に宛てた沢庵宗彭の手紙

沢庵宗彭《たくあんそうほう》（一五七三～一六四五）

臨済宗の僧侶。但馬《たじま》国出石《いずし》（現在の兵庫県）の出身。

沢庵は京都・大徳寺の住持でしたが、「紫衣《しえ》事件」によって出《で》羽《わ》上山《かみのやま》に配流《はいる》されてしまいます。その当時の上山藩主が土《と》岐《き》頼行《よりゆき》でした。

この手紙は、配流を解かれて江戸に戻った沢庵が、京都にいる頼行に宛てて書いたものです。

読み解きポイント

行間に挿入された文に注意して読みましょう。

★ 134-135 ページに拡大写真があります。

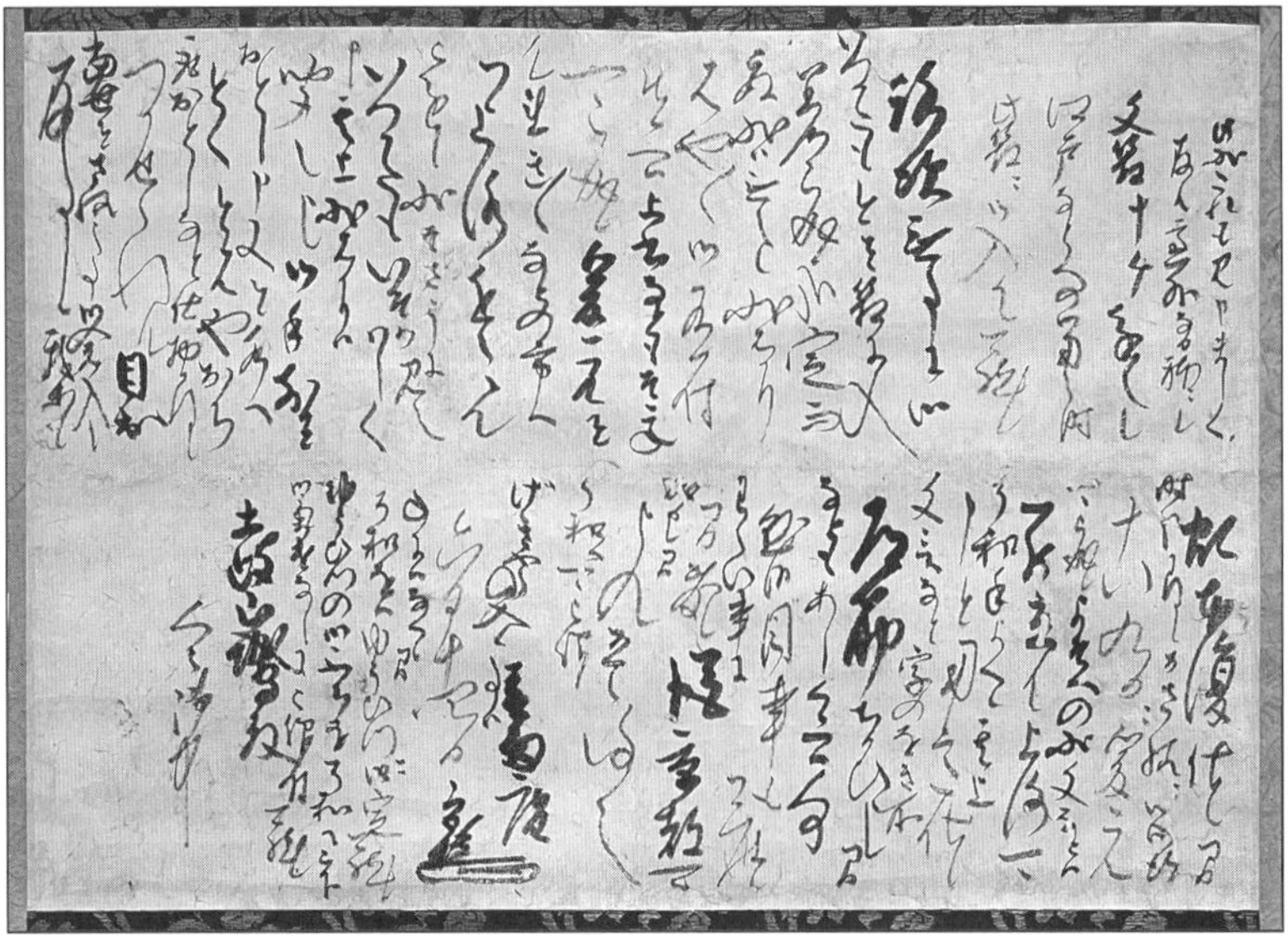

内容

【上段】

① 此状たれも見申ましく
② 存候て慮外なる体二候
③ 文箱十个進之候
④ 江戸なとへの御用之時
⑤ 此箱二御入候て可然候
⑥ 路次無事に御
⑦ いつかたも今者箱に入
⑧ 着被成候哉定而
⑨ 候ハぬ状ハ無之候状はかり
⑩ はやく御有付
⑪ 仕候へハ上書なともそこね
⑫ 可被成候爰元者
⑬ 候てれきくなとの方へ
⑭ 御上洛近々ニて
⑮ 被進候状そさうに見え

行間にさらに文章を書き込んでいるので、読む順番に注意しましょう。グレーの行は後から書き加えられた部分です。

⬇116ページ参照

⑯ いつかたもいそかハしく
⑰ 申候其上状はかりハ
⑱ 聞え申候御手前者
⑲ おとし申又は水へ
⑳ とくとはやおち
㉑ 取おとしなと仕物にて候
㉒ つかせられ候て目出
㉓ 当世は左様之事御念入候
㉔ 存事候我等も

【下段】

㉕ 煩本復仕候間
㉖ 時分にて候間さ様ニ御心得
㉗ 十八九日ニ爰元
㉘ 可被成候よそへの状文なとハ
㉙ 罷立候て上洛可
㉚ 了和手よく候其上
㉛ 申と用意仕候
㉜ 文言なと字のをき所
㉝ 道筋ちかひ申候間
㉞ なともあしく候へハ人の
㉟ 懸御目事も御座候
㊱ わらい事に
㊲ 間敷候従京都可
㊳ 成申候間
㊴ 申入候恐々謹言
㊵ 了和へ可被仰候
㊶ げきやうの入候事ハ
㊷ 六月十四日　春雨庵
宗彭（花押）
㊸ ねに八なく候間
㊹ 了和を八ゆうひつ二御定可然候
㊺ ゆうひつの御ふちを了和へ被下
㊻ 御気遣なしに被仰付可然候
㊼ 土岐山城守殿
㊽ 人々御中

「春雨庵」は本文（差出所）

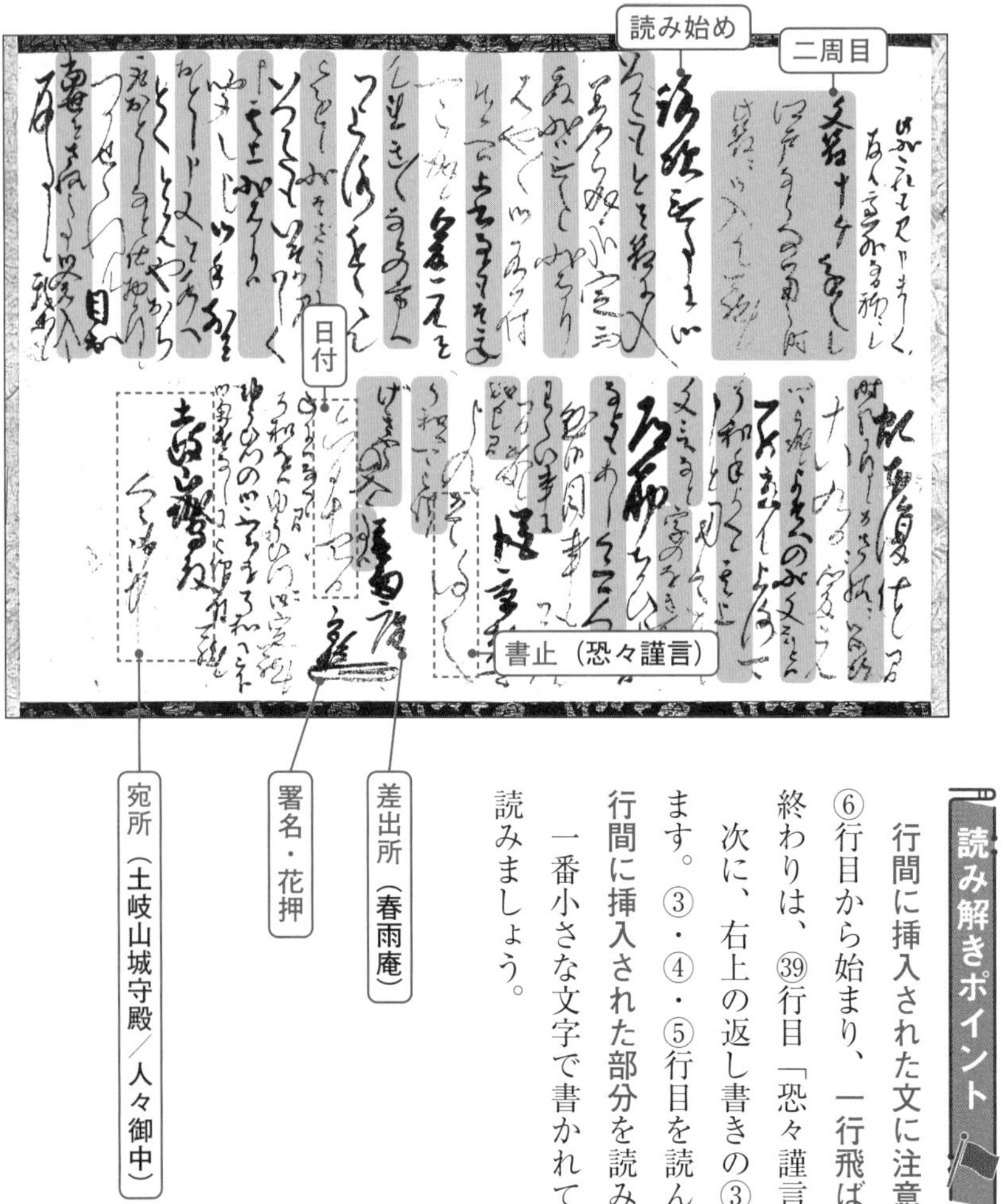
読み始め
二周目
日付
書止（恐々謹言）
宛所（土岐山城守殿/人々御中）
署名・花押
差出所（春雨庵）

読み解きポイント

行間に挿入された文に注意して読みましょう。まず、本文は⑥行目から始まり、一行飛ばしで続いています。本文一周目の終わりは、㊴行目「恐々謹言」（書止）です。

次に、右上の返し書きの③行目に戻って、本文二周目に入ります。③・④・⑤行目を読んだ後、⑦・⑨・⑪…と、一周目の行間に挿入された部分を読みます（**グレー部分**）。

一番小さな文字で書かれている①・②行目は、最後に返って読みましょう。

現代語訳

道中、無事にお着きなさいましたか。
（路次無事に御着被成候哉）
さだめし早々ご到着なさったことでしょう。
（定而はや〳〵御有付可被成候）
こちら（江戸）では（将軍の）ご上洛《じょうらく》が間近ですので、
（爰元者御上洛近々ニて）
どなたもお忙しそうです。
（いつかたもいそかハしく聞え申候）
貴殿はもうとっくに落ちつかれて
（御手前者とくとはやおちつかせられ候て）
めでたいことと存じます。
（目出存事候）
私は病気も回復しましたので、
（我等も煩本復仕候間）
十八、九日にこちらを出発し、
（十八九日ニ爰元罷立候て）

上洛するつもりで用意をしております。
（上洛可申と用意仕候）
（しかし、貴殿と）経路が違いますから、
（道筋ちかひ申候間）
お目にかかることも無いと存じます。
（懸御目事も御座候間敷候）
京都からお手紙を書きます。
（従京都可申入候）
恐々謹言
（恐々謹言）
文箱を十箇、さし上げます。
（文箱十个進之候）
江戸などへの連絡は、
（江戸なとへの御用之時）
この箱に入れられるのがよいでしょう。
（此箱ニ御入候て可然候）

③行目に戻る

どなたも、今は箱に入れない手紙はありません。
（いつかたも今者箱に入候ハぬ状ハ無之候）
裸のままですと、あて所などが汚れたり、
（状はかり仕候へハ上書なともそこね候て）
偉い方へ出す手紙を粗末に扱っているように見えます。
（れき〳〵なとの方へ被進候状そさうに見え申候）
それに、状だけですと、落としたり、
（其上状はかりハおとし申）
あるいは水へ落としたりなどするものです。
（又は水へ取おとしなと仕物にて候）
いま世間は、
そういうことに念を入れる時代なのですから、
（当世は左様之事御念入候時分にて候間）
そのように、ご承知なされませ。
（さ様ニ御心得可被成候）
よそへの手紙でしたら了和が字が上手です。
（よそへの状文なとハ了和手よく候）
その上、言葉なども正確な書き方をしませんと、
（其上文言なと字のをき所なともあしく候へハ）

人の笑い事になりますので、
（人のわらい事に成申候間）
了和に言いつけてください。
（了和へ可被仰候）
給与がほしいということは心にない人ですから、
（げきやうの入候事ハねにハなく候間）
了和を右筆《ゆうひつ》と定められるのがよいでしょう。
（了和をハゆうひつニ御定可然候）
右筆としての給与を了和へ下さって、
（ゆうひつの御ふちを了和へ被下）
気兼ねなく使ってください。
（御気遣なしに被仰付可然候）
なお、この手紙も他人が見ることはないと思いまして、
（此状たれも見申ましく存候て）
失礼なことを申し上げました。
（慮外なる体ニ候）

最後は①・②行目に戻る

読み方

6行目「**路次無事に御**」

まず初めに大きな文字で本文が書かれます。は「**路次**」です。「**路**」の部首は足偏です。足偏の書き方は言偏とまったく同形です（⬇91ページ参照）。は「**無事に御**」。「無」のくずし字は大きくととのいずれかの系統となります 図1。

8行目「**着被成候哉　定而**」

は「**着被成候哉**《つきなされそうろうや》」。「**哉**」は↓↓のようになります 図2。は「**定而**《さだめて》」です。

10行目「**はやく御有付**」

は「**はやく**」。現在はこの形のくり返し記号はあまり用いられませんが、かつては頻繁に使われました。大きい「く」に見えるところから、「だいく」とよばれる記号です（⬇162ページ参照）。は「**有付**《ありつき》」。

12行目「**可被成候　爰元者**」

は「**可被成候**《なさるべく》」です 図3。ここで墨が継がれます。は「**爰**《ここ》

図1

図2

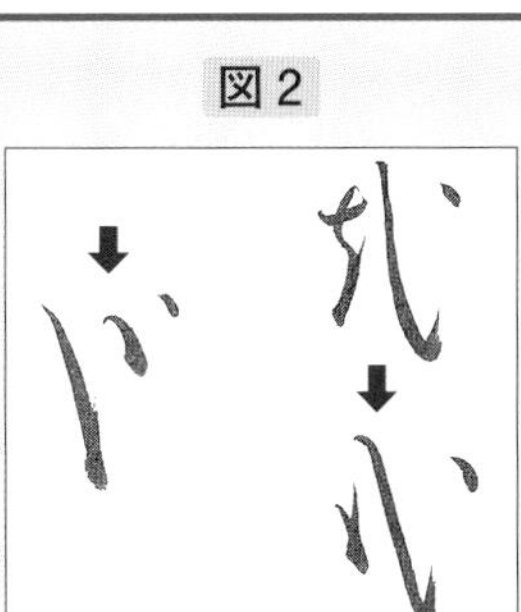

図3

（可被成候）

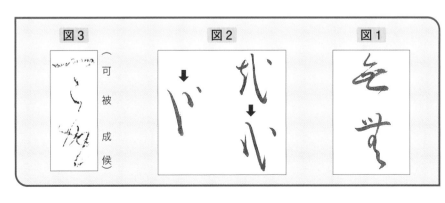

元者《もとは》」。この「者」は漢文でも「は」と読みますし、また、変体仮名にも・がありますから図4、漢字・仮名のいずれをあてても間違いではないはずです。ちなみに、私は全体が漢字主体の手紙の場合には漢字の「者」をあてることにしています。

14行目　「**御上洛近々ニて**」

は「**御上洛**」、は「**近々**」です。は「**ニて**」と読みます。

16行目　「**いつかたもいそかハしく**」

は「**いつ《ず》かたも**」図5。は「多」が字母です。は「**いそか《が》ハ《わ》しく**（忙《いそが》わしく）」です図6。

18行目　「**聞え申候　御手前者**」

は「**聞《きこ》え**」図7。平仮名の「つ」に見えるのが門構え、そこに「耳」を書いているわけです。は「**手前者**」。

20行目　「**とくとはやおち**」

「**とくと**」、や「**はや**」、「**おち**」。

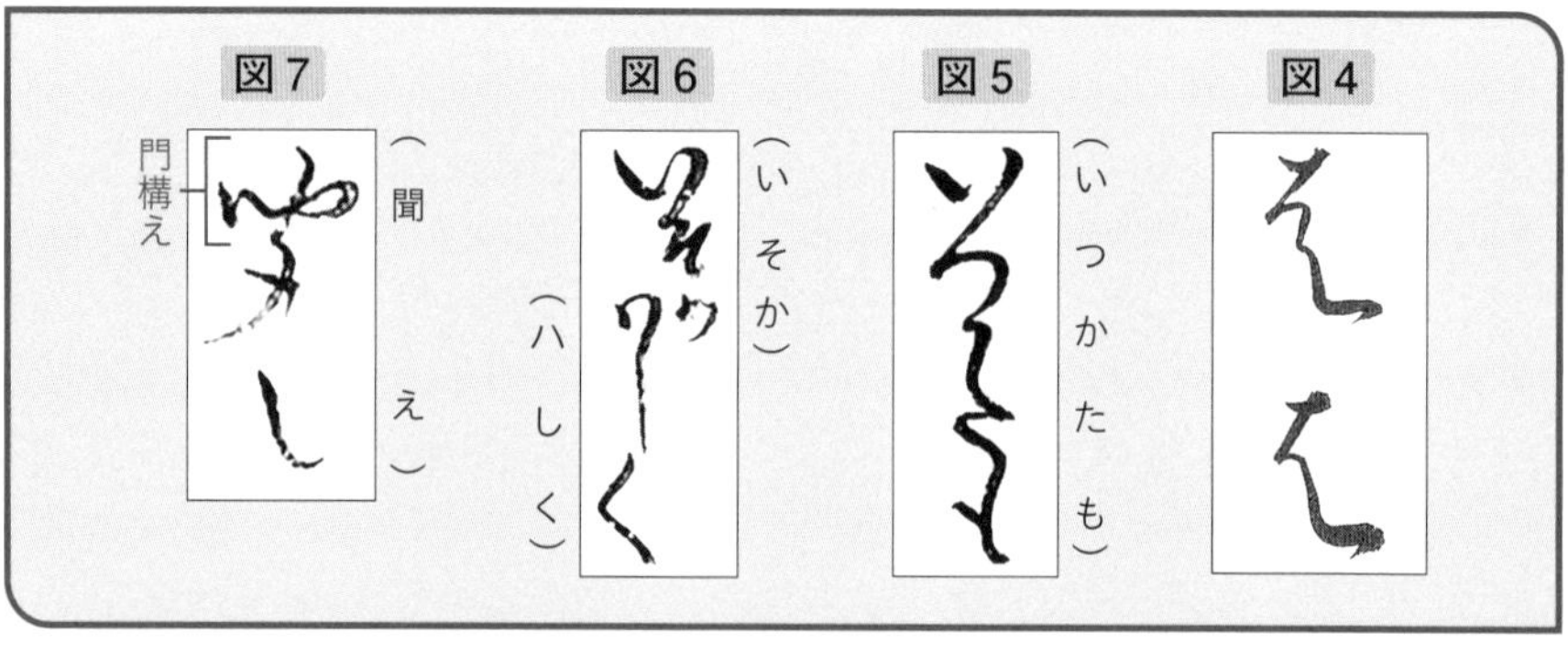

22行目　**「つかせられ候て　目出」**

「**つかせられ候て**」。は「**目出**《めでたく》」**図8**なのですが、「出」の下には「度」があってもなくてもよいのです（目出《めでたく》、目出度《めでたく》）。

24行目　**「存事候　我等も」**

は「**存事候**（存ずる事に候）」です。は「**我等も**」**図9**。

25行目　**「煩本復仕候間」**

は「**煩**《わずらい》」、は「**本復**《ほんぷく》」**図10**、は「**仕**《つかまつり》**候間**」。

27行目　**「十八九日二爰元」**

現代では「十八、九日」などと書かれますが、古文書では句読点を使いません。

29行目　**「罷立候て上洛可」**

は「**罷立**《まかりたち》」。「立」には虫損があります。、は「**候て上洛可**」。最後の「**可**」は31行目の「**申**」から返って読みます。

31行目　**「申と用意仕候」**

は、29行目の「**可**」と続けて、「**可申**《もうすべし》**と用意仕**《つかまつり》**候**」。

図8

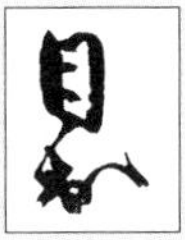

（目出）

図9

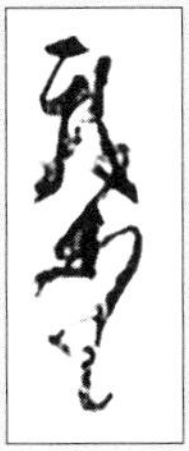

（我等も）

図10

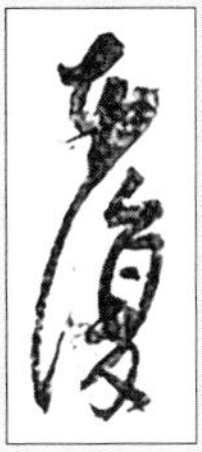

（本復）

33行目「**道筋ちかひ申候間**」

ここで墨継ぎされます。は「**道筋**」です。「道」は、のようにくずします**図11**。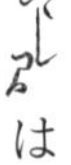は「**ちか《が》ひ《い》**（違い）**申候間《もうしそうろうあいだ》**」。

35行目「**懸御目事も御座候**」

は「**懸御目《おめにかかる》**（御目に懸る）」**図12**。は「**事も**」、は「**御座候**」。

37行目「**間敷候　従京都　可**」

「**間敷《まじく》候**」。は「**従《より》**」です**図13**。「自《より》」とも書き、時間、空間の出発点を示す語です。ここでは「**京都**」からということです。「**可**」は39行目の「申入」から返って読みます。

39行目「**申入候　恐々謹言**」

「**申入候**」**図14**は、37行目の「**可**」と続けて「**可申入候《もうしいるべく》**」となります。その下が「**恐々謹言**」**図15**。この四字は「書止《かきどめ》」です。

ここから後ろの部分は、大きな字、中くらいの字、細かな字などが錯綜していてたいへんに読みにくい。なぜこういう事になったのか、考えてみましょう。

順序としては、まず大きい字で**本文**（一番奥の「**土岐山城守殿　人々御中**」ま

図11

図12

（懸御目）

図13

図14

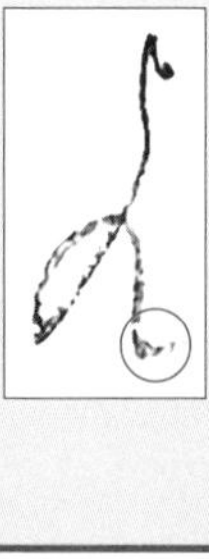

（申入候）

で）が先に書かれたわけです。それからあとで行間に返し書きが書かれています。それがどんどん続き、とうとう日付、差出所と宛所のところに来てしまいました。ここの余白に、前から続く返し書きが書き込まれているわけです。したがって、読むのもそういう順序になります。

このことを踏まえてあらためて読んでみましょう。まず「**六月十四日**」からです。**書札礼**《しょさつれい》（手紙における礼儀作法）では、日下《にっか》に差出所が書かれることになるわけですが、ところが日下の余白は狭すぎます。そこで、行の前にはみ出して「**春雨庵**」という庵名がたっぷりと墨を含ませて書かれ、それに続けて「**宗彭**」と**（花押）**が据えられる。そういう順で書かれています **図16**。ですから、日付のあとから、位置的には前にある「春雨庵」を読むのが正しい。その後、本文、日付、差出所に続いて書かれているのが「**土岐山城守殿　人々御中**」です。

ここまで来てから、冒頭に戻って返し書きとなります。

ところが返し書きの始まり部分も、そう簡単ではありません。1・2行目だけが、3行目以降の文字よりも少し低い位置から、小さく書かれているのがおわかりですか。じつはこの二行は3行目に始まる返し書きが終わり、46行目まで行って、もう書く場所が無くなったので、また文頭に戻って来てしまったというふうに考えられます。ともかく、**本文がいちばん大きい字**、それがだんだんと小さく書かれるようになるという順序が、手紙の読み書きの大原則なのです。

こうしたことは、現代人にとって、一見複雑そうに見えますが、かつては仕方

図15

（恐々謹言）

図16

「春雨庵」が前の行にはみだしている。

のないことなのです。マス目や罫《けい》のない一枚の料紙に、次々と湧き出る思いをなんとかして盛り込みたい。そのようにして書かれるのが手紙というものなのです。
　そういうわけで、宛所からは3行目の返し書きに戻ります。

3行目　**「文箱十个進之候」**

は「**文箱《ふばこ》十个《こ》**」です。人と物を遣り取りする場合、必ずといってよいほど、その**数量**が書かれます。途中での減少を防ぐためでしょう。は「**个**」で図17、数量を表す単位です。は「**進之候《まいらせ》**」です。

4・5行目　**「江戸などへの御用之時／此箱ニ御入候て可然候」**

は「**用**」図18。は「**可然候《しかるべく》**」図19。頻繁に使われる字句ですから、このように三字続けて書きます。返し書きのこの部分は本文よりもやや低めに書くことが多いものです。

7行目　**「いつかたも今者箱に入」**

返し書き（5行目）の続きとなります。本文の行間を縫って書きますから、字の大きさも小さく、少し高い位置から書き出します。
は「**いつ《ず》かたも**」、「**今者《いまは》**」、「**箱に入**」。

図17

図18

図19

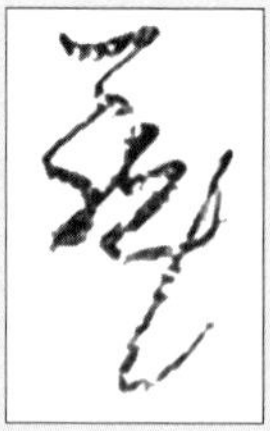

（可然候）

9行目「**候ハぬ状ハ無之候　状はかり**」

「**候**《そうら》**ハ**《わ》**ぬ**」図20、「**状ハ**《は》**無之**《これなく》**候**」。は「**状は**《ば》**かり**」。

11行目「**仕候へハ上書なともそこね**」

「**仕**《つかまつり》**候へ**《そうらえ》**ハ**《ば》」、「**上書**《うわがき》**なと**《ど》**もそこね**（損ね）」。は「ね」、字母は「年」です図21。

13行目「**候てれきくなとの方へ**」

は「**候**《そうろう》**て**」、は「**れき**」（「**れ**」の字母は「連」）ですから図22、「**れき**（歴々）**なと**《ど》**の方**《かた》**へ**」となります。

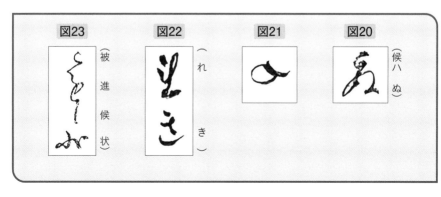

15行目「**被進候状そさうに見え**」

は「**被進**《すすめられ》**候状**」図23。「**そさ**《そ》**う**（麁相《そそう》・粗相《そそう》）**に見え**」。

17行目「**申候　其上状はかりハ**」

は「**申候**」。は「**其上状は**《ば》**かりハ**《は》」。

19行目「**おとし申又は水へ**」

は「**おとし申**《もうし》」、は「**又は水へ**」。

図20

（候ハぬ）

図21

図22

（れき）

図23

（被進候状）

21行目　**「取おとしなと仕物にて候」**

は「**取**」図24。「**おとしなと《ど》**（落としなど）**仕物《つかまつるもの》**」。は「**にて候**」図25。これは沢庵独特の書き方です。

23行目　**「当世は左様之事御念入候」**

は「**当世は《者》**」です図26。「**左様之事、御念入候《ごねんいりに》**」となります。

26行目　**「時分にて候間　さ様ニ御心得」**

は「**時分にて候間**」、は「**さ様ニ《に》御心得《おこころえ》**」です。

28行目　**「可被成候　よそへの状文なと八」**

「**可被成候《なさるべく》。よそへの**」。は「**状文《じょうふみ》**」図27、は「**なと《など》八《は》**」です。

30行目　**「了和手よく候　其上」**

は「**了和手よく候**」、は「**其上**」。

32行目　**「文言なと字のをき所」**

「**文言なと《ど》字のをき《お》所**（置き所）」。

図24

図25
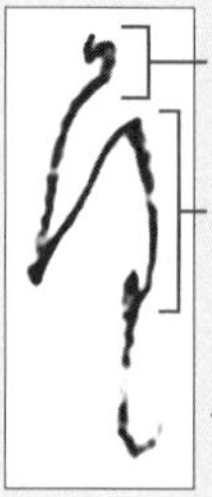

図26

図27

34行目　「**なともあしく候へハ　人の**」

「**なと《ど》もあしく**」。は「**候へハ《えば》**」図28。は「**人の**」。

36行目　「**わらい事に**」

は「**わらい**」図29。「**わ**」の字母は「王」です。は「**事に**」。

38行目　「**成申候間**」

は「**成《なり》**」ですが、虫損があります図30。「**申候《もうしそうろう》間**」。

40行目　「**了和へ可被仰候**」

「**了和へ**」。は「**可被仰候《おおせらるべく》**」。ここにも虫損があります図31。

41行目　「**げきやうの入候事ハ　春雨庵**」

「**げきやう**（下行《げぎょう》）**の入《いり》候事ハ**」です。ここで「**げ**」には濁点が打たれています。珍しいことです。かつてはあまり濁点を打つ習慣はなく、相手がもし濁らずに読んでしまうと読みにくいおそれがありそうな時だけ打っていたようです。

43行目　「**ねにハなく候間**」

「**ねにハ**（根には）」図32、「**なく候間**」。

図28

（候へハ）

図29

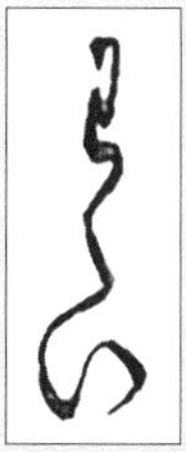

（わらい）

図30

※復元（筆者）

図31

（可被仰候）

44行目「**了和をハゆうひつニ御定可然候**」

「**了和をハ《ば》ゆうひつ**（右筆）**ニ御定可然《おさだめしかるべく》候**」。

45行目「**ゆうひつの御ふちを了和へ被下**」

「**ゆうひつ**（右筆）**の御ふち**（扶持）**を了和へ被下《くだされ》**」。

46行目「**御気遣なしに被仰付可然候**」

「**御《お》気《き》遣《づかい》なしに**」、「**被仰付《おおせつけられ》可然候**」。

とうとう料紙の末尾まで来てしまいました。ですから、仕方なく再度、文頭へ戻ることにします。これが最後になります。

1行目「**此状たれも見申ましく**」

「**此状《この》、たれ**（誰）**も見申《もうす》まし《じ》く**」。

2行目「**存候て慮外なる体ニ候**」

「**存候《ぞんじそうろう》て**」。は「**慮外《りょがい》**」です 図33。「**なる**」、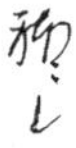は「**体《てい》**（**躰**）**ニ《に》候**」となります 図34。

図32

（ねにハ）

図33

（慮外）

図34

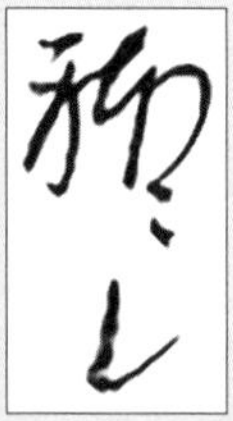

（躰ニ候）

【通しての読み】

路次、無事にお着きなされ候や。定めてはやばやお有りつきなさるべく候。爰元はご上洛近々にて、いずかたも忙わしく聞こえ申し候。お手前は、とくとはや落ちつかせられ候て、めでたく存ずることに候。我らも煩い本復仕り候間、十八、九日に爰元罷り立ち候て、上洛申すべしと、用意仕り候。道筋ちがい申し候間、お目に懸かることもござ候まじく候。京都より申し入るべく候。

恐々謹言　六月十四日　春雨庵　宗彭（花押）　土岐山城守殿　人々御中

文箱十个まいらせ候。江戸などへのご用の時、この箱にお入れ候て然るべく候。いずかたも今は箱に入り候わぬ状はこれなく候。状ばかり仕り候へば、上書なども損ね候て、歴々などの方へ進められ候状、麁相に見え申し候。その上、状ばかりは、落とし申し、または水へとり落としなど仕るものにて候。当世は、左様の事、ご念入りに候時分にて候間、さようにお心得なさるべく候。よその状文などは、了和、手よく候。その上、文言など字の置き所なども悪しく候えば、人の笑い事になり申し候間、了和へ仰せらるべく候。下行の入り候事は、根にはなく候間、了和をば右筆にお定め、然るべく候。右筆の御扶持を了和へ下され、お気遣いなしに仰せつけられ、然るべく候。

この状、誰も見申すまじく存じ候て、慮外なる体に候。

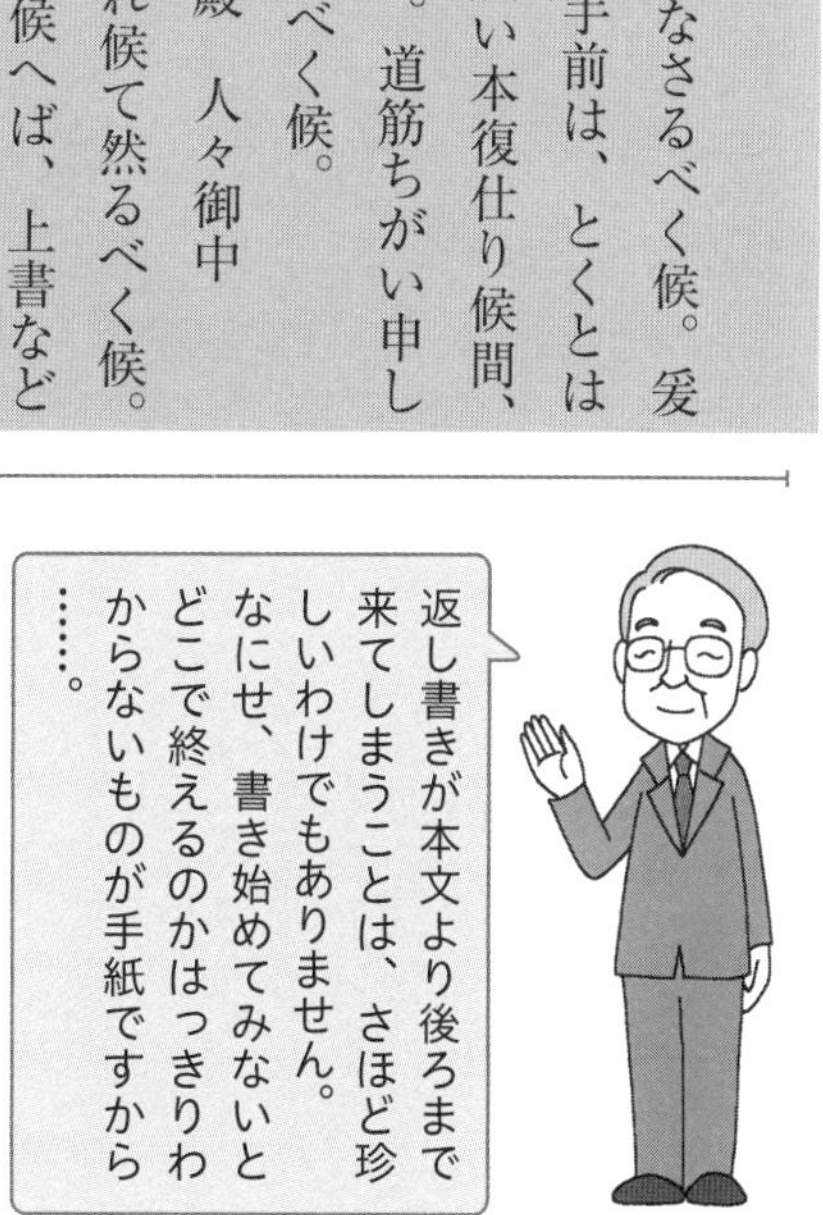
返し書きが本文より後ろまで
来てしまうことは、さほど珍
しいわけでもありません。
なにせ、書き始めてみないと
どこで終えるのかはっきりわ
からないものが手紙ですから
……。

解釈と鑑賞

江戸時代初期、京都の大徳寺・堺《さかい》の南宗寺の僧、**沢庵宗彭**《たくあんそうほう》(一)がこれほど有名になったのは、「**紫衣事件**《しえじけん》(二)」により、寛永六年（一六二九）七月に**出羽上山**《かみのやま》（山形県）の地に流されたことが大きいと思われます。実際、この時点を境に沢庵の人生は大きく変わったように見えます。

配流された沢庵の身を引き受けたのは、上山城主となったばかりの**土岐頼行**《ときよりゆき》(三)でした。彼は前年に二十一歳の若さでこの地に転封《てんぽう》されて来たのです。

出羽上山。沢庵は、良質の温泉の湧くこの地に庵《いおり》を結びます。名づけて「**春雨庵**」。配流とはいうものの、沢庵はここでの生活を、但馬《たじま》の家族に宛てた手紙の中で次のように報じています。「将軍のお膝元《ひざもと》、江戸にいるよりも、この地のほうがずっと恵まれた生活をしているから安心してほしい。金も要らない。途中が心配だし、返すのも面倒」というのです。冬はとても雪深い所なので、頼行は庵の床に毛皮を敷き温かくするなどの配慮をしてくれましたし、食べ物や燃料も豊かで、なにより沢庵は大の温泉好きだったのです（ちなみに故郷出石の近くには**城崎**《きのさき》**温泉**があります）。こうした中で、土岐頼行は沢庵に深く帰依《きえ》しました。

そして寛永九年正月に、大御所**徳川秀忠**《とくがわひでただ》(四)が亡くなります。このとき沢庵は特赦《とくしゃ》され、二年半におよぶ上山での生活を終え、急遽《きゅうきょ》江戸へ戻ることになるのです。沢庵の身を預かった若い土岐頼行は、沢庵とは親子ほどの年齢差があります。

(一)沢庵宗彭…一五七三（天正元）～一六四五（正保二）。但馬国出石（現在の兵庫県）の出身。

(二)紫衣事件…幕府が朝廷の権限を抑えて宗教の統制を進めたこと（勅許紫衣法度）に対し、大徳寺と妙心寺が反抗したことから始まった事件。沢庵たちは幕府から江戸によび出され、裁判の結果配流された。

(三)土岐頼行…一六〇八（慶長十三）～一六八四（貞享元）。大名・槍術家。

沢庵が有名になったのは、吉川英治の小説『宮本武蔵』の影響も大きかったようです。

短い期間でしたけれども、人間味豊かな宗教家、沢庵の魅力に、頼行は強く惹かれたに違いありません。

いま沢庵の書簡というのは、その写しを含めますと相当数残存しています。昭和五年（一九三〇）に辻善之助らによって編まれた**『沢庵和尚全集』**（五）の中には、三百六十四点が活字化され、その後、そこから抜粋された百点は**『沢庵和尚書簡集』**（六）に入っています。ここに見る沢庵の手紙には、名文が多いのも特徴です。

沢庵は行く先々で、居住した庵名を差出所に使っています。上山配流中の沢庵の手紙の差出所は、「**春雨庵**」です。また、このころ「**和歌一千首**」を詠ずるなどしていますから、沢庵は江戸から遠く離れた、静かな謫居《たっきょ》生活をむしろ楽しんでいたのかも知れません。ところが、「春雨庵」とあるにもかかわらず、手紙の内容からしますと、この手紙は配流中ではなく、赦《ゆる》されて江戸にいる時に書かれたものであることがわかります。これはいったいなぜなのでしょう。

新たに将軍となったのは**徳川家光**《いえみつ》（七）です。家光は早速、配流先から沢庵と**玉**《ぎょく》**室宗珀**《しつそうはく》（八）の二人を江戸によび戻します。そして、七月十七日に沢庵は江戸神田の**広徳寺**に着きます。当面、江戸では駒込《こまごめ》の**堀直寄**《ほりなおより》（九）の別邸に寄居しています。

この年、そして、翌十年には**秀忠の一周忌**が予定されていますから、大名のなかには江戸に留まる人もいました。年が明けて十一年夏には、**新将軍家光の上洛**が企てられます。それにむけて、六月になりますと、各大名は京へ向かって出発し始めます。そのようなわけで、寛永九年から十一年にかけての江戸は大変に慌

（四）徳川秀忠…一五七九（天正七）～一六三二（寛永九）。江戸幕府第二代将軍。一六二三（元和九）年には将軍職を家光に譲り、大御所と称した。

（五）沢庵和尚全集刊行会編『沢庵和尚全集』第四巻が『沢庵和尚書簡集』。

（六）辻善之助編註（岩波文庫、一九四二）。

（七）徳川家光…一六〇四（慶長九）～一六五一（慶安四）。江戸幕府第三代将軍。

（八）玉室宗珀…一五七二（元亀三）～一六四一（寛永十八）。臨済宗の僧侶。沢庵と同時期に陸奥棚倉（たなぐら）に配流された。

（九）堀直寄…一五七七（天正五）～一六三九（寛永十六）。武将・大名。

ただしかったと思われます。

「六月十四日」付のこの手紙で沢庵は、土岐頼行がすでに京着していることについて触れています（頼行から京着の手紙がすでに届いていたのでしょう）。沢庵自身も、健康を回復したので、十八、九日には江戸を発つと書いているわけですから、この手紙は**寛永十一年**に書かれたと考えてほぼまちがいありません。

文中に「**道筋ちかひ**（違い）」と言っているからには、頼行は上山から京都に向かったのかも知れません。ともかく、沢庵は自分が京都に着いたら手紙を書くと言っています。そこで久しぶりに会うことになるはずの土岐頼行への手紙の差出所を、沢庵はあえてなつかしい「**春雨庵**」としたのでしょう。

沢庵の、いかにも沢庵らしい心遣いがこのたいへんに長い返し書きにうかがえます。沢庵からは**文箱**（十）が十箇届けられているのです。そして、「**江戸へ出すときの手紙は、今は箱に入れるようになってきた**」ということを教えています。こうした文面から察しますと、頼行から、江戸にいる沢庵に来た手紙はたぶん裸だったのでしょう。ここで私が興味深く思うのは、このころの江戸で、手紙を出す際に**文箱**が使われ始めたことを裏付けることがわかる点です。寛永期というのは、そのように、いわば相手への繊細な気遣いが当然となった時期なのでしょうか。こうした習慣のあった事を具体的に知る史料をほかに見たことがありません。こまやかな手紙の礼儀作法を、この手紙で頼行にそれとなく教えているのです。江戸は「**今、そうしたことは入念にする時代**」などという表現、含蓄がありますね。

（十）文箱…書状を入れて持ち運ぶための小箱。状箱ともいう。

【文箱と蓋】

さらに面白いのは、**「了和」**という書の上手な人のことです。この人は文筆に長けているうえ、欲の少ない人柄だから、**右筆**《ゆうひつ》に相応しいということで推挙しているわけです。もしかすると、藩主頼行から、誰を右筆にしたらよいか、沢庵は相談されていたのかもしれません。

ここまでで手紙を終えてもまったく構わないところでしょう。しかし、沢庵はさらにひとこと付け加えます。といっても、もはや書くところは後ろにはなく、返し書きのさらに前部しか空いていません。仕方なくそこに戻って、返し書きがさらに添えられるのです。いちばん小さな文字です。**「この手紙はほかに誰も読む人はいないと思いまして、失礼なことを書きました」**と、まるで言い訳でもするように、相手への思いやりをサラッと匂わせます。

書は人なり、と言いますが、これほどの長文の手紙でありながら、書き出しと文末とでまったく書が変化していないのです。どの部分をとってみても変わらない書風。凡人にありがちの気持ちの揺らぎのようなものとか、感情の起伏などを持つことのない人だったのでしょうか。とすれば、常に「平常心」を持ちえた沢庵。このあたりにもすぐれた宗教者としての人柄が滲《にじ》みでているように思います。

紫衣事件に際しては、幕府からの要求には寺の存続をかけ、身を挺して抗し、結果として配流された、いわば硬骨の人でした。しかし、その一方でこの手紙のように、じつに相手をこまやかに思いやる人でした。そのように、人柄が端的にうかがえる手紙とは、なんと魅力的なものでしょう。

返し書きには本文に書かなかった追加事項や、念を押したいことを書きます。現代の手紙の「追伸」にあたるもので、「尚々書き（なおなおがき）」「追而書（おってがき）」「袖書」などともいいます。

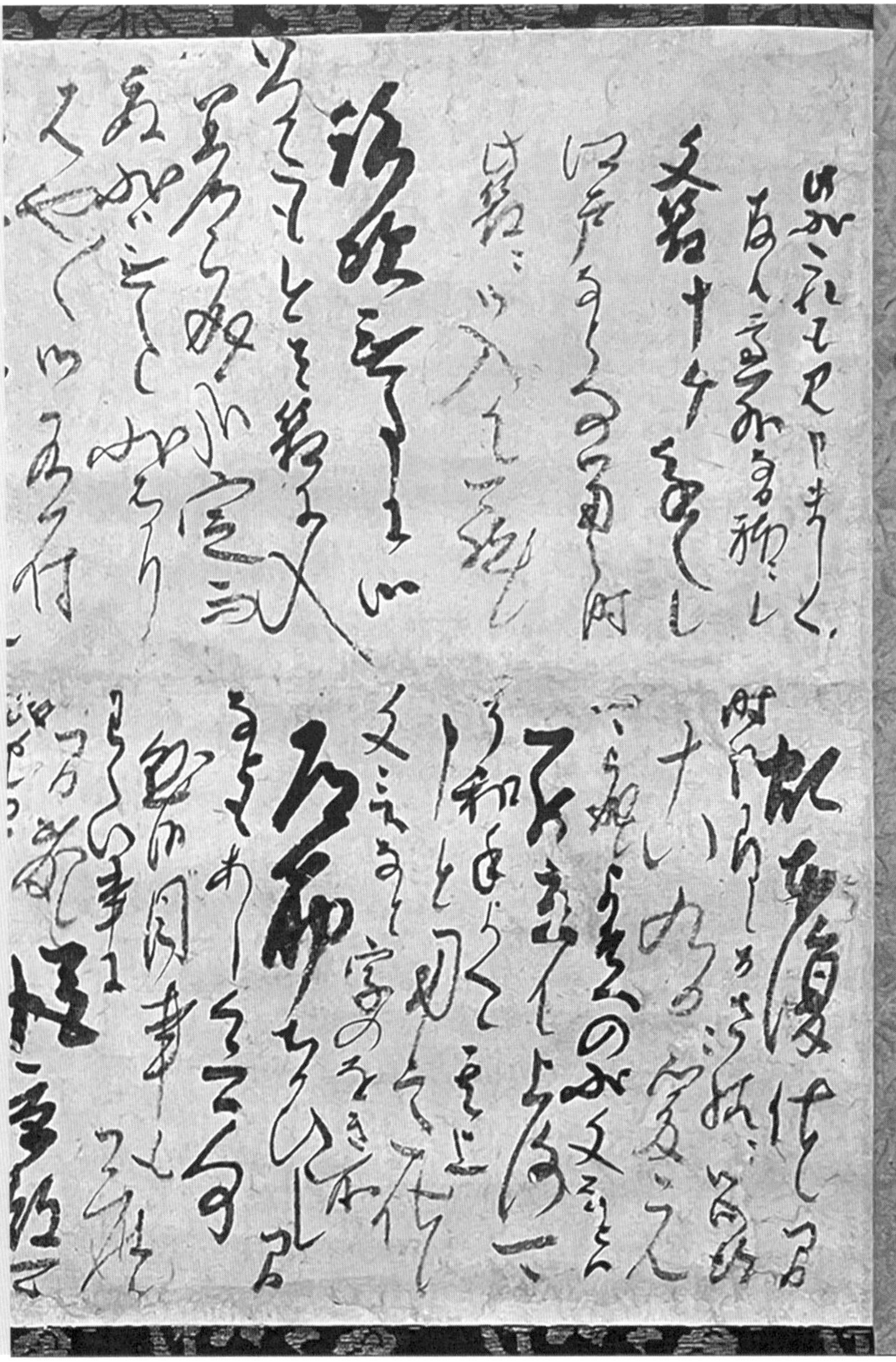

土岐頼行に宛てた沢庵宗彭の手紙

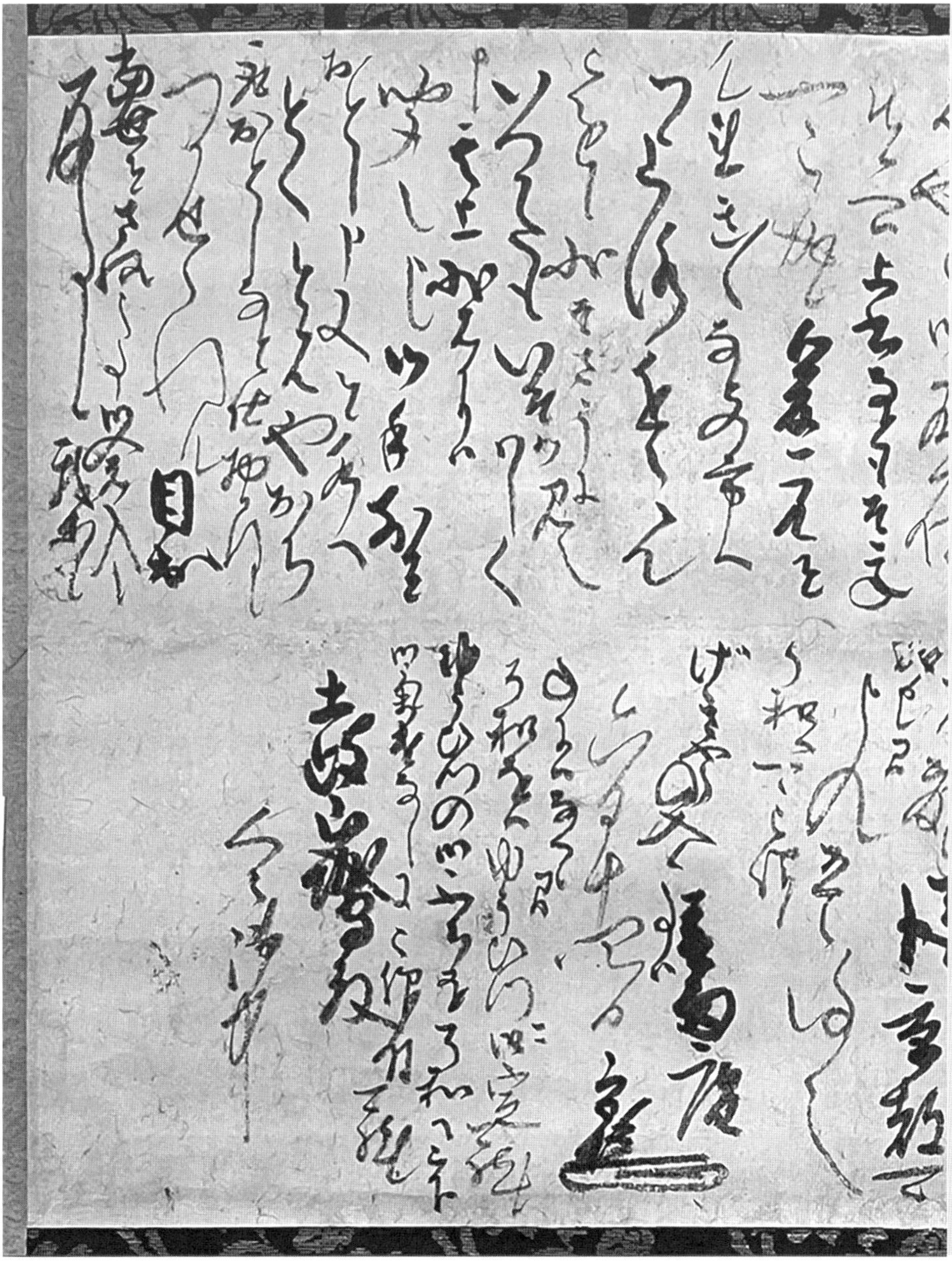

コラム

濁点と句読点

古文書には、原則濁点・句読点がありません。これを打つのは、あくまで**相手へのサービス**だったようです。

小学校時代から原稿用紙の使い方を覚えた私たちは、句読点などは、あって当然と思いがちですが、かつて、濁点などは打たず、読むときに適宜つけて読みました。句読点はもちろんありません。

濁点・句読点を打つことは、**〈それらがなくては読めない〉人への配慮**だったのです。ですから、濁点・句読点がないと読みづらいような場合に限って、打ちました。

その濁点も、かつては四濁点、三濁点などがあったようです。それがだんだんと減って二点に落ち着いたのです。私は、仙台市博物館で伊達政宗の一通の手紙の中にさえ、三点と二点の両方を用いた例があるのを知りました。どうやらそのころが移行期だったらしいのです。

今でも、表彰状などに句読点をつけないのは相手への敬意からだといわれています。

二

志田野坡に宛てた松尾芭蕉の手紙

松尾芭蕉《まつおばしょう》（一六四四～一六九四）

俳人。名は宗房《むねふさ》。俳諧《はいかい》を芸術として確立し、多くの門人を輩出しました。日本各地を旅し、紀行文や名句を残したことでも知られます。

志田野坡《しだやば》（一六六二～一七四〇）

俳人。芭蕉の門弟で、蕉門十哲《しょうもんじってつ》の一人とされます。

読み解きポイント

書き順を意識しましょう。

★150-151ページに拡大写真があります。

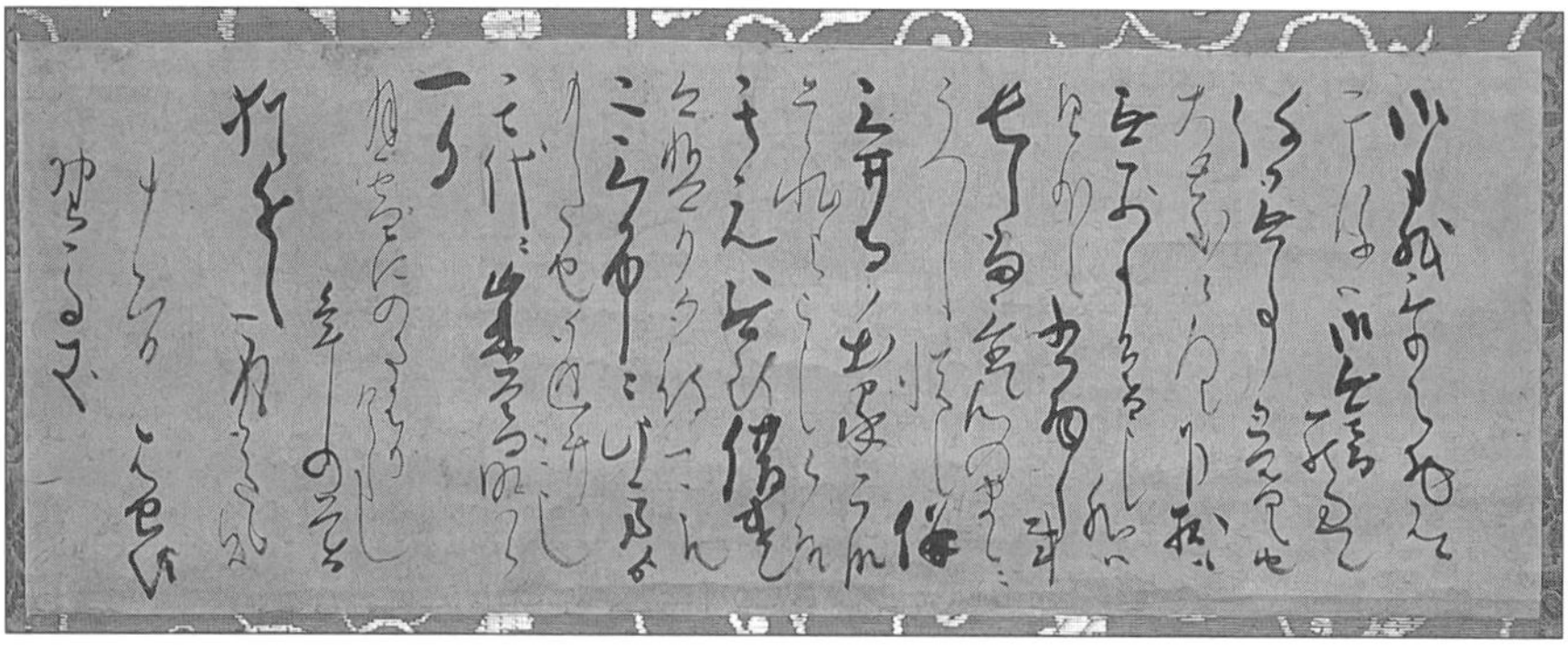

内容

① 御手紙忝令拝見候
② 其後ハ御無音罷過候
③ 弥御無事御暮之由
④ 大慶ニ存候下拙も
⑤ 無別事暮申候然ハ
⑥ 日外之書物之事
⑦ 長々留置候心のまゝニ
⑧ うつし悦候併
⑨ 三井寺ノ出家衆
⑩ 是非と被申候之故
⑪ 其元へ無断借遣候
⑫ 今暫ク御待可被下候
⑬ 二三日中に此方より
⑭ もたせ御返弁可申候
⑮ 其代ニ歳暮なから
⑯ 一句
⑰ 月雪にのさはりけらし
⑱ 年の暮
⑲ 猶近々可得御意候以上
⑳ 十二日 はせを
㉑ 野馬丈

㉑「野馬丈」の「丈」は、男性の名前に付ける敬称です。現代でも歌舞伎俳優などに対して使われます。

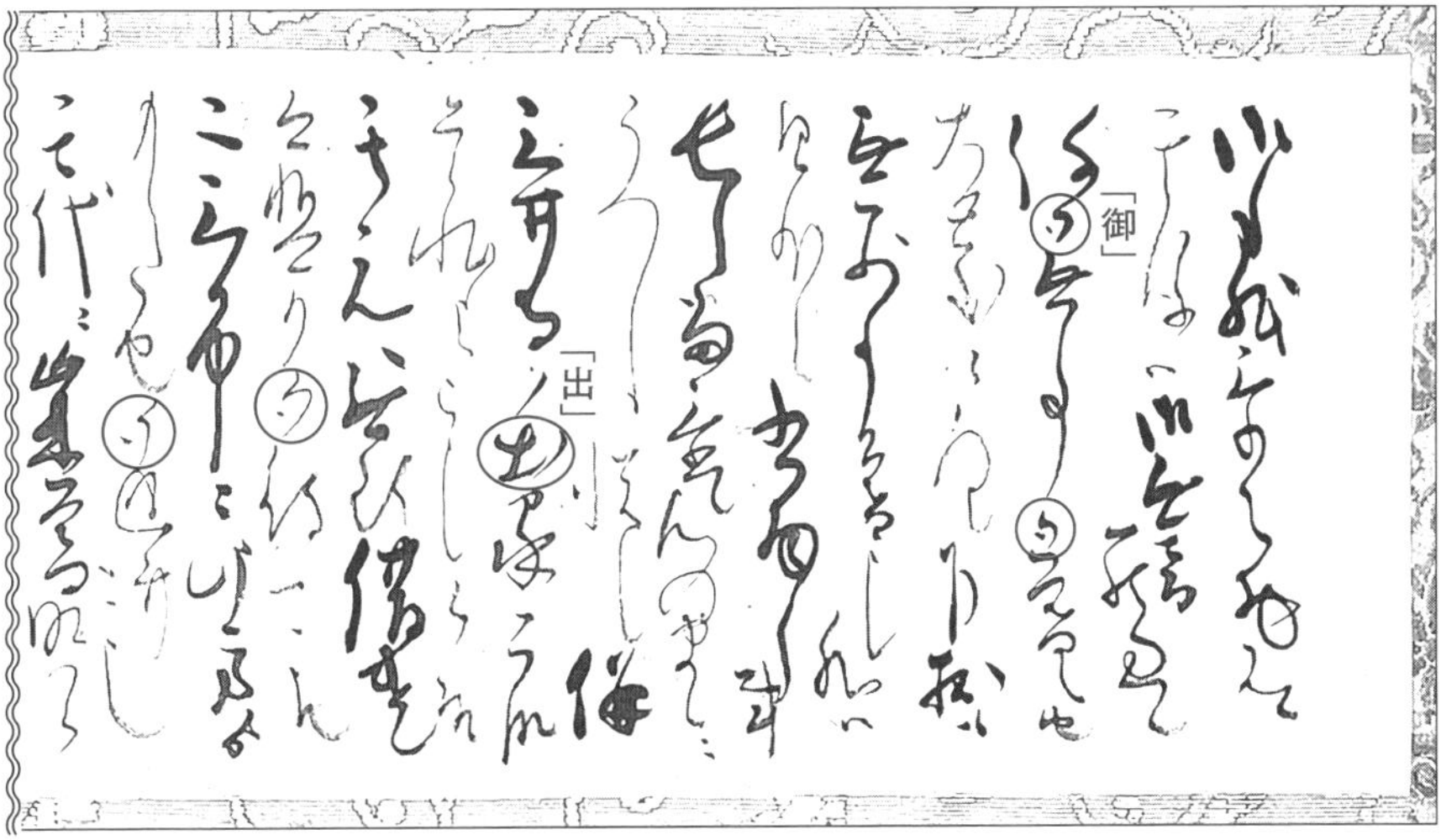

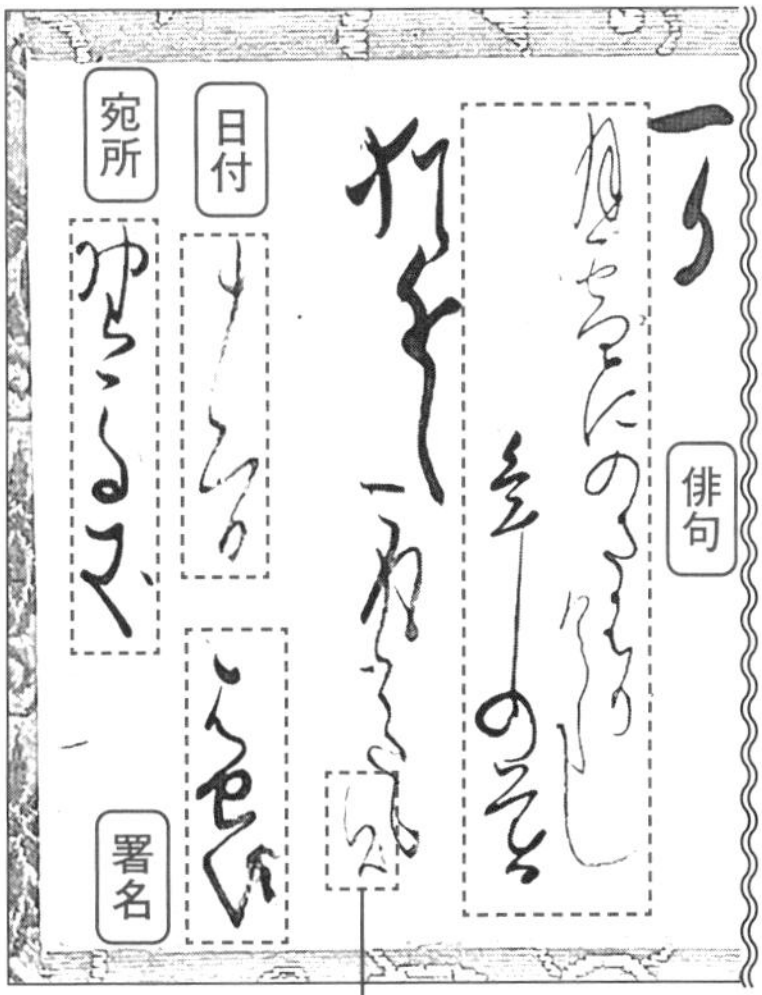

読み解きポイント

書き順を意識しましょう。たとえば⑨行目の「出」という漢字は、現在学校で教えているのとは異なる書き順で書かれています（⬇144ページ参照）。また、③・⑫・⑭行目の「御」の字は、左側の点を最後に打ちます（⬇142ページ参照）。

このように、くずし字に特徴的な書き順を覚えることで、文字の判読の手がかりとすることができます。

現代語訳

お手紙ありがたく拝見しました。
（御手紙忝令拝見候）
その後はご無沙汰しております。
（其後ハ御無音罷過候）
お変わりなくお暮らしとのこと、喜ばしく存じます。
（弥御無事御暮之由大慶ニ存候）
私も変わりありません。
（下拙も無別事暮申候）
さて、過日お借りした書物を長らくお預かりし、
（然ハ日外之書物之事長々留置候）
気の向くままに写すことができ、嬉しく存じます。
（心のまゝニうつし悦候）
ところが三井寺の坊さんから、是非と言われまして、
（併三井寺ノ出家衆是非と被申候之故）
貴方に無断で貸してしまいました。
（其元へ無断借遣候）

いましばらくお待ちください。
（今暫ク御待可被下候）
二、三日中に、こちらから持たせお返しするつもりです。
（二三日中に此方よりもたせ御返弁可申候）
その代わりとしまして歳暮の一句。
（其代ニ歳暮なから一句）
「月雪にのさばりけらし年の暮」
（月雪にのさはりけらし年の暮）
なお、近日、ご連絡いたします。
（猶近々可得御意候）

読み方

1行目「**御手紙忝令拝見候**」

は「**御手紙**」図1。「**手**」は、

のようにくずします。

「**紙**」は、「糸偏」に「氏」です。「糸偏」は、

などのようになります。これはとても重要な部首です。

は「**忝**」。「忝」の成り立ちは「天」の下に「心」です。それがこのような形になるのです。は「**令**」です。「令」は「今」と似ているので、文脈を考慮して区別しましょう（➡53ページ参照）。

は「**拝見**」図2。「拝」については100ページを参照してください。

2行目「**其後八御無音罷過候**」

は「**其後**」図3。「其」の標準的なくずしは、図4。「後」は行人偏ですから、のように「点」が打たれることがあります。この「点」はなくても構いません。

は「**無音**《ぶいん》」です図5。119ページで述べたように、「無」のくずしは、大

図1

（御手紙）

図2

（拝見）

図3

（其後）

図4

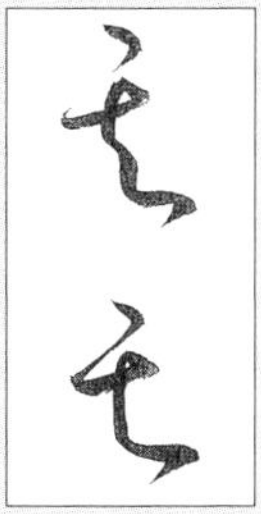

きくの系統との系統との二種類に別れます図6。「音」は「立」と「日」とから成り立ちます。ここでもそのように書かれているわけです。

は「罷《まかり》」です。この字は「皿」（網頭《あみがしら》）の下に「能」を書きます。上のが「網頭」、下のが「能」を表します。「能」のこの形は変体仮名の「」（の）でもおなじみですね図7。

は「過」です。「過」のくずし方は、

、、のようになります。「しんにょう」は、ここではのような形になるのです。

3行目　「**弥御無事御暮之由**」

は「**弥**《いよいよ》」。は「**御**」。ここで「御」の筆順を説明しておきましょう。この行には、すぐ下にも「**御**」が見えます。これらには左側にあとから点が打たれます。左にはありますけれども、後で打っています。原則、「**御の左側の点はあとから打つ**」ことを覚えておきましょう。ただし、そうでない場合もあります（など）。

は「**暮之由**《くらしのよし》」です図8。ここでの「**之**」は、「**候**」と読むこともできそうです（⬇28ページ参照）。今となっては、芭蕉がどちらのつもりで書いたのかはほんとうはわかりません。いずれにせよ、意味はいっしょです。

図5

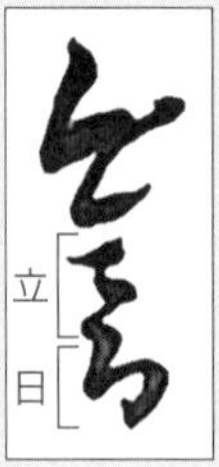

図6

図7

図8

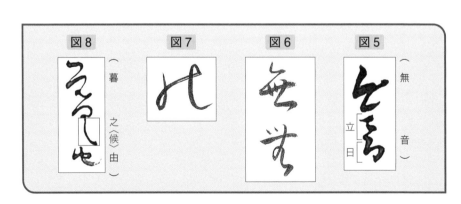

4行目　「大慶二存候　下拙も」

は「**大慶**」。「**慶**」を草書体にするとのように、まるで「草冠《くさかんむり》」のようになります 図9。は「**存候**」。は「**下拙《げせつ》も**」図10。仮名の「も」はのように、縦画の左に点が打たれることが多いのです。

5行目　「無別事暮申候　然八」

は「**無別事《べつじなく》**」。「**別**」の旁《つくり》は「刂（りっとう）」。「刂」はのような形になります。たとえば、「則」は、「前」はです 図11。

しかし、ここで注意していただきたいのは、このくずし方は「刂」ばかりではなく、「寸」も同形になることです。たとえば、は「村」なのです 図12。

6行目　「日外之書物之事」

は「**日外**（いつぞや）」と読みます。は「**書物**」（＝本）です。しかし、「書き物」と読めば揮毫《きごう》したものの意になります。

7行目　「長々留置候　心のまゝニ」

図13 は「**長々留置**」。「御」のような左側の点のように見えるところは、ここでは「**留**」の上部です。

「**心**」には大きく二通りの書き方の系統があります。

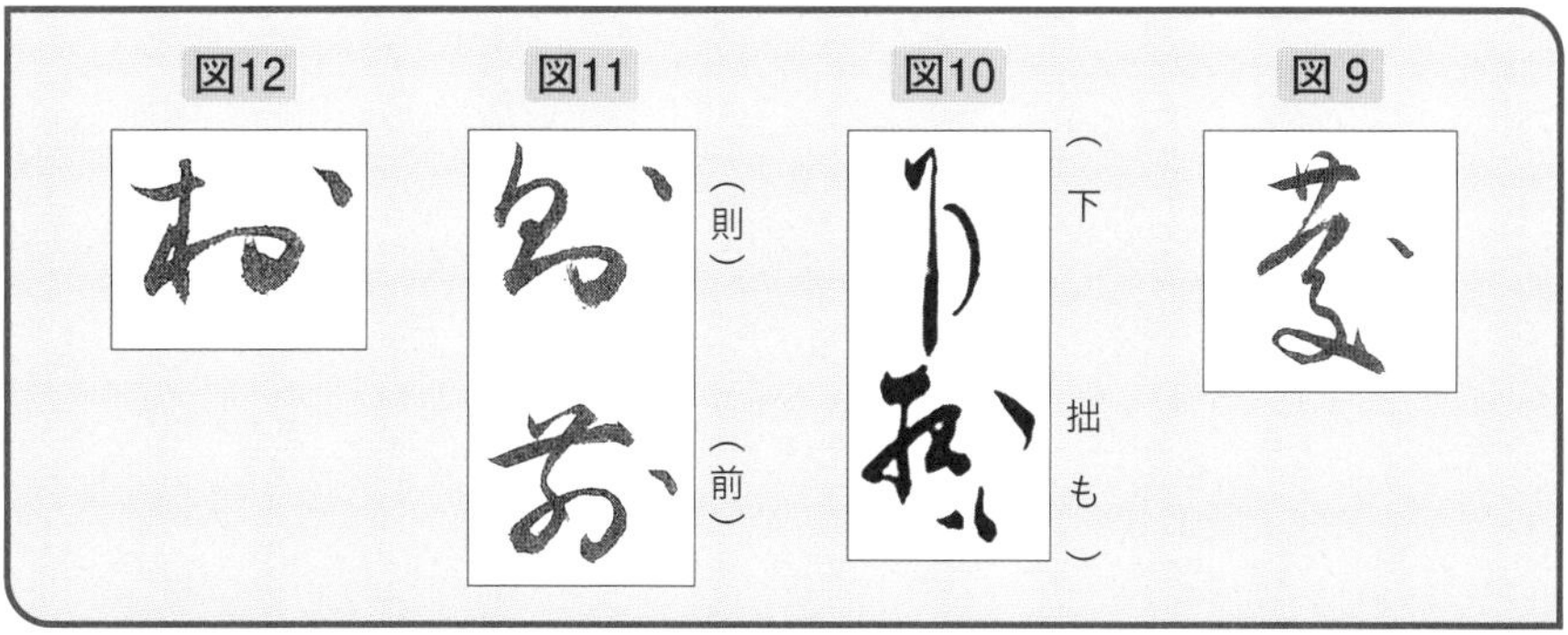

と　です。
は仮名の「ま」。

8行目「**うつし悦候　併**」

は「**悦**」。「忄（りっしんべん）」の筆順は、縦画が先でも、点が先でも構いません。は「**併**（しかして）」と読みます。これはたいへん重要な読みです。「并」と書いたものは「ならびに」と読むことが多いようなのです。

9行目「**三井寺ノ出家衆**」

「**三井寺ノ出家衆**」。「**出**」の筆順には注意が必要です。現在、小学校では、「山」の真ん中の縦画から書き始めるように教えます 図14 。ところが私のこれまでの古文書経験ではそうではありません。「出」のくずし方は、およそ 図15 のような三とおりが多いのですが、いずれも今教える筆順とは異なります。

それでは、「出」を現在の 図14 の筆順のようには書かないのかというと、ごく稀《まれ》に書く人はいます。しかし少数派なのです。今の筆順でどんどんくずしますと、、などとなり 図16 、これは「書」の草書体に限りなく近づいてしまうのです。

本阿弥光悦（⬇97ページ参照）の書き方は少数派のひとりでして、その手紙には次のような一節があります。

図13

（長々留置）

図14

図15

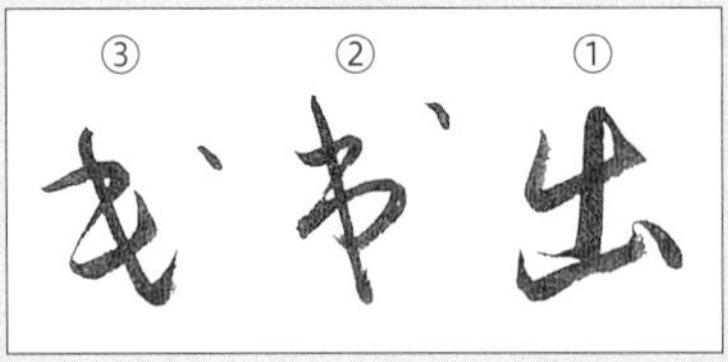

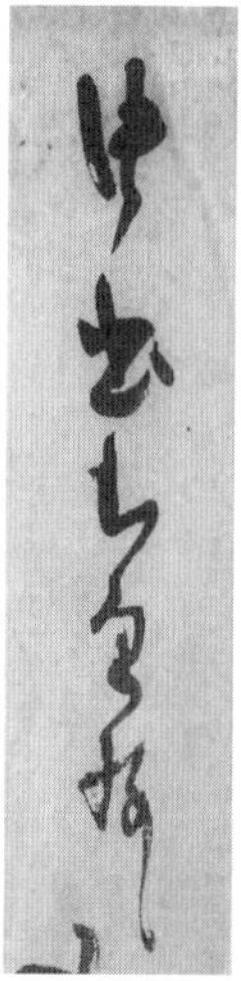

正しくは「御出本望存《いでほんもうにぞんじ》候」（お出でいただき本望です）と読むのですが、ついうっかり「御書本望存《しょほんもうにぞんじ》候」（お手紙をいただき本望です）と読んでしまっても、どちらでも意味がなんとなく通ってしまいますから困りものです。

は「衆」です。「衆」は「血」の下に人を三つ書くわけですが図17、それが、中国の簡体字になりますと「众」となるわけです。これは「豕《いのこ》」ではありません。「ウ冠」に「豕」を書きますと、「家」になります。

10行目　**「是非と被申候之故」**

は「**是非と**」。ここで「**と**」と読んだ字には少々説明が要ります。というのは、これを仮名としますと、「と」の字母はもともと「止」なのですが、このの字母は「止」ではありません。つまり、仮名の「と」は、とからへとくずされてくるわけでして図18、これは「止」の仮名特有のくずし方ということも古くから知られています。漢字「止」の草体は、なのです図19。の字母は「**与**」です。「与」にはというくずしがありますから図20、これが仮名の並びの中にあれば、当然「よ」と読んでしまいます。和文の中でこの字を「と」と読むことはまずありません。ところが、これを「よ」と読んでし

図16

図17

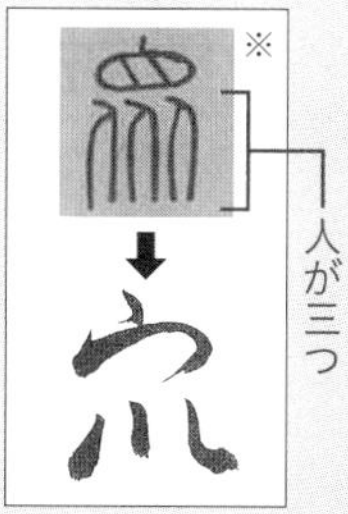

図18

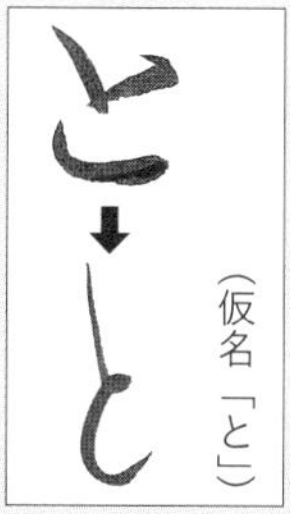

図19

※画像：国立国会図書館デジタルコレクション『偏類六書通７巻［４］』より。

まうと、ここでは文章が成り立ちません。なぜこんなややこしいことになったか。

本当のことはわかりませんが、これはかつての男性の手紙の基盤には**漢文**が存在していたからだろうと思われます。漢文の中に、「**A与B**」とありますと、「**AとBと**」と読む習慣があることを、高等学校の漢文などでも習った覚えがあります。漢文に出る「与」がここにも用いられているようです。しかし、申すまでもなく手紙自体は和文なのですから、漢文に出る「与」だからとて、漢字のままにしておくわけにはゆきません。やむを得ず「与」を「と」に置きかえているわけです。この「与」＝「と」の用字はしばしば見うけます。

は「**被申候**《もうされそうろう》**之**《の》**故**《ゆえ》」です**図21**。「**故**」は、

となります。

11行目　「**其元へ無断借遣候**」

「**其元へ**」。は「**無断**」**図22**、は「**借遣候**《かしつかわし》」です**図23**。

「借」と「貸」につきまして。現在は「貸借」などと使いますが、かつては「借」を「かす」とも読んだのです。

12行目　「**今暫ク御待可被下候**」

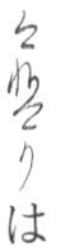は「**今暫ク**」。「**暫**」は「斬」（「車偏」に「斤」）の下に「日」（ひらび）

図20

図21

（被申候之故）

図22

（無断）

図23

（借遣候）

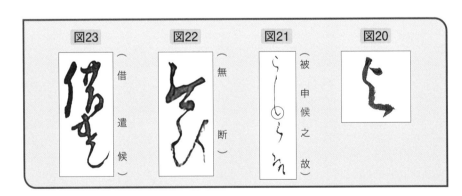

を書いています。は慣用句の「**可被下候**《くださるべく》」です図24。が「可」、が「被」、が「下候」です。

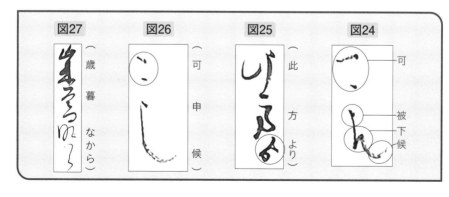

13行目「**二三日中に此方より**」

は「**二三日中**」、は「**此方より**」図25です。「より」と仮名二字にしますが、しかし、昔は「ゟ（より）」が使われていたのです。これは「よ」の上部と「り」とが合字されたもので、一字分の扱いで済ますことのできる便利な仮名文字といえます。筆順は点をあとから打ちます。

14行目「**もたせ御返弁可申候**」

は「**もたせ**」です。この「も」はこれ一字ですと、そうは読めなくとも、下に続いて「**た**《多》**せ**」と筆が続いていますから、なんとか読めます。4行目にも出てきましたが、「も」は、

のようにくずします。

は「**御返弁**《へんべん》」。は「**可申候**《もうすべく》」図26。

15行目「**其代ニ歳暮なから**」

は「**其**《その》**代**《だい》**ニ**《に》」、「**歳暮**《せいぼ》**な**《那》**か**《が》**ら**」図27です。

図24

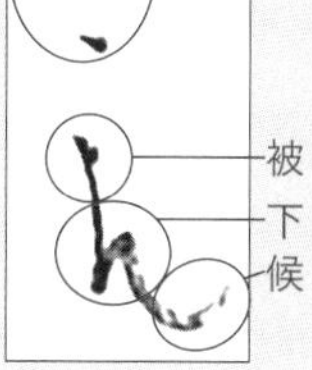

図25

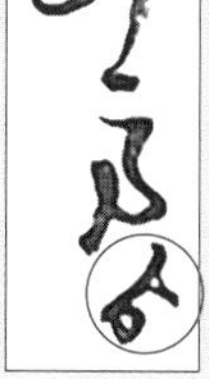

（此方より）

図26

（可申候）

図27

（歳暮なから）

16行目　「**一句**」

は「**一句**」。下部で筆を止めていますから、片仮名の「ク」ではなく、「句」でしょう。

17・18行目　「**月雪にのさはりけらし／年の暮**」

は「**月雪に**」、は「**のさは《者》**（ば）**りけ《介》らし**」図28、は「**年の暮**」です。

19行目　「**猶近々可得御意候　以上**」

「**猶近々**」、は「**可得御意候《ぎょいをうべく》**」です。その下にあるは書止の「**以上**」です。などとなるのです 図29。

20行目　「**十二日　はせを**」

は「**十二日**」、は「**は せ《者》を《越》**」（ばせを＝芭蕉）です。

21行目　「**野馬丈**」

は「**野馬《やば》丈**」であり、「**野坂**」の音通（⬇103ページ参照）です 図30。「野」については79ページ参照。

図28

（のさ　はり）（けらし）

図29

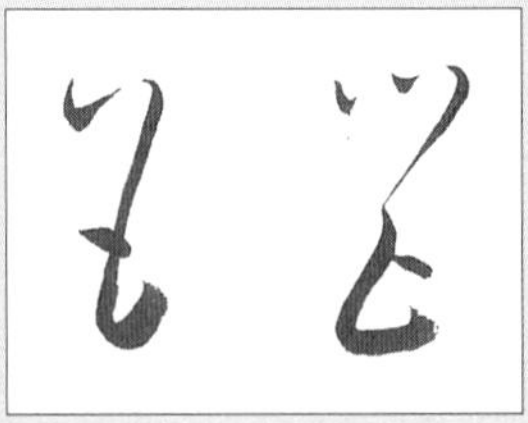

（以上）

図30

（野馬丈）

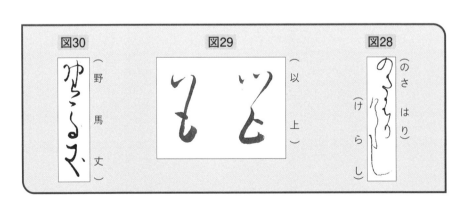

【通しての読み】

お手紙忝く拝見せしめ候。その後はご無音に罷り過ぎ候。いよいよご無事にお暮らしの由、大慶に存じ候。下拙も別事なく暮らし申し候。然れば、日外の書物の事、長々留め置き候、心のままに写し、悦び候。併して、三井寺の出家衆、是非と申され候の故、そこもとへ断りなく借し遣わし候。今暫くお待ち下さるべく候。二、三日中にこの方より持たせ、ご返弁申すべく候。その代に、歳暮ながら、

一句

月雪にのさばりけらし年の暮

猶、近々御意を得べく候。以上

「月雪とのさばりけらしとしの昏」という句が、江戸時代の俳諧撰集『続虚栗集』に収録されています。

➡152ページ脚注(三)参照

拡大写真

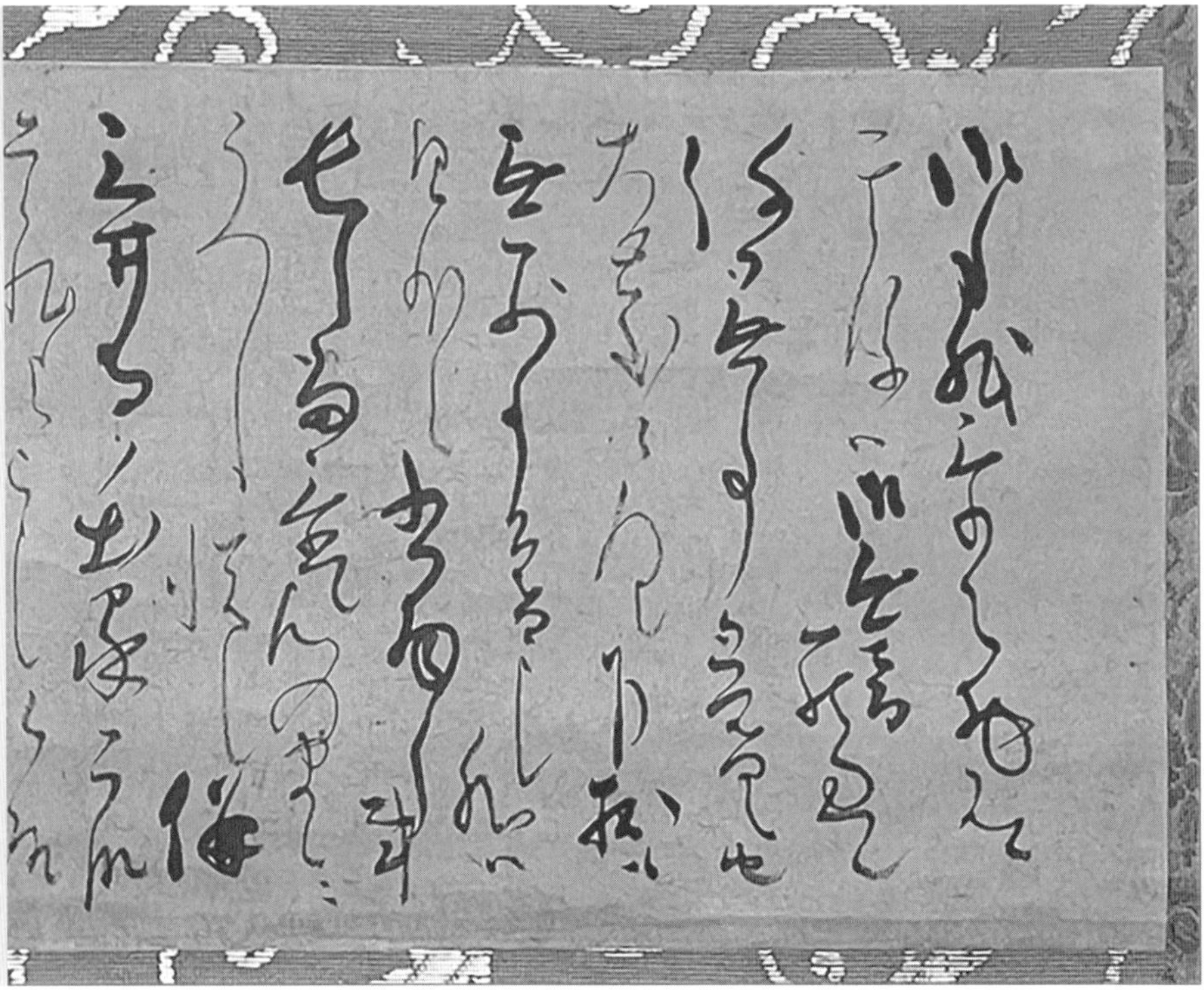

志田野坡に宛てた松尾芭蕉の手紙

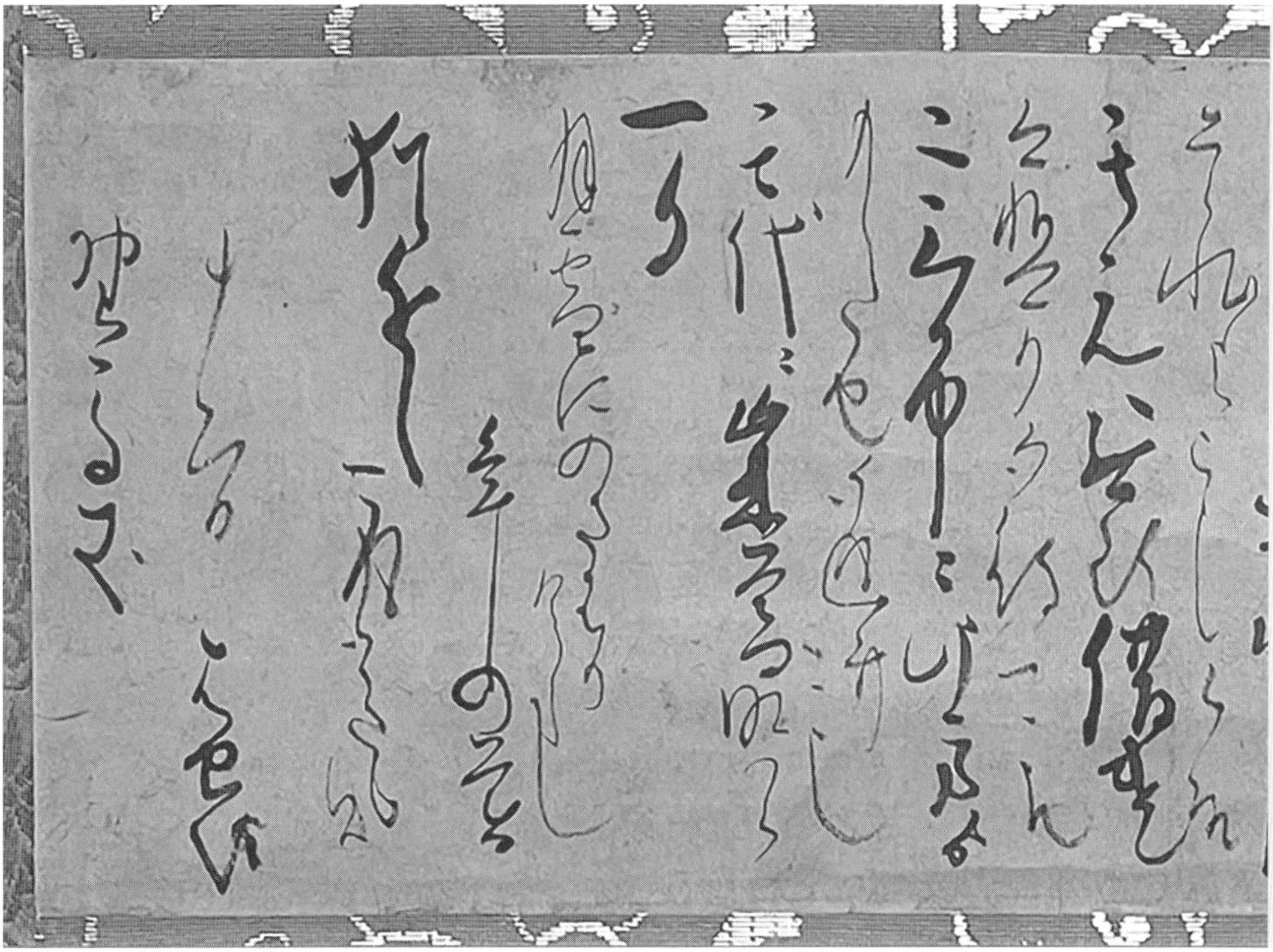

解釈と鑑賞

俳聖と謳《うた》われる**松尾芭蕉**《まつおばしょう》(一)は数多くの手紙を遺しています。これはその一通で、全集などを調べますと、この手紙の書かれたのは貞享三年（一六八六）の十二月のことだとわかります。

宛所の「**野馬**」は**志田野坡**《しだやば》(二)で、芭蕉の弟子のひとり。この句は明くる貞享四年の正月二十日付の**下里知足**《しもさとちそく》(三)宛の手紙にも書かれているようですから、それによって、**芭蕉四十三歳の時**のものだと判明するわけです。年号が書かれない手紙というものは、その内部から、書かれた時期を推定するしか方法はありません。

松尾芭蕉という人はたいへんに書の上手な人でした。書の師の名は**北向雲竹**《きたむきうんちく》(四)といいます（北向雲竹の書を「大師流《だいしりゅう》(五)」に入れることがあるようですが、雲竹が大師流で書いた確かな遺墨はまだ目にしたことがありません）。芭蕉の書には師・雲竹の影響が色濃くうかがえます。ところが、すべての書についてそうとばかりは言えないのです。芭蕉の書の中には、ここに掲げる手紙のように太い線と細い線とが交互に見える、したがって心地よいリズムが感じられるような書と、そうではない細身で抑揚の乏しい痩せた線によるものなど、幾通りかあるように私は見ているのです。

また、ここに取り上げたような草卒《そうそつ》の間（慌ただしい時）に書かれる手紙と、

(一) 松尾芭蕉…一六四四（寛永二十一）～一六九四（元禄七）。

(二) 志田野坡…一六六二（寛文二）～一七四〇（元文五）。

(三) 下里知足…一六四〇（寛永十七）～一七〇四（宝永元）。俳人。芭蕉の門弟であり、井原西鶴とも交流があった。なお、下里知足宛の手紙に書かれる松尾芭蕉の句は「月雪とのさばりけらし年の暮」とある。

(四) 北向雲竹…一六三二（寛永九）～一七〇三（元禄十六）。書家。細楷（小字の楷書）に優れ、和歌や俳諧、篆刻も得意とした。

(五) 大師流…弘法大師を祖と位置付ける書の流派。江戸時代に流行した。

あらたまって発句などを書いた短冊、画賛(六)などを比較してみると、それぞれに異なる書風を持っているようにも見えます。こうした点、書の世界というのは魅力的でありながらとても奥深さを備えているわけです。

電話での連絡はおろか、電子メールなどによって意思を伝えるのが当たり前になっている現代においては、手紙という通信手段は限られた特別な場合だけのものになってきているようです。ところが、かつて手紙が唯一の連絡方法だった長い時代があったのです。当時はあたかも日常茶飯事として、手紙が書かれていたわけです。ですから、いま電話での肉声や、話し方で相手の顔を思い浮かべるように、かつての手紙というのはその人の人柄や素顔を垣間見ることができる貴重な資料でもあるのです。

(六) 画賛…絵画の余白に、その絵を賞賛する内容の詩歌や文章を書いたもの。

コラム

「葦手」に書く

国風文化の形成

平安時代になると唐からの文化の移入も途絶え(二)、中国からの影響を受けた時期も過去のこととなり、十一世紀を中心に日本独自の文化が形成されます。それは書の面でいいますと、**三蹟**《さんせき》（**小野道風**《おののとうふう》・**藤原佐理**《ふじわらのすけまさ》・**藤原行成**《ゆきなり》）のころです。

当時、女性は**連綿仮名**を操って優雅な書をたくさん遺しています。その中には男性が女性に宛てて書いた消息なども混じっているかもしれませんが、文面などから女性筆と推測できるものが多くを占めていますので、仮名が平安時代中ごろに美しく洗練されたのは、もっぱら女性の功績だとみてよいでしょう。

不思議な「散らし書き」

さてここで、「**葦手**《あしで》」に書くという話に移りましょう。「手」というのは筆跡のことです。つまり「葦のような書き方」という意味です。

古い時代、**仮名手紙**などを書くとき、端から詰めて、行を揃えて書いたような例をこれまで私は見たことがありません。みな、**なぜか散らして書かれています**。そのときの方法というのは、数行をひとかたまりずつにし、紙面全体にそのかたまりをばらまくように配置されていまして、それをひとかたまりごとに読んでいきます。今はこれを「**散らし書き**」などとよんでいますが、この名はおそらく後世になってからのもので、初めの頃この書き方は「**葦手**」とよんでいたようです。

この「葦手」が散らし書きであることは、すでに江戸時代に屋代弘賢《やしろひろかた》(二)という故実に詳しい学者が指摘しています。「手」(筆跡)があたかも水辺に葦が群生する景色に似ているところから、古くからそうよばれていたのです。

もちろん読み順の番号などはついていませんから、受け取った人も、これらを順序正しく読むことは容易ではなかったでしょう。**まるでなぞなぞを解くようです。**もしかすると、読み手はこのような謎解きを楽しんだのかも知れません。なぜこのような複雑な書き方が始まったのかはよくわかりませんが、そこにはいくつかの理由があるように思うのです。

「葦手」で書く理由①

「葦手」が発達した理由のひとつとして、そもそも手紙というものは、ただ用件を正確に伝えるという「機能」は二の次と考えて、**書の美しさを表現しようとすることを優先させた**ということが考えられます。現代人にはとうてい理解不能な、古代人の美学がここに存在したのではないでしょうか。

「葦手」で書く理由②

そして、第二の理由として、手紙の料紙を考えなくてはなりません。和紙の材料はほとんどが楮《こうぞ》(三)です。その樹皮を煮熟し、ネリ(四)と混ぜて一枚ずつ漉《す》きあげて料紙はできあがります。これは貴重なものです。現代のように、気軽に捨てたり足したりすることはできません。

ここに手紙を書く場合、それがどのような長さになるか、出来上がった書の姿は予測がつきません。なぜなら、**思いつくままに書かれるのが手紙**だからです。ですが、それをできるだけ美しい形で相手に伝えたい。

そのようなとき、端から詰めて書いていった場合、短文で済んでしまうと、後ろがほとんど空いてしまいます。また、逆にそれが長文となって一枚に書き切れなかったときはどうでしょうか。いずれの場合でもあまり美しくはなりません。できるだけ一枚の中にバランスよく収めたいのが人情です。としたら、紙面に、あたかも葦の茂る景色のように仮名の書を配して、全体をムラなく埋めてゆくことができれば、それは理想的な紙面のバランスです。

文章が短くても、それなりにブロックの配置の仕方で紙面を片寄らずに埋めてゆくことができ、また逆に、長くなれば残った空いている余白を徐々に埋めてゆけばよろしい。こうすることで、**貴重な一枚の紙面を偏りなく黒くすることが可能で、合理的なのです。**このように、仮名文字の群を点在させることによって絵画的景色を構築できるという、平安女性の美学に叶ったものができあがったわけです。

難点は「読みにくさ」

ところが、葦手書きの難点は、なんといっても受け取る側が、一見しただけでは読む順序がわかりづらいことです。手紙がいくら美しく書かれていても、すぐに読み通せない。したがって意が通じにくいというのはもどかしいことです。これは機能的には大きな欠点です。ですから、美意識を優先させて平安時代に生まれた葦手書きは、**時代とともに変わってゆかざるを得なかったのです。**葦手書きの初期の段階では、おそらくは任意にブロックが配置されていて読みにくかったでしょうから、そうしたルールのない書き方はやはり敬遠されたはずです。

鎌倉時代の「葦手」

鎌倉時代に入りますと、仮名書きの塊（葦の一群）内の**行数や配置がだんだん定式化していく**様子が、遺品からも看取できます。その方向性としては、読む順序がわかるように整理・工夫がなされ、普遍性のある書き方らしきものが用いられるようになります。こうした変遷の中で、読む順番、すなわち〈**大きな文字から、中位の大きさへ、そしてだんだん小さなものへと読み進んでゆく**〉という葦手の原則のようなものができ上がります。

しかしながら、そのように読む順序がわかりやすくなる方向を持ちますと、こんどは、それまでの自然な葦の生える絵画的なものからは遠ざかってゆくことになります。室町時代にほぼ定式化した「女房奉書《にょうぼうほうしょ》」などで盛んに用いられた「散らし書き」というのは、じつは葦手の行きついた姿だと見てよいでしょう。

「葦手書き」された次の手紙は、後奈良《ごなら》天皇の即位前の知仁《ともひと》親王といっていた時代に、「上臈《じょうろう》の局《つぼね》」という女性に宛てて書いた自筆（宸翰《しんかん》）の手紙（女房奉書）です。読む順番はとても複雑なのです。

「女房奉書」とは、天皇や上皇、妃などの意をうけて、側近の女房が書いた文書です。その文体で天皇自身が書くこともありました。

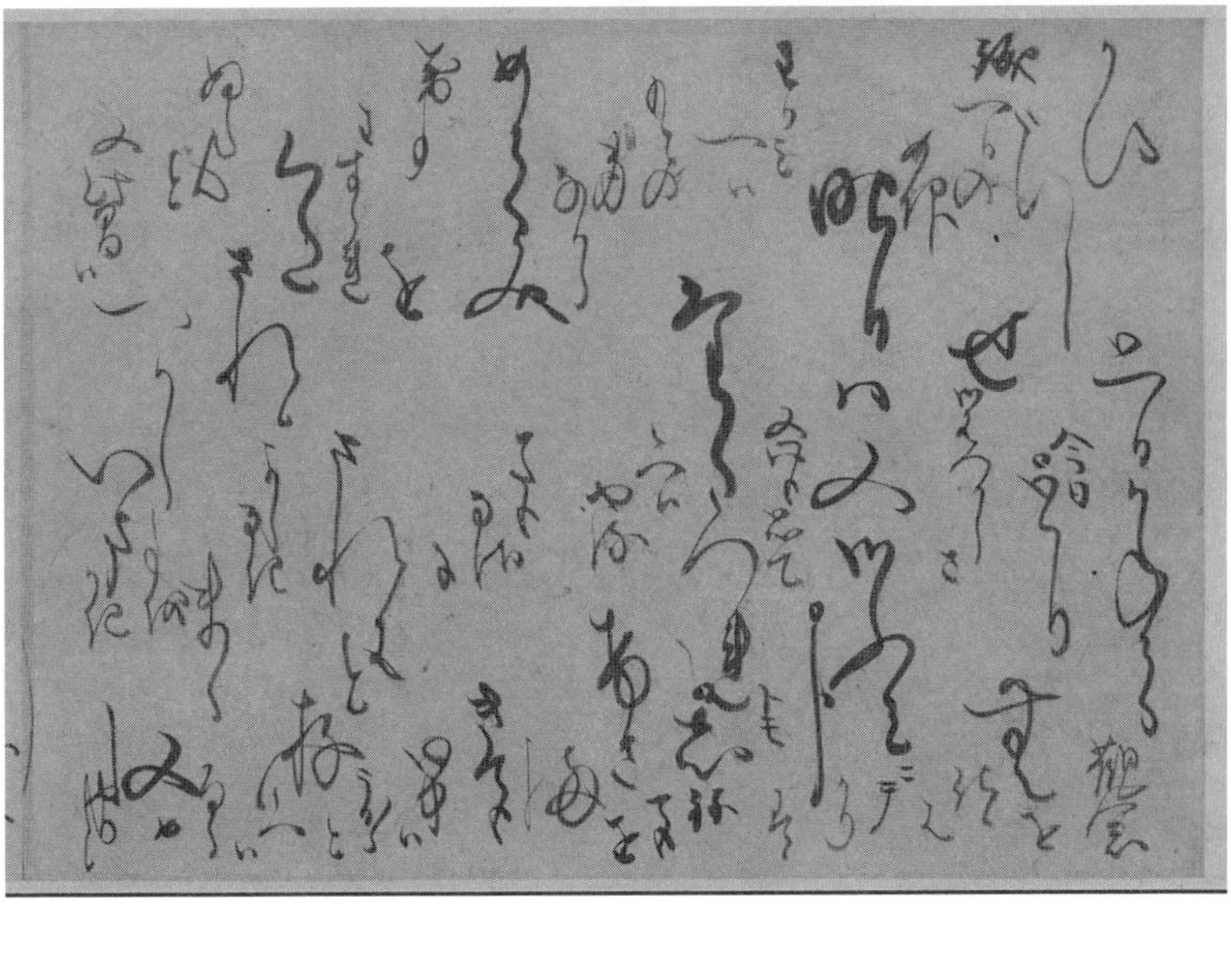

写真　上臈の局に宛てた後奈良天皇宸翰女房奉書（本紙）

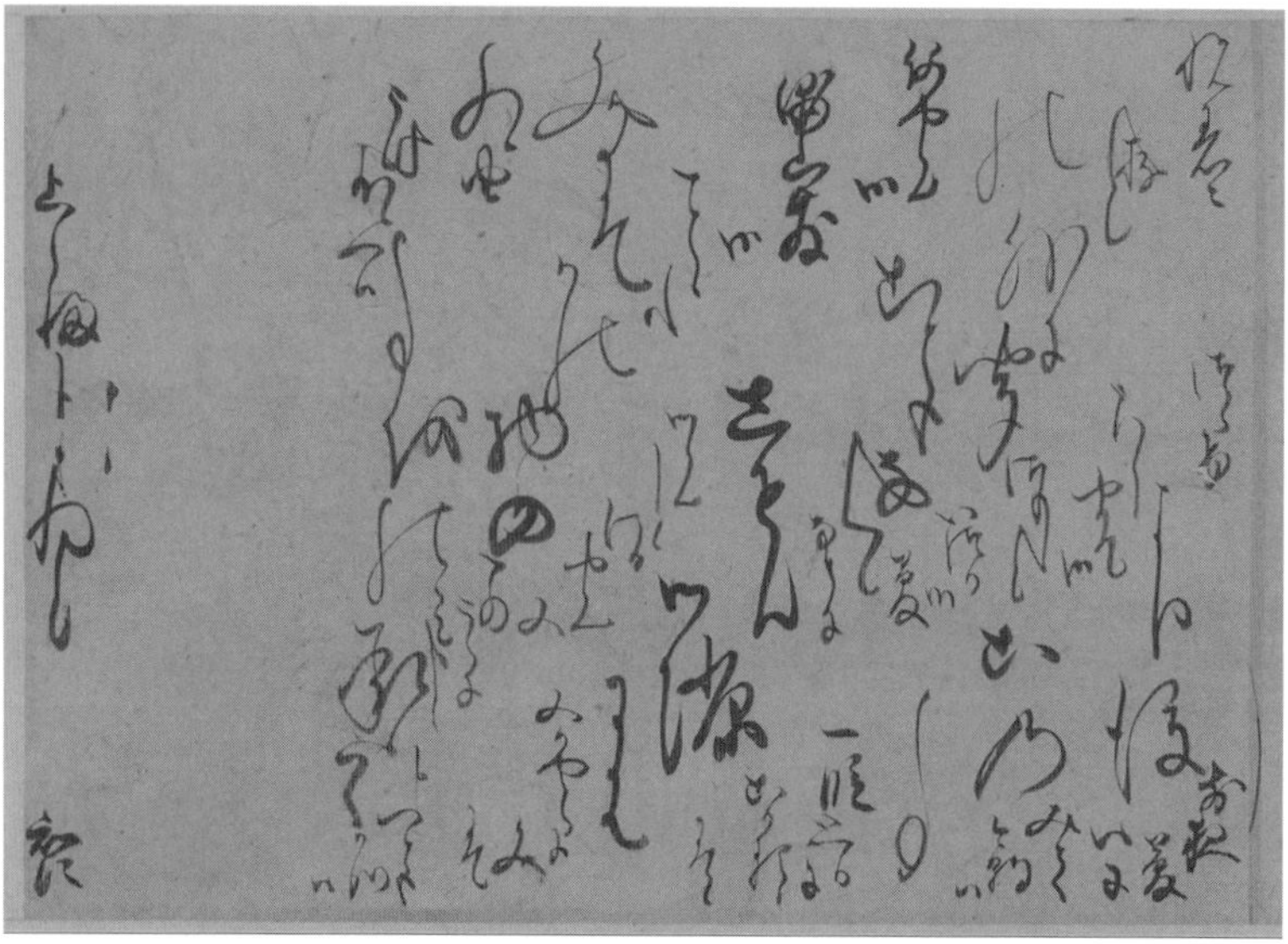

写真 **上臈の局に宛てた後奈良天皇宸翰女房奉書（礼紙《らいし》〈五〉）**

（一）八九四（寛平六）年に遣唐使が廃止された。

（二）屋代弘賢…一七五八（宝暦八）～一八四一（天保十二）。塙保己一（はなわほきいち）に国学を学んだ。号は輪池（りんち）。

（三）楮…クワ科の落葉樹。樹皮の繊維が和紙の原料となる。赤く熟した果実は食べることができ、甘みがある。

【楮の樹皮】

（画像：写真ACより）

【楮の実】

（同上）

（四）ネリ…トロロアオイの根からとった結着成分。

（五）礼紙…書状を差し出す際、礼儀として本紙（本文を書く紙）に重ねて付ける白紙のこと。本文が長くなった場合は礼紙に続きが書かれることもある。

三

「宗是」に宛てた伊達政宗の手紙

伊達政宗《だてまさむね》（一五六七〜一六三六）

安土桃山〜江戸時代の武将・大名。父は伊達輝宗《てるむね》（➡75ページ参照）。仙台藩の祖である政宗は、都の文化を仙台に根付かせる目的で、上方の文化人・和久半左衛門《わくはんざえもん》を招きました。その半左衛門の父が宗是《そうぜ》です。

読み解きポイント

踊り字の種類を覚えましょう。

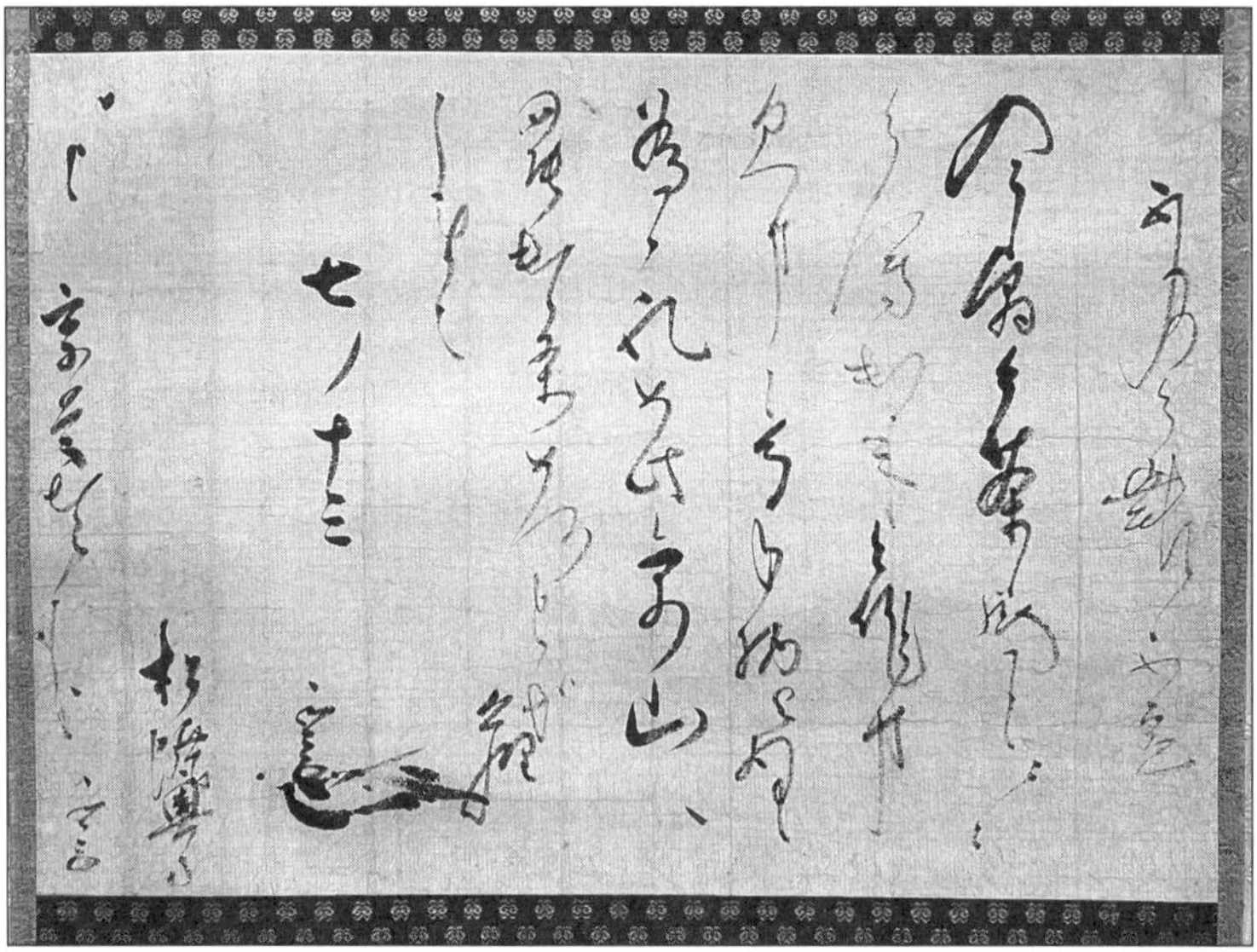

内容

①　不及御報不宣
②　今朝御茶辱候々々
③　御会出来御作事
④　見事候御手柄と存候
⑤　為御礼如此候早山へ
⑥　罷出候条如何申候哉恐惶
⑦　謹言
⑧　七ノ十三　政宗（花押）
⑨　松陸奥守
⑩　（捻封墨引）宗是老　政宗
⑪　御報

⑥・⑦「恐惶謹言」が書止

現代語訳

今朝、お茶に招かれ、忝いことです。
（今朝御茶辱候々々）

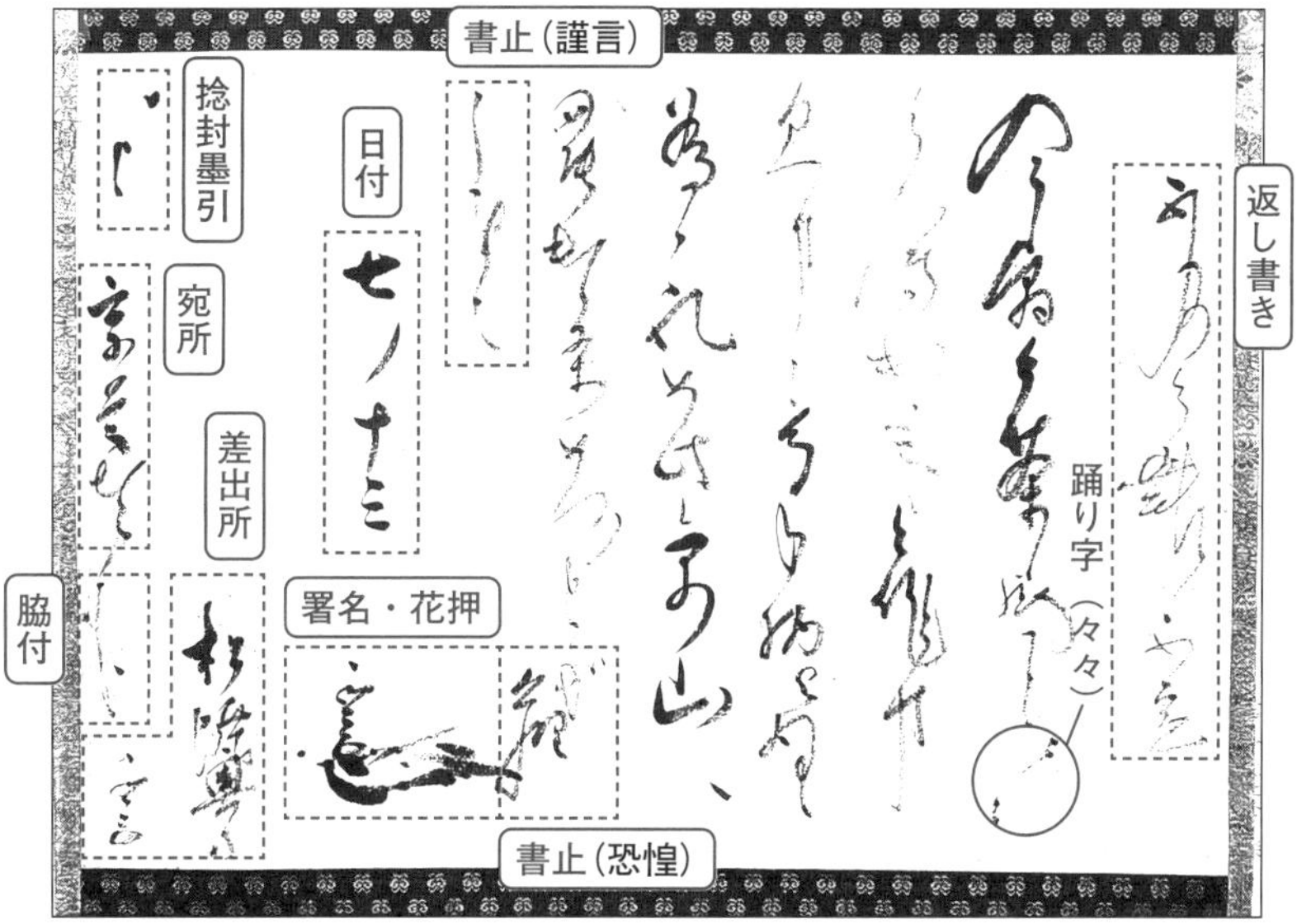

御会も成功、お作事（数寄屋建築）も見事です。
（御会出来御作事見事候）
お手柄と存じます。
（御手柄と存候）
そのお礼としてこの手紙を書きました。
（為御礼如此候）
これからすぐに、山へ出掛けますので（貴殿は）いかがしますか。
（早山へ罷出候条如何申候哉）
お返事には及びません。
（不及御報不宣）

読み解きポイント

踊り字の種類を覚えましょう。「々」「ゝ」などは現代でもしばしば使われますが、実はほかにもいろいろあります。昔の文章には踊り字がたくさん出てきますので、使い分け方と種類とを覚えておくとよいでしょう。

➡162ページ参照

読み方

2行目　「今朝御茶辱候々々」

は「**今朝**」です。「朝」には、、、などのくずしがあります 図1。は「**御茶**」。「茶」から、筆が伸びて、下の「**辱候**《かたじけなく》」につながります。「**辱**」は、「辰」の下に「寸」を書いています 図2。

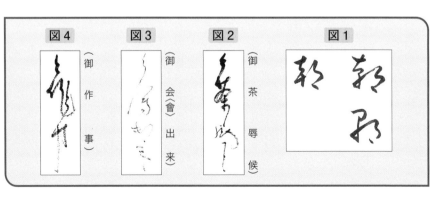

は「**踊**《おど》**り字**」です。「踊り字」といいましても、実は字ではありません。これはくり返し記号です。踊り字には次のようなものがあります。

◆「々」…字の形状から「ノマ」などともよばれます。

◆「〻」…この名称は知りませんが、「々」と同じです。

◆「ゝ」「ゞ」…平仮名をくり返す記号です。

◆「ヽ」「ヾ」…片仮名をくり返す記号です。

◆「〱」…「だいく」とよばれます。大きな「く」の字だからです。

かつて、印刷屋さんでは活字を拾うとき、右のような名で区別していました。

政宗は、「々」をくり返しているわけです。普通は「〱」と書くところであり、これは政宗の個性と言えるでしょう。また、なぜ「辱候々々」と繰り返しているのかということも、理由は政宗のみぞ知るところです。手紙の書式はかなり自由度が高いのです。

図1

図2

（御茶辱候）

図3

（御会〈會〉出来）

図4

（御作事）

3行目　「御会出来御作事」

は「**御会《おん 會》出来《しゅったい》**」図3。は「**御作事**」図4。

「**御**」の書き方も、人によって形はじつにまちまちですね。「**事**」は、、などのくずしがあります 図5。

4行目　「見事候　御手柄と存候」

は「**見事候《みごとに》**」。は「**御手柄**」。この書き方には政宗の癖が端的にあらわれています。それは、「**御**」から「**手**」に続き、「**手**」の縦画は筆が跳ねて空中を飛んでいるのです 図6。だから、線そのものは見えません。まるで切れているようにも感じられますが、そうではなく下部できちんと鋭い線で着地しています。彼はよくこういった書き方をします。じつに躍動的な運筆です。

は「**と存候**」図7。この「**と(与)**」については145ページ以降で述べました。

5行目　「為御礼如此候　早山へ」

は「**為御礼《おれいとして》**」、は「**如此候《かくのごとく》**」。、は「**早山へ**」図8。

「へ」という助詞は送り仮名として、右に寄せて小さく書かれます。「と」や「ニ」「ヲ」なども同様です。

図5

図6

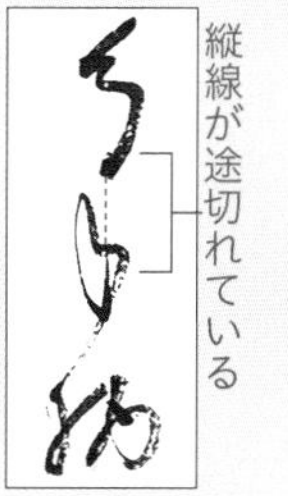
(御手柄)
縦線が途切れている

図7

(と〈与〉存候)

図8

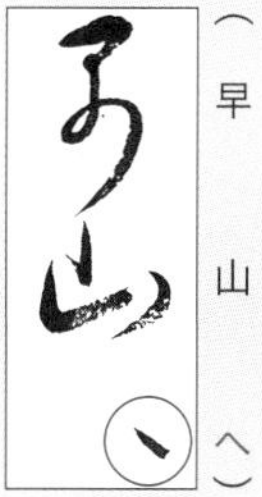
(早山へ)

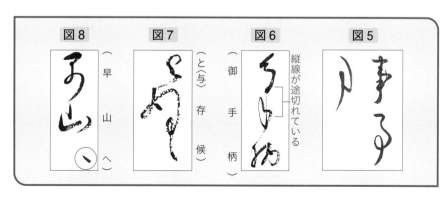

6・7行目　「罷出候条如何申候哉　恐惶／謹言」

は「罷出《まかりいで》候条《じょう》」図9。「罷」の「皿」は、中の二つの点から書き始めています。は「如何申《いかがもうし》候哉《や》」です図10。「哉」は、これを文末につけて疑問文にする語です。くずし方は119ページ参照。

は書止の「恐惶」。7行目のは「謹言」。

8行目　「七ノ十三　政宗（花押）」

「七ノ十三」の下は「政宗」（花押）です図11。

1行目　「不及御報　不宣」

1行目は返し書きで、は「不及御報《ごほうにおよばず》、不宣《ふせん》」図12。「報」は偏《へん》が「幸」で、旁《つくり》が「𠬝（ふく）」です。「不宣」とは、「この手紙には私の意を尽くしておりません」という意味の書止文言です。

【通しての読み】

今朝、お茶辱く候、辱く候。御会出来、お作事見事に候。お手柄と存じ候。お礼としてかくの如く候。はや、山へ罷り出で候条、如何申し候や。恐惶謹言

七ノ十三　政宗（花押）　松陸奥守

ご報に及ばず。不宣

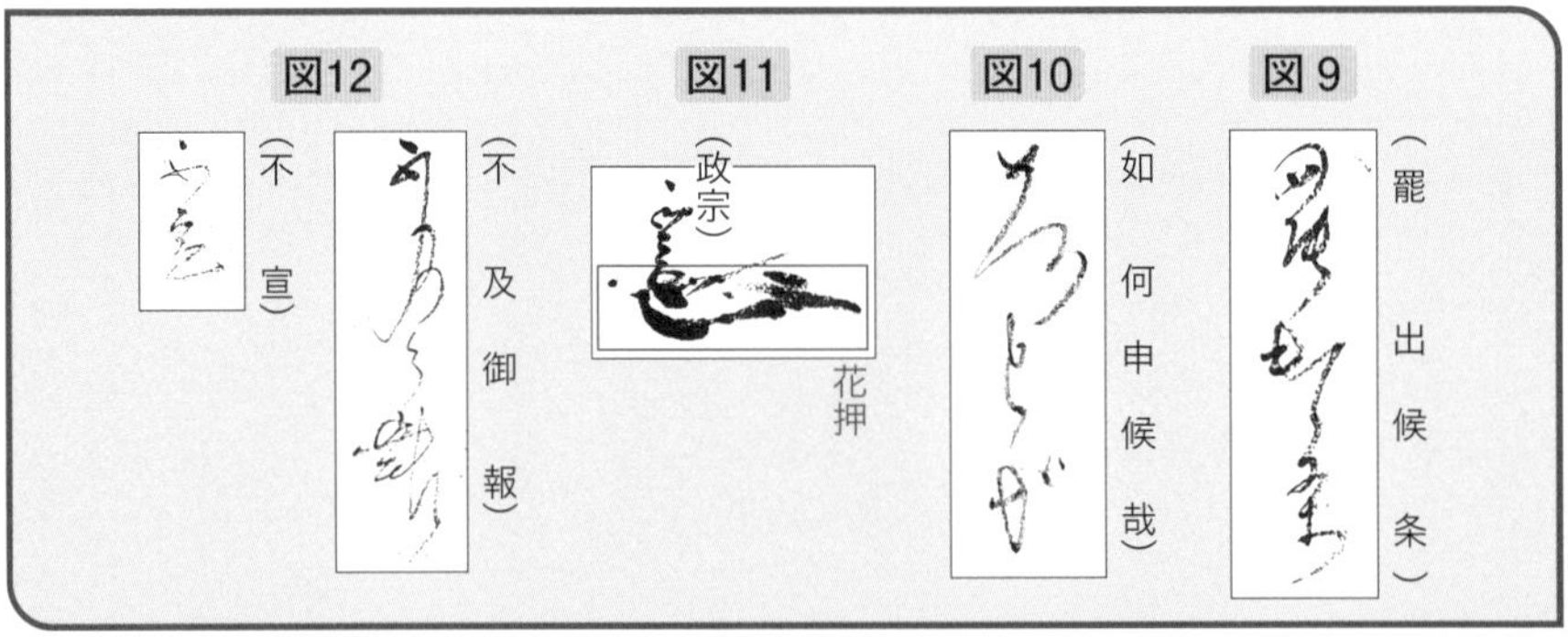

解釈と鑑賞

戦国武将の中でも、**伊達政宗**《だてまさむね》(一)はたいへんに人気の高い人です。伊達政宗は奥羽《おうう》地方のほとんどを手に入れ、全国制覇をめざして、小田原北条氏征伐のころには**豊臣秀吉**と対峙《たいじ》した時期もありました。宮城県中部のこの地を「**仙台**」と名づけ、東北第一の都市に育てる、その基礎を築いた人でした。

伊達政宗の手紙は数多く遺されていて、仙台市がこれまで各地に散在する手紙類を撮影、集成した『**伊達政宗文書**』として見ることができます(二)。ひとりの武将の文書を、長い年月をかけて集めるという、市の大きな仕事は、高い評価を得ていますし、その成果を利用している私たちも、大切に保管されてきた政宗の手紙群は、まさに高い歴史的価値を持つものであると実感します。

「**伊達**」(三)という語が伊達政宗にちなむなどというのはどうやら俗説のようですが、政宗の筆跡を眺めていながら、じつに颯爽《さっそう》とした威勢のよい運筆に、武将としての凛々しい姿を重ね合わせてしまいます。この書を眺めていますと、若いころ戦国武将としての戦功を立てながら、のちには徳川家によってもたらされた泰平の世においても、第一級の文化人、教養人、数寄者の域に到達した伊達政宗の優れた器量や人となりがよく滲《にじ》みでているように思われるのです。やはり「**書は人なり**」です。

この手紙はいつ書かれたのでしょう。差出所には「**松陸奥守**《むつのかみ》」と書かれます。

(一)伊達政宗…一五六七(永禄十)～一六三六(寛永十三)。
(二)仙台市が市政百周年記念事業として編纂・発行した『仙台市史』(全三十二巻)のうち、『資料編』十～十三の四冊が『伊達政宗文書』。
(三)伊達…好みがしゃれていて、粋であるようすを表す言葉。

松は「**松平**」です。かつて豊臣秀吉の時代には、秀吉は各地の大名に自分と同じ「**羽柴**《はしば》」を名乗ることを許します。それが、関ヶ原の戦いの頃になると、ほとんどの大名は「羽柴」を使わなくなります。それから徳川家康の天下となりますと、政宗は慶長十三年（一六〇八）正月に**陸奥守**に任ぜられ、家康から**松平姓**を許され、「**松平陸奥守**」を名乗ります。ですから本状はそれ以後に書かれたものだとわかります。

慶長十三年直後の「七月十三日」に、政宗が仙台の地に居ることがはっきりするのは、**十四年、十七年**です（四）。このいずれかの可能性が高いということになります。

手紙の宛所「**宗是**」は、**和久宗是**《わくそうぜ》（五）という人です。宗是は**三好氏**（六）の臣和久掃部頭《かもんのかみ》の女婿となり、家督を継ぎ、**足利義昭**《あしかがよしあき》（七）、**織田信長**、**豊臣秀吉**に仕えました。『**大かうさまくんきのうち**』（八）には、和久宗是を含む十人の「**御物かき衆**」の名があげられています。

慶長三年（一五九八）に豊臣秀吉が亡くなり、子の**秀頼**《ひでより》（九）がその後を嗣《つ》ぎます。当時、豊臣秀吉・秀頼父子の**右筆**《ゆうひつ》を勤めていたのが和久宗是・**半左衛門**（十）父子でした。そのようなこともあって、和久父子は、伊達と大坂の豊臣家との連絡係を果たし、彼らはしばしば仙台に伊達政宗を訪れていたのです。

この手紙からは、宗是は仙台の地に屋敷をもらい、そこに**茶室**を造ったことがわかります。おそらくこの手紙にいう**茶会**とはその「数寄屋《すきや》」お披露目のめでた

（四）藤井讓治編『織豊期主要人物居所集成』（思文閣出版、二〇一一年）。
（五）和久宗是…一五三五（天文四）～一六一五（慶長二十）。武将。通称は又兵衛、号は自庵。
（六）三好氏…阿波国の武将の氏。
（七）足利義昭…一五三七（天文六）～一五九七（慶長二）。室町幕府最後の、第十五代将軍。
（八）『大かうさまくんきのうち』…江戸時代の武士・軍記作家である太田牛一の著書。
（九）豊臣秀頼…一五九三（文禄二）～一六一五（慶長二十）。
（十）和久半左衛門…一五七八（天正六）～一六三八（寛永十五）。武士・書家。号は是安。

い席だったのかも知れません。宗是もまた茶の湯に造詣が深かったようです。

ところが、慶長十九年十一月から慶長二十年五月にかけての「**大坂冬の陣・夏の陣**」によって、豊臣秀頼とその母**淀殿**《よどどの》ら、大坂方は城とともに滅亡することになります。この豊臣氏の危急存亡に際して、政宗に援軍を要請すべく、半左衛門は秀頼の意を帯して仙台に向けて下向するのですが、その途中、東海道三島の地において、徳川方に捕らえられてしまいます。抑留の身となった半左衛門は、幸《さいわい》にも死を免れることとなったのです。大坂城が焼け落ちたのはそれから間もないことでした。この年、改元が行われ、年号は「**元和**《げんな》」に変わります。

翌元和二年（一六一六）には家康が亡くなります。東海道において、たまたま命拾いをした和久半左衛門は、以来、牢浪《ろうろう》の身とはなりましたけれども、豊臣家との縁もまた切れた形となりましたから、間もなく政宗は半左衛門を仙台に呼び寄せます。そしてあらためて政宗は「**御伽衆**《おとぎしゅう》」（十一）のような名誉ある立場に半左衛門を迎えるのです。

半左衛門が政宗に招かれた理由は、彼が上方における**第一級の文化人**だったからにほかなりません。まず、半左衛門の書は**近衛流**《このえりゅう》といい、彼は**近衛信尹**《のぶただ》（十二）一番の武家の弟子で、信尹から直接に学んだ人です。**近衛信尋**《のぶひろ》（十三）と並ぶ、いわば双璧だったと私は見ています。政宗の参勤交代や鷹狩には常に同行しています。

書はいうまでもなく、茶の湯、謡曲、医学、鷹、馬等にいたるまで、その幅広い教養を政宗は高く評価しました。仙台の地に、まず都の文化を扶植したかった

（十一）御伽衆…主君の側に仕え、話し相手を務める役職。経験豊富な知識人だけが用いられた。

（十二）近衛信尹…公家・書家。近衛流の祖。「寛永の三筆」の一人。➡59ページ参照

（十三）近衛信尋…一五九九（慶長四）～一六四九（慶安二）。後陽成天皇の第四皇子。近衛信尹の養嗣子となり、信尹の書風（近衛流〈三藐院流〉）をうけついだ。

政宗の意欲がこれでわかります。半左衛門にとって政宗は命の恩人であるとともに、何よりも政宗という人柄への深い信頼があったわけです。

大坂の陣に際して、たまたま仙台にいた宗是は大坂方の情報を耳にするや仙台を発ち、大坂城と命運をともにします。慶長二十年五月七日、宗是は八十一歳で落命しましたが、半左衛門という、将来ある逸材の失われるのを政宗は惜しんだのです。半左衛門の話が続いてしまいました。

おしまいに少し補足しておきます。この手紙の二日前に宗是に出した政宗の手紙を某古書店の目録（一九八七年二月二十五日）の中に見たことがありました。そこには「お手紙かたじけなく存じます。十三日の朝、必ず参ります（中略）。横田道斎と小野宗碧を召し連れます。貴老から仰せ遣わして下さい」などと書かれています。この二人はいずれも政宗の家臣です。

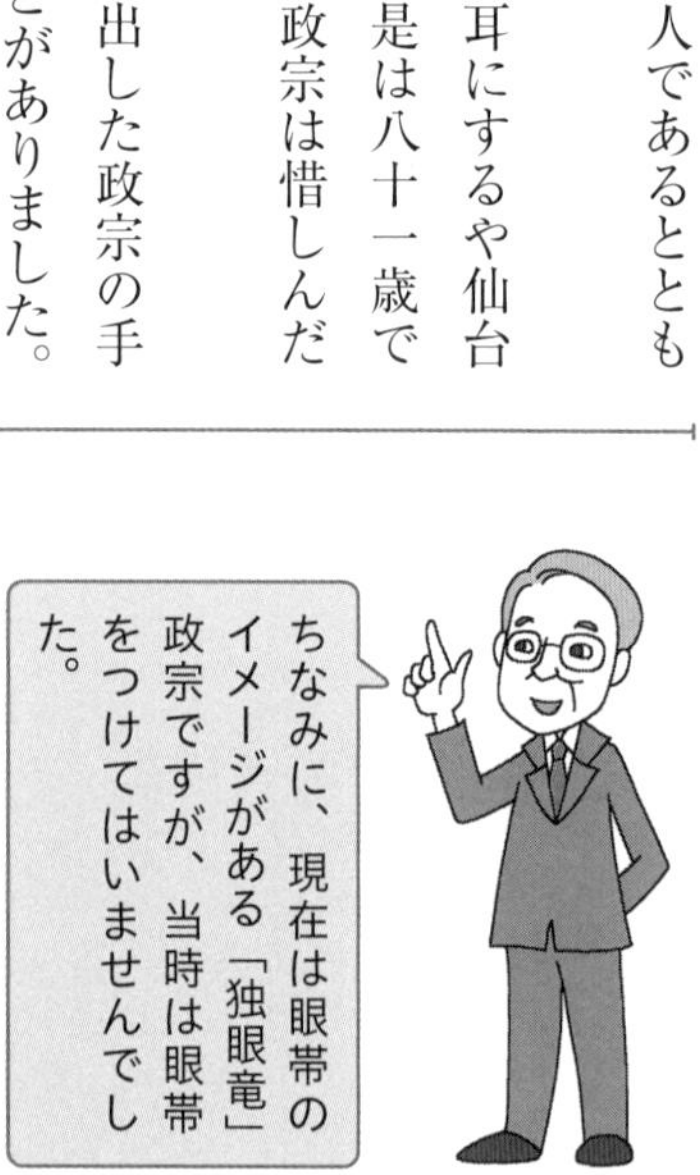
ちなみに、現在は眼帯の
イメージがある「独眼竜」
政宗ですが、当時は眼帯
をつけてはいませんでし
た。

四

進藤大和守に宛てた徳川光圀の手紙

徳川光圀《とくがわみつくに》（一六二八～一七〇〇）

水戸藩第二代藩主。後世の講談において「水戸黄門」として語られ、広く知られるようになりました。

宛先の「進藤大和守」は、「御門主」（＝日光輪王寺《りんのうじ》門跡）に仕える人物のようです。手紙は輪王寺で行われる法会《ほうえ》に言及しています。

読み解きポイント

敬意を表す表現「台頭《たいとう》」「欠字《けつじ》」「平出《へいしゅつ》」を覚えましょう。

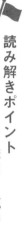

★ 184-185 ページに拡大写真があります。

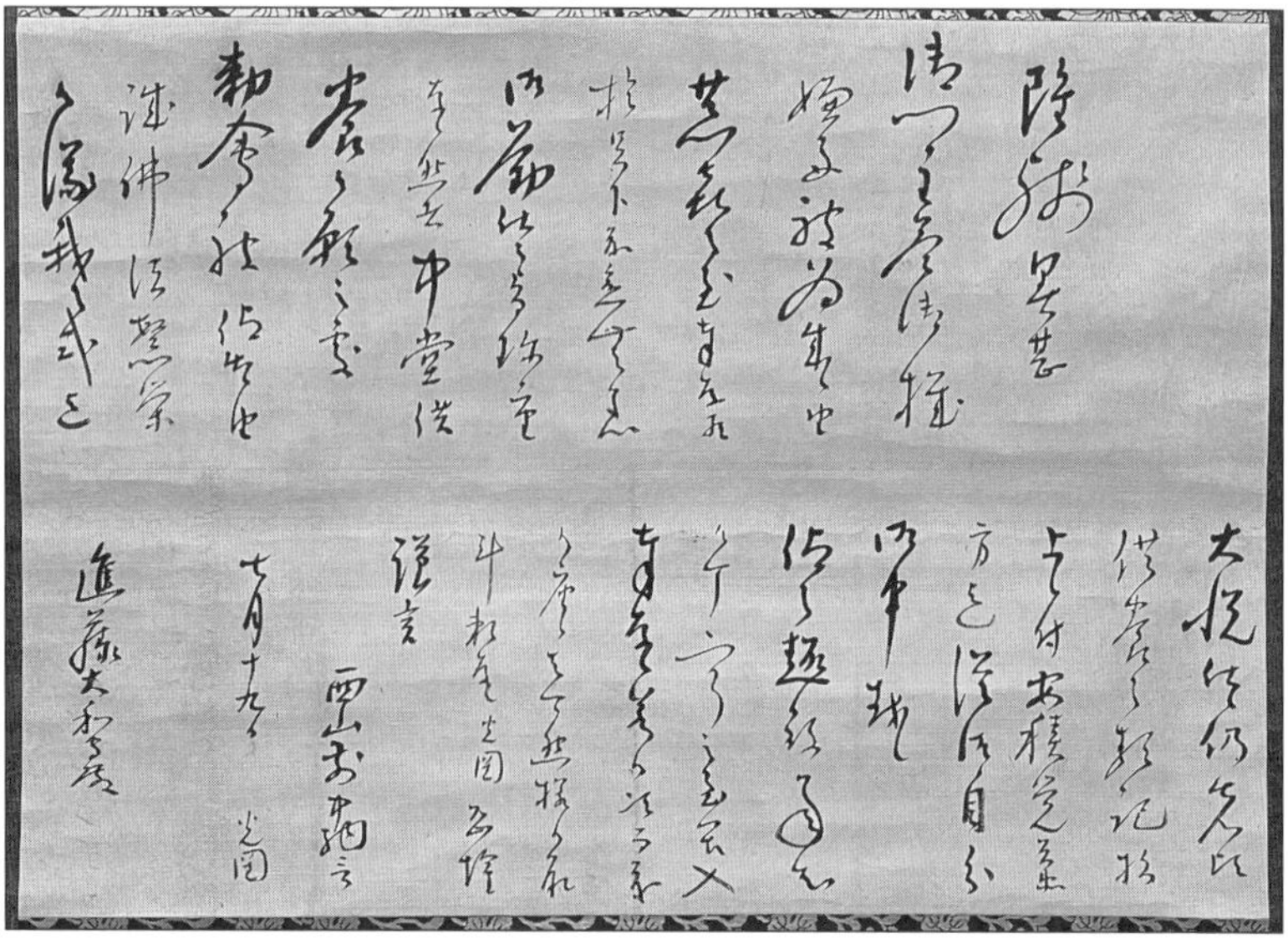

内容

【上段】

① 雖残暑甚
② 御門主益御機
③ 嫌好被為成候由
④ 恭喜之至奉存候
⑤ 於足下も愈無恙
⑥ 御勤仕之旨珍重
⑦ 存候然者中堂供
⑧ 養御願之処
⑨ 勅会被　仰出候由
⑩ 誠仏法繁栄
⑪ 御儀我々式迄

【下段】

⑫ 大悦仕候仍先頃
⑬ 供養之類記指
⑭ 上候付安積覚兵衛

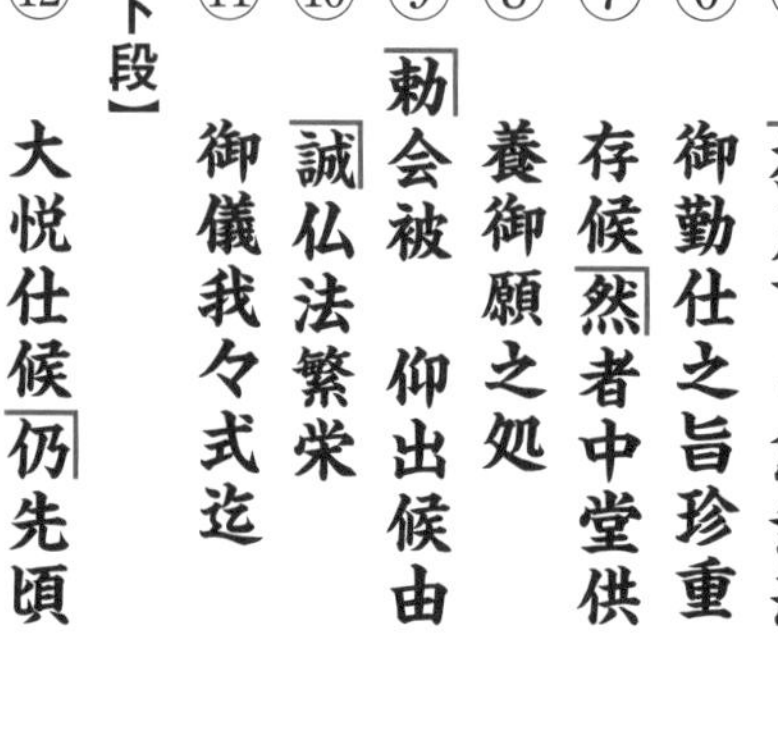
この書は、折紙といってもともと上・下二段に書かれていた手紙を切り離して、同じ向きになるように継ぎ合わせてあります。

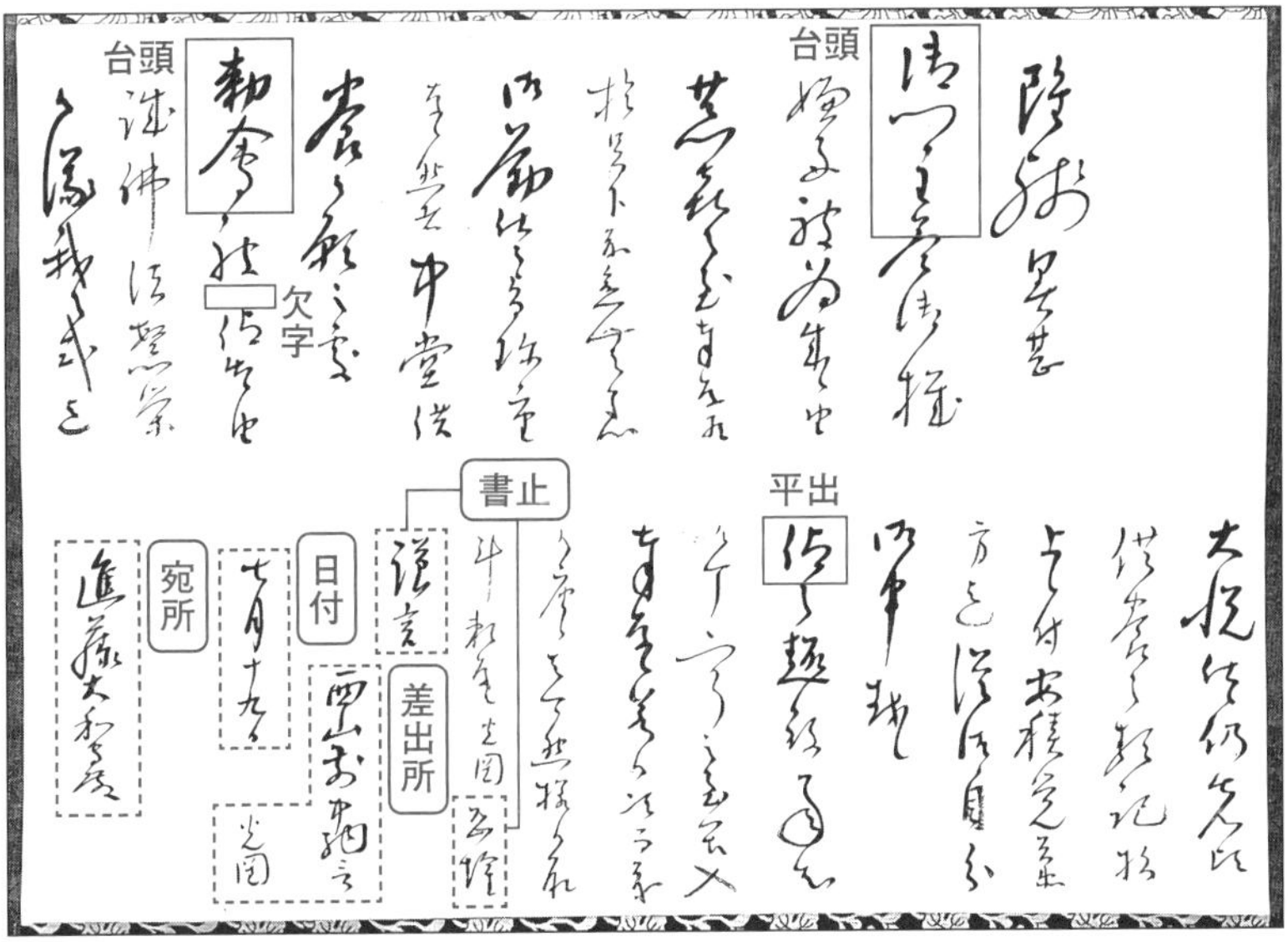

⑮ 方迄従御自分
⑯ 御申越候
⑰ 仰之趣致承知
⑱ 御丁寧之至畏入
⑲ 奉存候 若御次而も
⑳ 御座候者可然様御取
㉑ 計頼存候 光圀恐惶
㉒ 謹言
㉓ 　　西山前中納言
㉔ 　七月十九日　　光圀
㉕ 進藤大和守殿

読み解きポイント

敬意を表す表現「台頭」「欠字」「平出」を覚えましょう。改行した上で、敬意の対象を他の行より上に書くのが「台頭」（②・⑨行目）。敬意の対象の直前に一字空白を入れるのが「欠字」（⑨行目）。改行はするけれど上には飛び出さないのが「平出」（⑰行目）です。➡173ページ・176ページ・178ページ参照

現代語訳

残暑厳しい折柄、御門主にはますますご機嫌よくいらっしゃいます由、およろこび申し上げます。

（雖残暑甚、御門主益御機嫌好被為成候由、恭喜之至奉存候）

貴殿も無事にお勤めのこと、結構なことです。

（於足下も愈無恙御勤仕之旨、珍重存候）

さて、中堂供養をお願いしましたところ、

（然者中堂供養御願之処）

勅会としていただけるとのこと、

（勅会被仰出候由）

まことに仏法繁栄のことで、
私たちまで大いに喜んでおります。

（誠仏法繁栄御儀、我々式迄大悦仕候）

それにつきまして、先ごろ、

（仍先頃）

供養の類記を提出することで、

（供養之類記指上候付）

安積覚兵衛の方まで貴殿ご自身から
お申し出がありました。
（安積覚兵衛方迄従御自分御申越候）
仰せのことは承知いたしました。
（仰之趣致承知）
ご丁寧の至りでおそれいります。
（御丁寧之至畏入奉存候）
もしおついでがございましたら、
よろしくお取りはからいをお頼み申し上げます。
（若御次而も御座候者、可然様御取計頼存候）

読み方

1行目「**雖残暑甚**」

は「**雖**《いえども》」です**図1**。この字は、かつてもっぱら男性の用いた漢文の中にしか使われることはありません。これが出てくる場合は、おおむね**下から返って**読みます。どこから返るかは注意深く「**雖**」以下の部分を読みながら判断します。この「**雖**」の偏のくずし方を見ますと、「阝」（こざと偏）とよく似ています。は「**残暑**」**図2**。「**残**」は「歹偏（がつへん）」に「戔（さん）」。この部首はよく目にします。「**甚**」の字の下を一字分あけて改行しています。

2行目「**御門主益御機**」

は「**門主**」です**図3**。「門」をくずしますと、まるで平仮名の「つ」とそっくりです。しかし、「つ」の字母というのは「川」ですから、両者の類似はまったくの偶然です。

ところで、前行との続きで、この行は、「**御門主**」を少し高い位置から書き始めています。これは「**台頭**《たいとう》」といいまして、「**御門主**」への敬意を表します。この台頭のために、1行目の下をあけているわけです。

は「**益**《ますます》」。この字は下部が「皿」です。「皿」はのようになります**図4**。

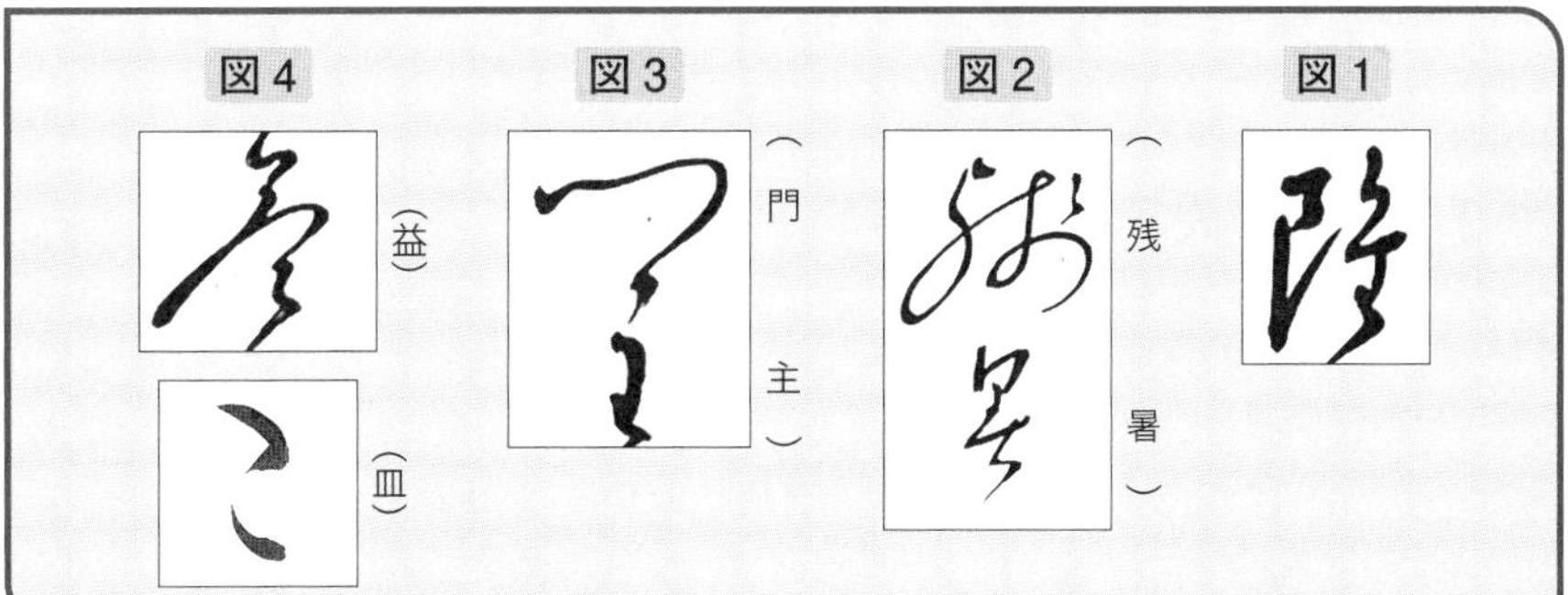

「盡」が「尽」となるのも、のようにくずされたからなのです。
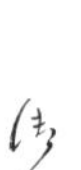で「御機」です **図5**。「機」は「木偏」に「幾」を書いています。

3行目　「嫌好被為成候由」

は「嫌」ですから **図6**、2行目の「御機」と合わせて「御機嫌《きげん》」となります。は「好《よく》」です **図7**。この「好」は、これだけですと、もとの形が思いつきにくいほどのくずしになっています。筆順がじつに変則的なものです。「好」は「女偏」に「子」を書きますが、旁《つくり》の「子」を先に書いたあとで、偏の「女」の第二画を書いていると見られます。これは中国の古典にも見られる筆法です。

は「被為成《ならせられ》」です **図8**。「成」とよく似る字が「来」です。第一画目の筆の入り方と、終画の「、」の有無の違いです（⬇102ページ参照）。「被為成《ならせられ》」は「被成《なされ》」よりいっそう丁寧な表現なのです。

4行目　「恭喜之至奉存候」

は「恭喜《きょうき》」。「恭」の下部は「心」と同義です。「喜」はくずしますと、となり、あたかも「七十七」と書いているように見えますから、日本では、七十七歳を「喜寿《きじゅ》」とか「喜の字」などと言いますね。しかし、七十七という文字を書いているわけではありません。は「奉存候《ぞんじたてまつり》」。

図5

（御機）

図6

図7

図8

（被為成）

5行目　「**於足下も愈無恙**」

は「**於足下**《そっかにおいて》」。「足下」は目上の者をよぶときの語です。は助詞の「**も**《茂》」で、これは変体仮名です**図9**。は「**愈無恙**《いよいよつつがなく》」。

6行目　「**御勤仕之旨珍重**」

は「**御勤仕之旨**《ごきんしのむね》」です**図10**。は「**珍重**《ちんちょう》」。「珍」には、異体字の「**珎**」を書くことが多いのです。

7行目　「**存候　然者中堂供**」

は「**存候**《ぞんじ》、**然者**《しかれば》」**図11**。このあたり、「**候**」で一文が終わり、新たに次の文が始まるところですが、なぜか「**然**」まで続けて書いてしまっているのは、たぶん、光圀の癖なのでしょう。は「**中堂供**《ちゅうどうく》」。

8行目　「**養御願之処**」

は「**願之処**《處》」です**図12**。その下にある空白は、続く「**勅**」で台頭しているためです。

図9

（も〈茂〉）

図10

（御勤仕之旨）

図11

（存候　然者）

図12

（願之処〈處〉）

9行目「勅会被　仰出候由」

天皇に対する敬意から、台頭して「勅会《ちょくえ》（會）」。は「被　仰出候《おおせいだされ》由《よし》」となります図13。ここでは「仰《おおせ》」の上を一字分空けています。この空白は「欠字《けつじ》」と言いまして、やはり「仰」せの主体への敬意を表すものなのです。

「出」についてはすでに述べました（➡144ページ参照）。

10行目「誠仏法繁栄」

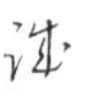は「誠《まことに》」、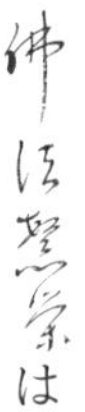は「仏《佛》法繁栄」図14。

11行目「御儀我々式迄」

は「御儀」。は「我々式迄」です図15。「迄」には「迠」という異体字がよく用いられます。

12行目「大悦仕候　仍先頃」

は「大悦仕候《たいえつつかまつり》」。は「仍先頃《よってさきごろ》」図16（「仍」➡78ページ参照）。この「頃」の字には、よくくずしの似る「比」があります図17。そして、両方とも「ころ」と読みます。ですから、これらが出る場合、どちらを書いているのか、判断に苦しむことがあります。

図13

（被　仰出候由）

図14

（仏〈佛〉法繁栄）

図15

（我々式迄）

図16

（仍先頃）

13行目　「**供養之類記指**」

は「**供養之類記**《くようのるいき》」。　は「**指**」。

14行目　「**上候付　安積覚兵衛**」

は「**上**」で、前の行の「**指**」と合わせて「**指上**《さしあげ》**候付**《につき》」となります。

は「**安積覚兵衛**《あさかかくべえ》」という人名です 図18。　は横に三本の線が引かれるのですが、ほぼ長さが同じときは「**兵**」という字です。三本目が長いと、これは「三」になります。

さて、　「**衛**」には何通りかのくずし方があるので注意しましょう。この字は「行構え」の中に「韋（なめしがわ）」が挟まっていますから、全体として三つの部分から成り立っているわけです。この筆順というのは、まず、左から、行人偏（彳〈てき〉）を書いてから「韋」を書いて「亍（ちょく）」を書く（筆順一）、そうではなく、まず、中央の韋を書いてから、そのあとで行構えを挟んで書く（筆順二）、この二つがあります 図19。

光圀の場合の「**衛**」は、「筆順二」で書いているのです。中心の「韋」を先に書いて、下部にある、横並びの三つの点はまるで「心」のように見えますけれど、これは左右の「行構え」のくずしの行き着いた形なのです。これが　、　となって 図20、それがさらに片仮名の「ヱ」となったのだろうと私は理解しています。

図17

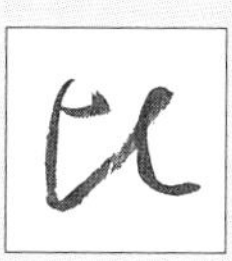

図18

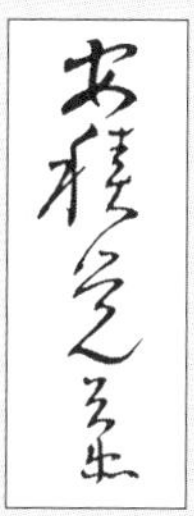

（安積覚兵衛）

図19

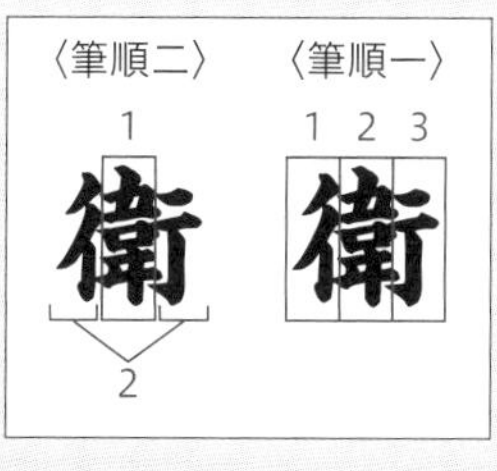

15行目　「**方迄従御自分**」

は「**方迄**」。は「**従御自分**《ごじぶんより》」図21。

16行目　「**御申越候**」

は「**申越候**《もうしこし》」。最下部の三字ほどを空けて改行しています。

17行目　「**仰之趣致承知**」

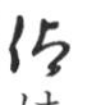は「**仰**《おおせ》」ですから、これは、改行して行頭へ書いて敬意を表すやり方で、「**平出**《へいしゅつ》」といいます。「台頭」はしていません。ですから、この手紙には、「台頭」、「平出」、「欠字」などの使い分けが見られるわけです。「**台頭**」がいちばん厚敬で、その次が「**平出**」、そして「**欠字**」という順です。

は「**致承知**《しょうちいたし》」です図22。

は「**承**」、は「**年**」、は「**手**」。

どれもよく似ていますが、起筆（筆の入り方）が違うことがだいじです。しかし、急いで書きますと、「年」と「手」とはそっくりになることがあります。文字からの判断が難しければ、前後関係（文脈）が頼りです。

図20

図21

（従御自分）

図22

（致承知）

図23

（御丁寧）

18行目「**御丁寧之至畏入**」

は「**御丁寧**」図23。しかし、「**寧**」の字もここまでくずすとこの字だけでは読めませんね。「**丁**」が上にあるから読めるというわけです。

は「**畏入**《おそれいり》」、あるいは「畏《かしこ》み入」と読むのでしょう。この「**畏**」のくずし方も、この字が単独で出たらなかなか解読できそうもありません。

19行目「**奉存候　若御次而も**」

「**奉**《たてまつり》」は最も敬意の厚い語で、「○○し奉り」などと下から返って読まれます。は「**若**《もし》」。

「**御次而**《ついで》**も**《茂》」図24。「**も**」は5行目に出ました。

20行目「**御座候者可然様御取**」

「**御座候者**《ござそうらわば》」図25、「**可然様**《しかるべきよう》」図26、「**御取**」です。

21・22行目「**計頼存候　光圀恐惶／謹言**」

は「**計**《はからい》」です。「**計**」は「言偏」に「十」を書きます。「斗《と》※」ではありません。くずした「計」の形が「斗」に似ているので、よく混同されます。

「**光圀**」図27は自分の名をへりくだって小さく書いています。「**恐惶謹言**」（書止）の前に自分の名を入れるのはいっそう丁寧な書き方なのです。

図24

（御次而も）

図25

（御座候者）

図26

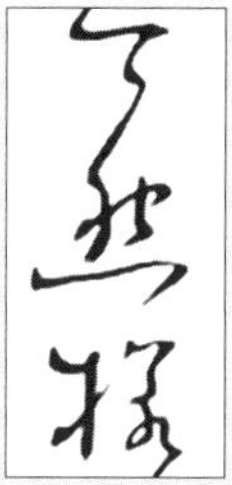

（可然様）

図27

（光圀）

ところで余談ですが、「**圀**」は漢字ではありません。これは則天武后《そくてんぶこう》※が国民に使わせた、「**則天文字**」なのです。則天武后の没後、漢字は復活し、後の時代に敢えてこれを使った人は徳川光圀だけのようです。字形は、国構え（囲い）の中に、八方を手に入れるというめでたい意味を込めたのだそうです。

【通しての読み】

残暑甚だしきといえども、ご門主、ますますご機嫌好く成らせられ候由、恭喜の至りに存じ奉り候。足下においても、いよいよ恙なくご勤仕の旨、珍重に存じ候。然れば、中堂供養、御願のところ、勅会仰せ出だされ候由、誠に仏法繁栄の御儀、我々式まで大悦仕り候。よって、先頃、供養の類記※さし上げ候に付き、安積覚兵衛方まで、ご自分よりお申し越し候。仰せの趣、承知致し、ご丁寧の至り、畏れ入り存じ奉り候。もし、お次而もござ候わば、然るべき様、お取り計らい頼み存じ候。光圀恐惶謹言

※斗…嵩（かさ）をあらわす単位。升（ます）。

※則天武后…六二四～七〇五。唐の第三代皇帝・高宗の皇后。高宗に代わって政治の実権を握った。

※類記…部類記。日記から特定の事項をぬき出して編集したもの。

解釈と鑑賞

「**水戸黄門**《みとこうもん》（一）」で親しまれる**徳川光圀**《とくがわみつくに》（二）は、徳川家康の晩《おそ》いころの男子三兄弟（尾張義直《よしなお》、紀伊頼宣《よりのぶ》、水戸頼房《よりふさ》）、いわゆる**御三家**のなかで、いちばん年下の水戸家**徳川頼房**（三）の次男（夭折《ようせつ》した子をふくめると三男）で、水戸徳川第二代藩主となった人です。

父の頼房は、事情あって長男**頼重**《よりしげ》が生まれたときに、隠してしまったため、次男に生まれた光圀が家督を継いだのでしたが、その時点で光圀はまだ兄の存在を知らず、後年それを知ったのでした。このことはのちの光圀の生き方に大きな影響を及ぼしたようです。

頼房の兄にあたる二代将軍**徳川秀忠**が、光圀に兄がいて、京都嵯峨《さが》に僧となって世を忍んでいることを、老いた乳人から聞き、頼重を急遽、江戸によび戻したのです。そして、三代将軍家光の時代には新たに四国の高松（香川県）に**松平家**をおこして、頼重をその藩祖としました。この人が**松平頼重**（四）です。

光圀は十八歳のころ、『**史記**』を読んで、いたく感銘を受け、学問に志したことはよく知られています。兄松平頼重の子**綱條**《つなえだ》を養子にとり、元禄三年（一六九〇）に藩主を辞すと家督を譲りました。これが水戸**徳川綱條**（五）です。兄頼重に対して申し訳なかったという光圀の気持ちのあらわれでした。その後、水戸徳川家と高松松平家とは後々まで、相互に息子を養子入りさせるのが慣例となったのです。

（一）水戸黄門…「黄門」は「中納言」の唐名（とうめい）。
（二）徳川光圀…一六二八（寛永五）〜一七〇〇（元禄十三）。号は西山（せいざん）。
（三）徳川頼房…一六〇三（慶長八）〜一六六一（寛文元）。家康の十一男。水戸城下町の整備に努めた。
（四）松平頼重…一六二二（元和八）〜一六九五（元禄八）。高松の城下に上下水道を敷設するなどし、藩体制を整えた。
（五）徳川綱條…一六五六（明暦二）〜一七一八（享保三）。

こうしたことから、彦根市が仲立ちとなり、昭和四十九年（一九七四）四月十三日に水戸・高松両市は親善都市の盟約を結び、各分野で親善が図られています。

光圀が致仕《ちし》（六）したとき「**権中納言**《ごんのちゅうなごん》」に任ぜられます。そして水戸の近郊**西山**《にしやま》（七）に隠棲し、悲願であった仕事――以後二百数十年にわたる大事業となる『**大日本史**』（八）編纂――に力を注ぎます。光圀はまた藩政や社寺改革にも努めました。家臣の佐々宗淳《さっさむねきよ》（九）、安積澹泊《あさかたんぱく》（十）とともに諸国漫遊をした話が後世作られましたが、それは事実ではありません。

さて、「**進藤大和守**《しんどうやまとのかみ》」宛のこの手紙を調べるキーワードは「**中堂供養**」と「**勅会**」という語です。進藤大和守（人物未詳）は、冒頭に出る「**御門主**」に仕える諸大《しょだい》夫《ぶ》であろうと思われます。またここでの「**門主**」は、家康の墓所を管理する**日光山輪王寺**《りんのうじ》**の門跡**《もんぜき》（十一）、すなわち輪王寺宮である**公弁法親王**《こうべんほっしんのう》（十二）を指します。日光山輪王寺の門跡は、江戸の鬼門にあたる上野につくられた東叡山寛永寺の門跡を兼務します。

元禄十一年（一六九八）八月二日に寛永寺の「**中堂**」が竣工し、その供養が「**勅会**」（天皇の命による法会）として執り行われました。そして九月六日、**東山天皇**（十三）の揮毫になる「**瑠璃殿**《るりでん》」という勅額がはるばる運ばれてきました。ところが、この日、江戸に大火があり、寛永寺も家綱廟などが焼失したのでしたが、完成間もない中堂は無事でした。人々はこれを「勅額火事」とよんだのです。

宛所の「**進藤大和守**」はおそらく輪王寺の家来でしょう。摂家の近衛家にも、

（六）致仕…官職を退くこと。
（七）西山…現在の茨城県常陸太田市。新宿町に西山御殿が復元されている。
（八）『大日本史』…三九七巻からなる歴史書。光圀は全国から歴史家を招いて編纂に当たらせた。編纂事業は一六五七（明暦三）年から始まり、一九〇六（明治三十九）年に完成した。
（九）佐々宗淳…一六四〇（寛永十七）～一六九八（元禄十一）。歴史家。号は十竹（じっちく）。
（十）安積澹泊…一六五六（明暦二）～一七三八（元文三）。儒学者。通称は覚兵衛（かくべえ）。

進藤という諸大夫が仕えていますので、もしかすると関係があるかもしれませんが、この人の来歴は不詳でした。

さて、この手紙に見る光圀の独特の書風は、当時一般庶民が寺子屋で習うような和風の書（漢字仮名が滑らかにつながる）ではありません。ごつごつした、柔らかさとか抑揚に乏しい、どこかぎこちないような強い線で書かれています。このような書を総称して「唐様《からよう》」などとよびますが、しかし「唐」といっても中国様式の模倣ではありません。

当時、このような書は儒者などに書く人がいて、書家のなかにも唐様を得意とする人もいました。文中3行目に見える「好」などの運筆は特異なようにも見えることはさきにも触れましたが、これに似た書は、中国にもあるのです。そうした点も興味深いところです。

この手紙では「欠字」、「平出」、「台頭」といった中国にはない、日本独特の敬意の表現が用いられていまして、手紙における礼儀作法（書札礼《しょさつれい》）がきちんと守られているのです。

（十一）門跡…天皇皇子女や摂家の子弟が住する特定の寺院が門跡寺院（➡69ページ参照）。明暦元年に後水尾院から「輪王寺」という寺号の院宣を受け、後水尾院の第三皇子守澄法親王（しゅちょうほっしんのう）が入寺し「輪王寺宮」となり、数ある諸門跡の中で第一に位置づけられた。

（十二）公弁法親王…一六六九（寛文九）～一七一六（正徳六）。後西（ごさい）天皇の第六皇子。

（十三）東山天皇…一六七五（延宝三）～一七〇九（宝永六）。

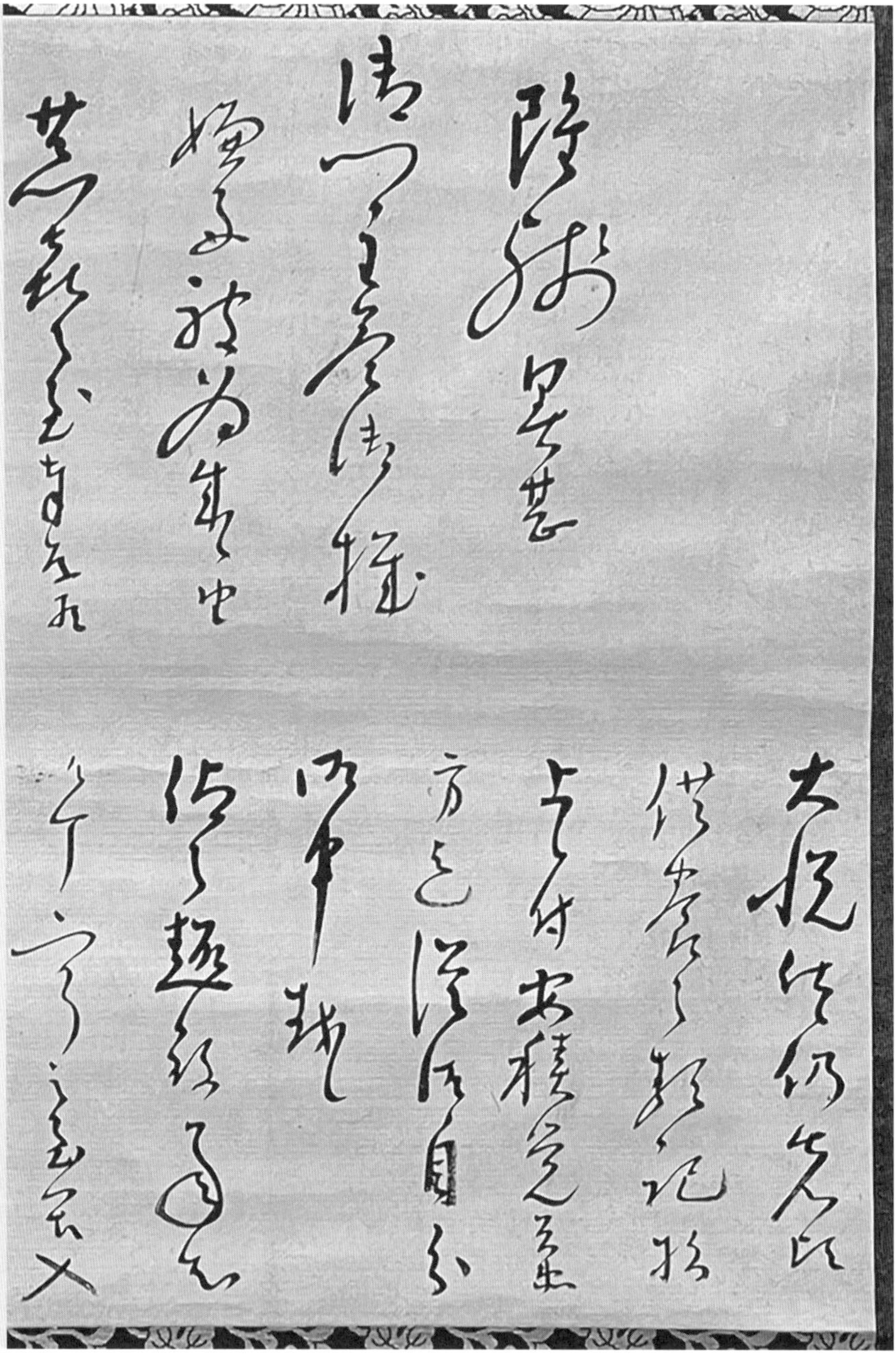

進藤大和守に宛てた徳川光圀の手紙

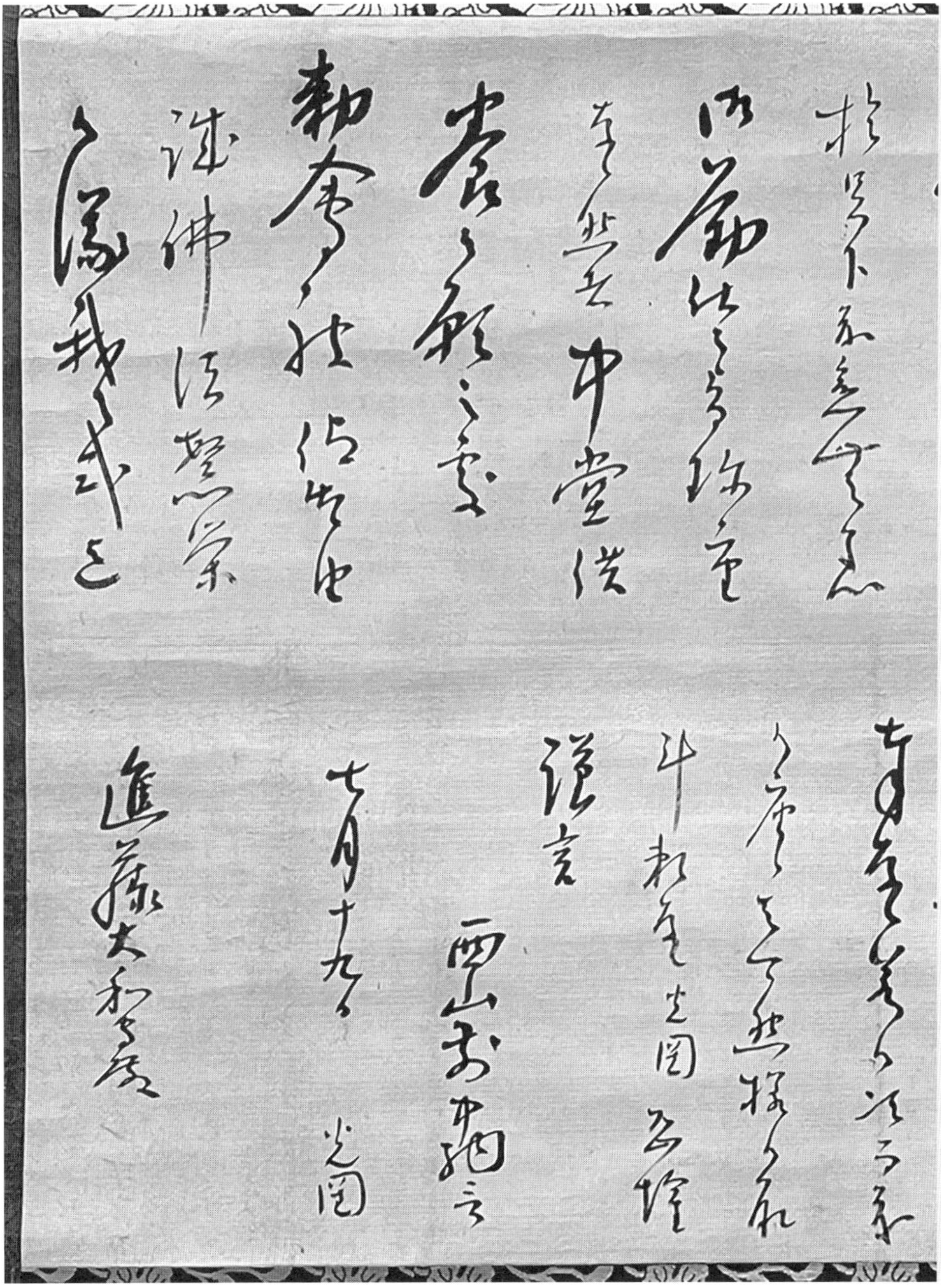

コラム

楮紙は風邪を引く

料紙の年代の重要性

コラム「料紙の年代測定」（72ページ）において、私が使われた紙の年代にこだわる理由を述べましたが、実はまだほかの理由があります。それは、**紙が文書の時代と合致するのは、真贋《しんがん》をみてゆく上でとても重要なことだからです。**

書かれた文書は、まずその時代の紙であることが必要条件となります。ニセモノ作りをする人は、あらゆる手段を使って鑑定の眼をくぐり抜けようと努力します。レンブラントの絵を作ろうとするとき、まず必要なのはレンブラント時代のキャンバスを手に入れることなのです。

料紙の作り方

紙はいろいろな植物から作られます。ここでは、古文書の料紙のほとんどを占めるといってもよい楮《こうぞ》について述べますが、この楮のほかにも、雁皮《がんぴ》（斐紙《ひし》）や三椏《みつまた》(一)なども原料となります。今も**〈和紙の里〉**などに行きますと、和紙を漉《す》くところを見ることができます。楮の樹皮から作られる楮紙《こうぞがみ》（穀紙《こくし》）の繊維は、太く長く、よく絡むので紙に適しています。

ところで、紙の組成はよく**土壁**にたとえられます。壁を塗るとき、土だけでは崩れてしまいます。ですから、木舞《こまい》（竹を編んだ下地）に壁土を塗りやすく、また強度を出すために土に「藁《わら》スサ」（藁を刻んだもの）を入れます。

楮紙の場合、まだ漉きあげる前の舟(二)の中には、どろどろした、植物細胞壁に由来する多糖類の**ヘミセルロース（壁土に相当）**と、**セルロース（藁スサに相当）**があり（三）、これらをかき混ぜたところに、トロロアオイ（オクラの仲間で、粘りがあります）の根から採ったネリ（楮の繊維を均一化させるもの）を入れます。この液体を掬《すく》って均一にして、一層ずつバウムクーヘンのように複数回重ねてゆきますと、一枚の紙が漉きあがります。一回だけですと向こうが透けて見えるほど薄いのですが、層を重ねるごとに厚さを増します。

漉きあげた紙は、生乾きのうちに平らなところで積み重ねてさらに乾かしたあと、一枚ずつ小槌《こづち》で叩いて表面を平滑にし、書きやすくする作業をすることにより完成します。こうして紙は毎年生産され、市場に出るのです。

古くなったら、使えない？

ところが、完成した**楮紙の寿命はさほど長く**ありません。それは楮紙が日本の気候の特色である、夏冬の温度差と大きな湿度の変化に弱いからです。その結果、古い紙には、墨が乗りにくくなるのです。書いても墨は紙の表面にただ塗られているようになり、時間をかけても、紙の中には浸透してゆきません。このことを**「紙が風邪を引く」**と言います。それは、紙の成分であるヘミセルロースが角質化した結果なのです。

「紙をとっておくことができるか、できないか」という点について、私がかつて、ある紙業研究所の方にお訊《たず》ねしたことがあります。そのお答えは「紙というものは毎年生産されるのが前提ですから、わざわざとっておく必要はないものです」でした。新しい紙に書くのが当たり前なのですね。

今述べたような、楮紙が「風邪を引く」変化は不可逆的なもので、年を経たらもはや元に戻ることはありません。私はこの実験がしたくなり、古い楮を蒸したり、茹《ゆ》でてみたりしたのでしたが、やはり、元に戻ることはありませんでした。

ニセモノ作りは難しい

なぜ私がこのようなことに関心があるのか。それは、**ニセモノを作るにあたって、古紙が使えるかどうか、**知りたかったからにほかなりません。もし使えるのなら、古い楮紙が手に入れば、古文書の贋作はたやすく作れることになるからです。そのようなわけで、今述べた私の実験結果はひとつの安心材料となりました。

私はこれまでに、墨がうまく浸透していない不可解な文書に幾度か出くわしたことがあります。古い紙には濃墨では滲《にじ》みにくいから、敢えて淡墨で書く。おそらくあの時の文書は当時の紙ではなかったのでしょう。ですから、先輩から聞いた**「薄墨の文書は疑ったほうがよい」**という言葉、なるほどと合点がゆきました。たしかに薄ければ滲みやすい面もありましょうが、けっして自然な墨色には見えないのです。

(一) 雁皮・三椏…ともにジンチョウゲ科の落葉樹。「斐紙」は雁皮紙の古いよび方。
(二) 舟…液体の紙原料を溜めておく桶。
(三) 「セルロース」は植物の細胞壁の主成分となっている多糖類(炭水化物)。「ヘミセルロース」も植物の細胞壁にふくまれる多糖類のことで、セルロース以外のものの総称である。

第四章
古文書から広がる世界

第四章について

第一章から第三章まで、古文書をめぐるさまざまな知識にふれてきました。読者の皆様が特に強い興味を感じたのは、どのようなところだったでしょうか。

古文書は美術、歴史、書道など多くの分野と接するものであり、ここを入り口として新しい世界に足を踏み入れる方も多いことでしょう。


「古文書の実物を見たい、収集したい」

「歴史学の視点から古文書を研究したい」

「毛筆という文化を体感したい」


など、古文書を楽しむためのさらなるステップを思い描いていただけたら、とてもうれしく思います。

第四章は、そうしたステップアップを応援するための水先案内としてお読みください。


趣味としても、学業や仕事としても、新たな分野に入っていくときには「まずはちょっと覗いてみる」ことが役に立ちます。本章を読むことで、古文書から広がる世界を体験してみましょう。

とりあえず行動してみることで、だんだん自分のやりたいことがわかってくる、という場合もありますね！

一 実物を探しに出かけよう

書の展示を見る

古文書に接する機会は、人によってさまざまでしょう。人の一生においては、ある人、物や事との出会いというものが大きな意味を持つことがあります。それがひとつの出発点になることがあるのです。

慌ただしい日常のなかで、古い書の世界に接するにはいくつかの方法があります。まず、書の展示施設としての**美術館**、**博物館**や**資料館**へ行ってみましょう。博物館には**国立博物館**(一)のほかにも**歴史民俗博物館**(二)や、そのほか、自治体にもその地の博物館、歴史資料館などがつくられました。館の名に「歴史」とあれば、おおよそ古文書が展示されています。

私の体験談を少しばかり。博物館ではよく「○○展」と名づけられた特別展が催されます。そういう時、特別展の会場は大変混雑している場合が多いのです。しかし、特別展と並んで、大体の場合「**常設展示**」というのをやっていまして、そこは案外すいているものです。常設展示は、館が集めてきた文書などが並べられていることが普通で、そこだけは案外ゆったりと見ることができるようです。

国公立ばかりではありません。今は、私立の個性豊かな美術館が全国にありま

(一) 国立博物館…東京、京都、奈良、九州などにある。

(二) 歴史民俗博物館…千葉県佐倉市にある。

「特別展」期間中の「常設展示」。ここは「穴場」なのですね。しかも、特別展示のチケットで両方を見られるというのもお得です。

すから、旅行がてら、そこを尋ねてみるのも、書の名品や、当地ならではの歴史史料に接するよい機会になるでしょう。

書を手に入れる

私がみずからの研究材料として書を集め始めてから半世紀がたちました。蒐集《しゅうしゅう》しながら、これまでの間いろいろな事がありました。

初期のころ（昭和時代の後半）は景気がとてもよかったのですが、そのころ若い勤め人だった私の給料では、書画の世界には関心があっても高価で、なかなか手が出せるものではありませんでした。でも、安く出たら買いたいという意欲と言いましょうか願望は持っていました。

好景気のころには各地に新しいビルが建てられ（いわゆる「箱物」です）、その壁面を飾るべく、古美術品よりも、新画、新陶などがもてはやされたものでした。当時の古書画店の販売目録を見ても、古書などよりも、新しい美術品が掲載されていました。そのうえ価格も安くはありませんでした。古い書などは稀《まれ》に出ることがあってもやはり高価で、買うことは困難な時代でした。その後平成に入り、不景気な時代に転じます。古美術業界にも変化が見え始めます。

デフレを伴う不景気は長期にわたるものでしたし、その裏には所有者の交代などもあったのでしょう、徐々に**書画の市場にも品物が出まわるようになった**ので

バブル期には、投資の対象として美術品を買う人も多かったようです。

す。それ以後、今に続く、大きな古美術流通の変化といえば、**インターネットオークションの普及**だと思います。素人の愛好家でも、家にいながら業者同様に競り落とすことのできる時代の到来を、誰が予測できたでしょう。二〇二〇〜二〇二二年にかけての「コロナ禍」がそれを加速したかに見えます。これは時代の流れなのだろうと感じています。

ところで、私は書の掛軸やマクリ[三]をどこで、どのように手に入れてきたか、お話ししましょう。今、肉筆の「書」に特化して扱う業者は多くありません。それらを商う店は、大きく「**本屋**[四]」と「**古美術商**[五]」とに分けることができます。もちろんこれらの品を取り扱う店はそこに限ったことではなく、また各地にあることはいうまでもありません。

本屋

本屋といいましても、いわゆる新刊を置く書店ではなく「**和本屋**[六]」で、古本屋に属します。木版本とか、浮世絵、短冊、色紙などに混じって書跡（肉筆の書）を扱っているところを探し出します。かつては、どの街にも一軒ぐらいはそのような店がありました。

今、そういう店は**ネットで簡単に検索できます**。ひまを見つけて、そこを尋ねてみてはいかがでしょう。店に入ったら、店の人に、自分が欲しいもの、どのよ

（三）マクリ…屏風や掛軸から剥がした状態のもの。

（四）本屋…東京では千代田区神田神保町付近に、京都では寺町通りに古書店が多い。

（五）古美術商…京都では、東山区の新門前付近に古美術店が多い。

（六）和本屋…和本を扱う古本屋。和本とは、日本でつくられた和綴じの本をいう。装丁には、糸を用いる「袋綴じ（ふくろとじ）」や、のりを用いる「粘葉装（でっちょうそう）」などがある。

うなものを探しているか、そのような品があるかどうかを訊《たず》ねてみます。店にしてみれば、新しいお客さんをただ見ただけでは、何を求めようとしているのかわかりませんから、**まずこちらから欲しいものの説明をします。**そして、運よくそのモノがあれば幸《さいわい》ですが（このようなことは滅多にないものです）、もし無い場合でも、できたら、品名やおよその価格などを訊いて頼んでおくのも手です。そして、「そのうち入るかも知れません」とか、「入ったらとっておきましょう」などと返事があれば「しめた！」と思ってください。

暫《しばら》くたってから、またその店に行くのです。そのとき、もし、主人があなたの顔を覚えていてくれたらもっと幸です。**ともかくもその店の人と顔なじみになることです。**こちらの関心のありどころを知ってくれて、こちらもできるだけ足繁《しげ》く通えば、店も、その人向きの商品を仕入れようと心がけるはずですから……。そして、支払ったときに領収書を書いてもらえば、名前を覚えてくれるかもしれません。

要は、「**客と主人とのよい関係を作る**」こと、に尽きます。行き初めは買わない（たんなる冷やかし）でも仕方ありませんけれども……。ある程度、時間のかかる話ではあります。

古美術商

本屋とは別の、もうひとつの領域が**古美術商**です。といいましてもさまざまです。古典落語の「**火焔太鼓**《かえんだいこ》」(七)は、五代目古今亭志《し》ん生《しょう》、三代目古今亭志《し》ん朝《ちょう》父子の十八番《おはこ》でした。そこに登場するのは「**道具屋**」です。これはじつに庶民的な店で、古びた、壊れたような日用雑貨類までを並べる店として描かれます。もちろん今でも、街を歩いていますと、ショウウインドウにも入りきれないいろいろな品物を、ところ狭しと外にまで並べている店に出くわすことがあります。こういう店も、ふと入ってみますと、話しているうちに、奥から書画のマクリなどを引っ張り出してきてくれることがあります。

そうした店ではなく、古美術品だけを専門に扱う業者は**骨董商**《こっとうしょう》などとよばれます(八)。このような店はまた、陶磁器の専門店、刀剣の専門店、茶道具専門店、西洋画の専門店、大和絵あるいは浮世絵の専門店、仏教美術の店などに専門化していることが多く、これらの中に古書画を専門に扱う店があるというわけです。

本屋に比べますと、骨董店の方はやや入りにくいのが難点ですけれど、はじめは冷やかしでも、**もし気に入った店ができたなら、店の人となじみの関係を作る**ことは、本屋同様です。

(七)「火焔太鼓」…落語の滑稽噺(こっけいばなし)。商い下手の道具屋・甚兵衛が、ある日古びた太鼓を仕入れてきて、それを殿様に売りにいくことになるという筋書き。

(八)骨董(骨董品)とは、美術的な価値や希少価値をもつ古美術品のこと。アンティーク。

短冊を集めてみよう

ところで、日本文学や日本史に関心のある人で、それに関連する書物の好きな人は多いでしょう。文学・歴史の両方にまたがる書に**短冊**(九)があります。和歌や発句(十)、詩などを書いた短冊というのは、**原則、自筆です**。そこには名を書きます（ただし、古歌を書く場合には揮毫《きごう》した人の名は書かないのが普通です）。和歌などを書写した本（巻子《かんす》や冊子）は、それが切られ、断簡になりますと書いた人がわからなくなるものです。しかし、短冊は記名されるのが原則ですから、その人の書だということになります。しかし、確かな「その人の書」であるか否かは、きちんと見極めなくてはなりません。

ところで、原則には例外あり。**天皇**は短冊に記名しません。ですから、無記名の短冊の中から**宸翰**《しんかん》(十一)を探し出すのを生きがいとする人もいます。

いま、和本屋の中で短冊を扱う店はきわめて少ないようです。短冊を置いている店を見つけたら、その店で、たくさんの短冊の中から知った名前の短冊を探してみるというのも楽しいものです。しかも、江戸時代――今から二、三百年ほど前――の俳句短冊など、今は**数千円以下で手に入るものもあります**。ひまに任せて、店先で一枚一枚めくってみるのもよいものです。もし買ったら、それを気に入った額などに入れて楽しみましょう。

（九）短冊…和歌、俳句、漢詩、絵などを書くための縦長の料紙。

（十）発句…連歌・連句の最初の句。連歌とは、和歌の上の句と下の句を複数人でかわるがわる詠み連ねる形式のこと。連句とは俳諧の連歌のことで、その発句が独立したものが俳句。

（十一）宸翰…天皇の筆跡を宸翰とよぶ。

二 史料として眺めてみよう

写本の文化

日本には「**写本**」の文化があります。外国の例を広く知っているわけではないので、あまり断定はできませんが、『竹取物語』や『源氏物語』、『枕草子《まくらのそうし》』等々、千年以上も前に作られた古典を今でも読むことができるのは、その本を**くり返し書き写し続けた古人のおかげ**なのです。これは日本の誇るべき文化だと言えるでしょう。

『源氏物語』に憧れた菅原孝標《すがわらのたかすえ》の娘(一)の『**更級日記**《さらしな》』を引くまでもなく(二)、本が読みたければ、借りてきて自分用の写本を作る以外に方法がなかったのです。そのようにして本は書き写され、再生産をくり返しました。日本文学においては、写本なくして今の古典は伝存しなかったといっても言い過ぎではありません。

ところが、考えなくてはならないことがあります。本というものは書き写し続けられるとき、機械のコピーのように**まったく同じものを作ることはできません**。意図的な改変をしなくとも、変化してゆきます。もちろん、欠落が生じたりすることはあっても、別人の眼によって校正されることが多いはずです。

さらに、書き写す際に、文章に対する判断を加える人もいて、本文が変わるこ

(一)菅原孝標の娘…一〇〇八〜一〇五九以降? 平安中期の女流文学者。

(二)『更級日記』は、「源氏物語」をどうにかして読みたいと願う筆者の心情描写から始まる。都へ上ってからもなかなか本が手に入らず、おばに当たる人からようやく全巻セットをもらったときには大喜びしている。

とがないとはいえません。そうしたとき、元の文章が削られたり改悪されたりするよりも、おそらくはブラッシュアップのほうがあり得るのではないでしょうか。いずれにしても、長い時代を経た古典は、元の形からだんだん離れてゆく可能性が否定できません。その変化というのは、写本の持つ宿命なのです。ですから、極論しますと**「紫式部の書いた『源氏物語』の原本はどのようなものだったかはわからない」**ということにさえなるのです。

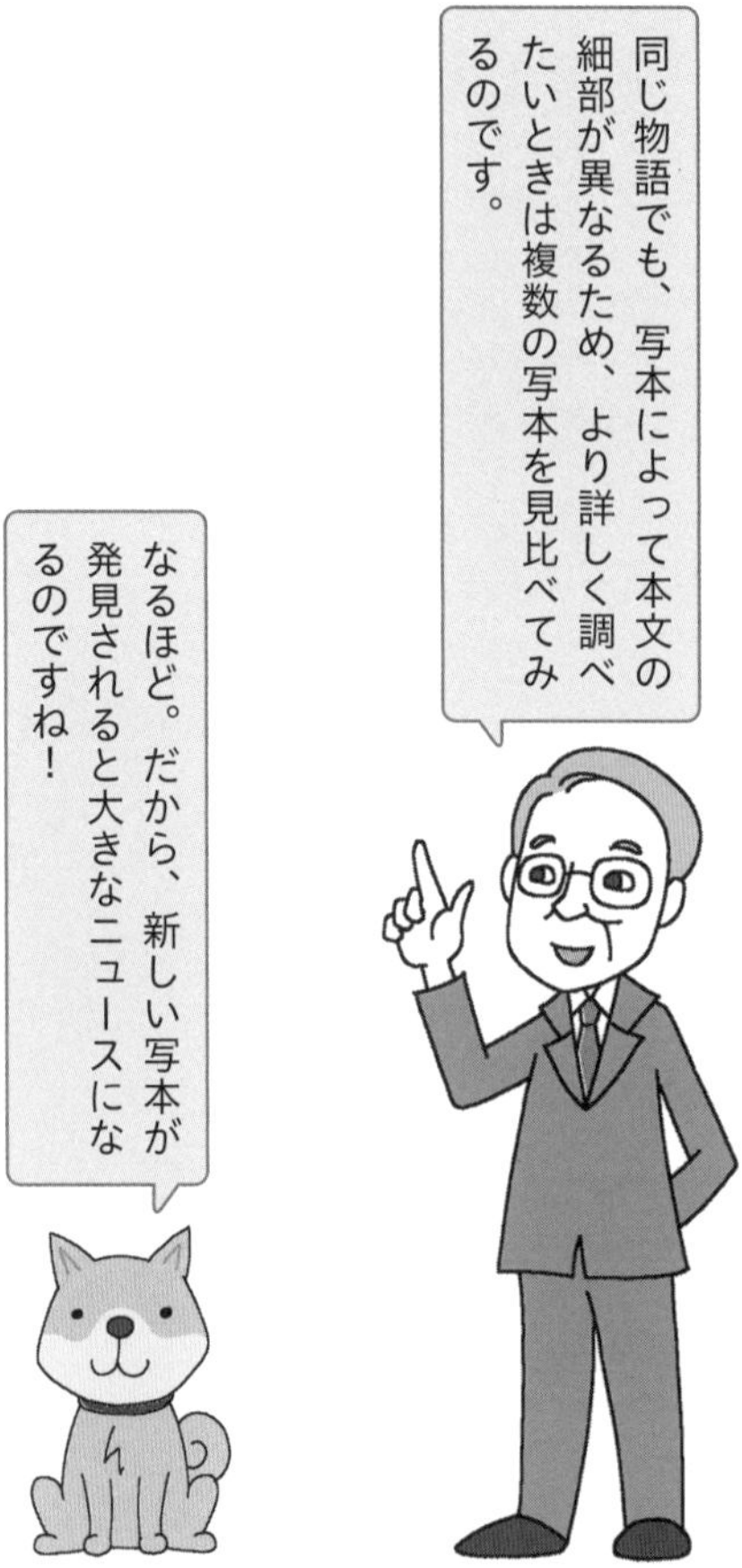
同じ物語でも、写本によって本文の細部が異なるため、より詳しく調べたいときは複数の写本を見比べてみるのです。
なるほど。だから、新しい写本が発見されると大きなニュースになるのですね！

【参考】外国の写本

①アレクサンドリア図書館

古代エジプトを支配していたプトレマイオス朝の首都・アレクサンドリアには、ムセイオンという学術研究機関があった。その一部を構成する図書館には、各地の貴重な文献が集められ、写本が作成された。

しかし、ここの蔵書は火災によって焼失したと伝えられている。

②聖書の写本

現在「世界で最も売れた本」といわれている聖書は、古代～中世にかけても盛んに写本がつくられた。有名なものに、一九四七年に発見された「死海文書」がある。

史料としての価値

歴史学もまた文字資料に大きく依拠しています。歴史を構築する材料を史料といいます。史料と一口にいいましても、そこには**価値の優劣**が存在します。まず、本人が書いた文書や記録などは、それを写したもの（写本）よりも史料的価値は高いのです。また、歴史史料の中でも後世に編纂《へんさん》されたものは、そこに編纂者の意図などが反映することがありますから、価値は低くなります。**史料の同時代性が重視される**ゆえんです。

公家の日記なども、自筆本と写本とでは信憑性《しんぴょうせい》が違います。たとえば、鎌倉期の公家日記などがあると仮定します。本人が書いた「自筆本」と、その写本との両方があるとしましょう。そうした場合に、どちらが史料価値が高いかはいうまでもありません。

一方、同じ写本のうちでは、江戸時代の写本よりも、室町時代の古写本のほうが一般的には高く評価されます。というのは、転写をくり返すごとに、誤写などの頻度は増す傾向にあるからで、常にそういう視点を持ち続け、史料に臨む態度が必要なのです。

しかし、時代が下がった写本でも、それが原本からの転写度数の少ないものであるなら、時代の上がる転写回数の多い写本よりは誤写が少ないことも考えられますので、こうした写本の系統や質については、一概には論じることができません。この研究は「文献学」の分野です。

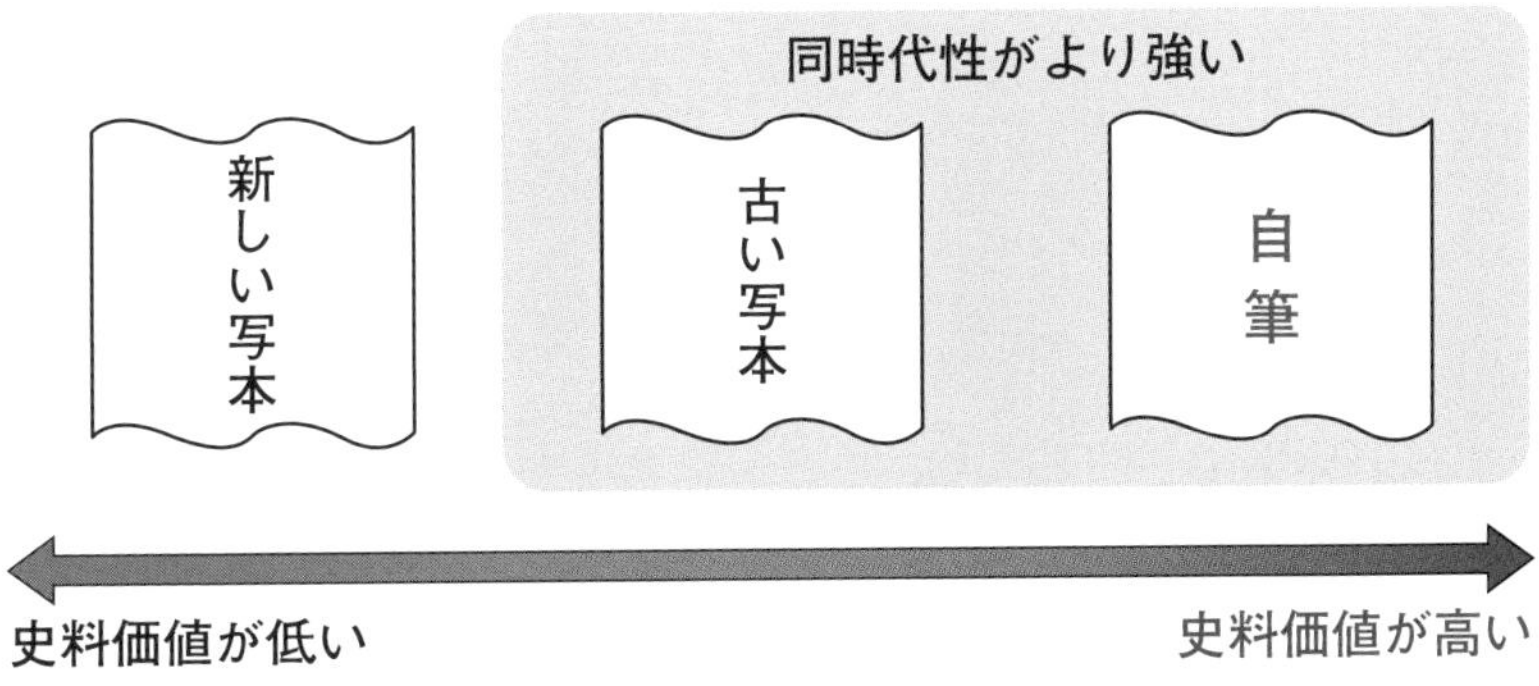

歴史を語る材料として**「系図」**があります。しかし、これがなかなか厄介なのです。その家にとって、系図というのは先祖の働きを記録した大切な記録なのですけれど、歴史学の方では、**できるだけ頼りにしたくないもの**なのです。なぜかといいますと、今述べた史料の同時代性という面からいっても、これは明らかに**後世の産物**だからです。

系図がいつ書かれたのか、という点。これは系図の末尾がいつで終わっているかを見ればわかります。系図の末尾が書かれた、そのとき以降の史料なのです(三)。

また、甲州などに遺される系図には、先祖を武田信玄やその家臣に関係づけたものを私はこれまで幾つも見ています。このようなものは、江戸時代に旅をしながら各家を回って、系図を作り歩いた人たちの仕事とも考えられているのです。しかも、きまって、祖先は天皇家からわかれた清和源氏などに発するように書かれているものが多いのですが、しかし、そうした古い時代のことなど、**一次史料の裏付けはない**と言うべきでしょう。

かく言う私も、むかしある家から、「系図がどうしても欲しい」と頼まれたことがあり、仕方なくその家の仏壇にある古い位牌や、その家の過去帳などを参考にしつつ、家系図を作ってあげた経験があります。

(三) 例えば、先祖がいかに古くから書き始められていようとも、末尾に昭和の人の名が書かれているのであれば、その系図は昭和の史料である。

ほかに史料がまったくないような場合には参考程度に見ておく、というのが系図です。

三 毛筆に親しもう

筆記用具としての毛筆

習字を小学校入学ごろから始め、毛筆の感触を体で覚えながら、以来、書道は大学卒業まで続けたという私の経験。それが今の私の筆跡研究の有力な武器となっていることは確かです。はたして、書が好きだから続いたのか、続けたから好きになったのかは私にもわかりません。あるいはその両方だったのかもしれません。こうして、じっさいに毛筆を操ることによって体験することのできる「**書の自然さ**」**に対する感性**というものが、今なお古文書に接したときに、その書の性質を見極める上でどれほど役立っているか、計り知れないものがあります。

習字の効果については203ページで改めて述べますが、まずは毛筆という道具について見ていきましょう。一九七二年から発掘された中国漢時代の**馬王堆漢墓**《まおうたいかんぼ》(一)の副葬品の中からは筆も見つかっています。今の筆の原形と考えられますが、穂先は使い古したブラシのように見えました。それが原形となり、長い間改良され続け、今の筆になったのでしょう。

日本では奈良の**正倉院**にも筆はあります。今でも、伝統的な**巻筆**《まきふで》(二)を製造しているところは何カ所かあります。近代にいたるまで、「筆墨硯紙」は文房具の

(一) 馬王堆漢墓…中国湖南省で発掘された三基の竪穴墳墓。遺体と多くの副葬品が発見され、重要な史料となった。

(二) 巻筆…筆の軸（持ち手）の端に紙を巻きつけながら、その間にはさむ形で筆先の穂を何層にも植え付けていく方法でつくられる。

代名詞でした。おおまかにいいますと、毛筆と、楮《こうぞ》や雁皮《がんぴ》などを主原料とする和紙と、煤《すす》を膠《にかわ》で固めた墨との三者が相俟《あいま》って、日本の書の文化は築かれてきたのです。

明治時代に入りますと、西洋から新たな筆記具が輸入されますが、それと並んで、暫くは相変わらず筆が用いられました。手紙の料紙のうち、江戸時代後期に使われ始めたと考えられる**巻紙**(三)や**封筒**は、近代に入ってもなお料紙の主流でした。**便箋**《びんせん》が主役となるのはたぶんそれ以後のことでしょうか。

現代の筆記具は鉛筆、万年筆、ボールペン等々、さまざまです。パソコンのキーボードは筆記具とはいいませんが、さまざまな用途に応じた筆記具が考案されている現在、特別な場合を除いて、毛筆を用いることはほとんどなくなったようです。

筆の筆記具としての特長は、その毛の柔らかさと、含む墨の色や量、運筆の速さ等によって、さまざまな表現が可能だという点にあります。筆と墨とが、相性のよい紙と出会うことにより、すぐれた書を生み出すのです。

(三) 巻紙…和紙を長く繋いで手紙の料紙とした市販品。

臨書してみよう

習字での欠かせない課程に**古典の臨書**(四)があります。すぐれたよい書を習い覚え、正しい運筆を身につける上で、臨書は最も基本的、かつ効果的な方法です。これを古文書の勉強にぜひ応用してみることを提案します。

具体的に言いましょう。読めない文字に出会ったとします。はじめに眼に入るのは、その文字の姿《すがた》・形《かたち》です。それはしごく当然なことなのですが、しかし、そこに立ち止まっていたのでは、読めぬままです。ではどうしたらよいか。**運筆(書かれる線の流れ)を正しく読みとること**です。そうすることによって、読めない字に衝《つ》きあたったとき、ただ字形だけ眺めていただけではなかなか解決しない線の動きを読みとることができるようになります。

運筆を正しく読みとること、つまり、書いた人が筆をどのように運んだのか、線の脈絡はどうなっているか、その道筋をきちんとつかむことがきわめて有効な方法なのです。

ところで、「書」が「絵画」などと大きく異なるのは、**書は塗り直しがきかな**い点にあります。書を形作るものは、基本的には筆の軌跡です。線には、必ず「始め」と「終わり」があります。それは時間的経過でもあります。途中で休んだり、後戻りしたりできません。いったん筆を下ろしたら、終りまで進む以外にないわけで、その点、音楽と同様なのです。むかし、**西田幾多郎**(五)が「書の美」というエッ

(四)臨書…書道において、手本を見ながら字を書くこと。

(五)西田幾多郎…一八七〇(明治三)～一九四五(昭和二十)。哲学者。主著『善の研究』など。「書の美」は上田閑照編『西田幾多郎随筆集』(ワイド版岩波文庫、二〇〇四)などに収録されている。

セイのなかで、書を「**凝結せる音楽**」と述べているのも肯けます。
目に映る、結果としての「形」は違って見えても、書線の流路をたどることによって、その文字が読めるというのは、常日ごろの私の体験なのです。言いかえますと、一見した「形」だけにとらわれることなく「運筆」をきちんと捉えることができれば、それが何という字かが見えてくることがあるということです。
先ほど述べたことに重なりますが、その書が読めない時は、筆でなくともかまいませんから、**2B程度の鉛筆で、不要になった紙を裏返してそこにその字を臨書してみましょう。**それによって筆の動きを追体験することです。そこでハッと気づくことがある。習字のためだけにではなく、解読のための臨書があるのです。

【参考】臨書のお手本
習字を目的とする一般的な臨書では、王羲之や欧陽詢（➡22、23ページ参照）といった能書家の作品がよくお手本になる。特に王羲之の「蘭亭序」は有名。

【蘭亭序】

（画像：国立国会図書館デジタルコレクション『王羲之蘭亭序：張金界奴本』より）

おわりに

古文書の手紙の面白さを味わっていただくために、いつか入門書のようなものを書きたいと、漠然と考えていたところでした。

私は書き上げた文字原稿と写真とを、その都度編集者に送り、本としての仕上げはすべてお任せした形となりました。とかくコチコチで味のない乾燥した内容になりがちな古文書の本なのですが、編集者による、図解・詳細な注・チャートなどを用いたレイアウト、おまけにイラストレーターの可愛らしいイラスト。これまでにない面目に仕上がりました。組み上がった紙面見本を見ていちばん驚いたのはたぶん私です。おそらく、古い固定観念を持っていたからでしょう。

古文書解読の入門書や辞書類は、今は書店に行けば幾種類も見ることができます。しかし、文書の写真の側にその読み方の活字を並べて付けるパターンが多いようです。くずし字の成り立ちなどの説明はあまりされていないのではないでしょうか。

さてここからは、私個人の話になります。小学校に入ったころ周りの勧めで習字を始め、それから、中学・高校時代も書道を続け、大学でも「書」を専攻しました。書が好きか嫌いかというようなことを私は深く考えたこともないのは、書が側にあることがあまりにも当然だったからかも知れません。今もなお、書というものを考えることが私の日常です。

二十歳前後からは〈日本の書の歴史〉がつねに最大の関心事になりました。そのころ、古文書、わけても書状の〈現物〉から味わうことのできる書の世界に足を踏み入れたのは、まさに師からの教えによるものです。

書の確かな流れを知ろうとするとき、心静かに原文書の語る古人の肉声に耳を澄ませるのです。なんと数百年も前の人と対話をすることができる仕合せ。そして手元にあれば、書の本質を心ゆくまで熟視することことに変わりありません。〈自分の眼で眺め〉、〈自分の頭で考え〉、〈自分の言葉で語る〉ことのだいじさ。先人の言われたことははたして正しかったのか、常に自分に問いかけています。書の歴史をきちんと理解することは容易ではありません。人間ですから、私もこれまで間違いをしたことは少なくないのですけれど、あとでそれに気がついたら、あらためなければならないことは当然だと心得ています。

「むずかしいことをやさしく、やさしいことをふかく、ふかいことをおもしろく、おもしろいことをまじめに…」とは井上ひさしの有名な言葉です。私はこの言葉が好きです。無味乾燥な文字の列をここまでわかりやすく仕上げてくださった編集者・安藤美穂さん。心よりお礼を申し上げます。ありがとうございました。

二〇二四年立春の日　著者

ができる、これは私にとって至福の時間《とき》なのです。

もちろん、漢字の生みの親、中国の書のことも重要です。それら海の彼方からの波も受けながら、日本独自の書の歴史は形成されてきました。書には日本人のいかなる思想が映し出されているか、なかなかその水準までの究明には至りません。しかし、できる限り、これまでの日本の書の姿を自分の眼で確かめておきたい、そうした学問的欲求は持ち続けています。

そしておよそ半世紀が経ちます。書の世界というのは、たとえて言うなら、まさに人が足を踏み入れないジャングルなのだということ。若いころは小さな発見をしただけでも、得てして、とても大げさに喜んでしまったのですが、今、進んでゆけばゆくほど、その先に未知の世界が果てしなく広がっているように思えます。どんな学問もそうなのかも知れませんが、到達すべきゴールはやればやるほど遠のいてしまう。そんな感覚です。

けっして悲愴感はないのですが、孤独な歩みである

画像出典一覧

【国立国会図書館デジタルコレクション】
・寧楽書道会編『昭和新選碑法帖大観 第1輯 第6巻』寧楽書道会、昭和十年
・国語調査委員会編『漢字要覧 31版』大日本図書、昭和十年
・寧楽書道会編『昭和新選碑法帖大観 第2輯 第7巻』寧楽書道会、昭和十~十四年
・『王羲之十七帖』楠山秀太郎、明治十七年
・欧陽詢書『九成宮醴泉銘 上(赤城和漢名蹟叢書:第11巻)』赤城出版社、昭和十年
・『法令全書 明治33年』内閣官報局、明治二十~四十五年
・北斎画『東海道五十三次』古吾妻錦画保存會、一八一一
・菱川吉兵衛(菱川師宣)画『大和絵つくし』鱗形屋三左衛門、延宝八年
・高市志友他『紀伊國名所圖會(初)・2編6巻、3編6巻 三編(二之巻)』河内屋太助、文化八~天保九年
・古森厚孝編『偏類六書通 7巻(4)』天保八年
・王羲之書『王羲之蘭亭序:張金界奴本』清雅堂、一九四八年

【その他提供元】
・佐賀県
・玉林堂
・宮内庁正倉院
・写真AC

※本文中に出典表記のない画像はすべて著者提供。

【著者略歴】
増田　孝（ますだ　たかし）

1948年生まれ。東京教育大学卒業。日本書跡史学専攻。博士（文学）。

愛知東邦大学客員教授。公益財団法人永青文庫評議員。テレビ東京「開運！なんでも鑑定団」鑑定士。

主著『書の真贋を推理する』（東京堂出版、2004年）、『古文書・手紙の読み方』（東京堂出版、2007年）、『書は語る 書と語る―武将・文人たちの手紙を読む―』（風媒社、2010年）、『本阿弥光悦―人と芸術』（東京堂出版、2010年）、*Letters from Japan's Sixteenth and Seventeenth Centuries,* (Institute of East Asian Studies, University of California, Berkeley, 2022)（共著）など。

●本文デザイン　株式会社エディット／株式会社千里
●イラスト　千葉さやか（Panchro.）
● DTP　株式会社千里
●編集協力　株式会社エディット（安藤美穂）
●企画・編集　成美堂出版編集部

イチからわかる 古文書の読み方・楽しみ方

著　者　増田《ますだ》 孝《たかし》
発行者　深見公子
発行所　成美堂出版
〒162-8445　東京都新宿区新小川町1-7
電話(03)5206-8151 FAX(03)5206-8159
印　刷　広研印刷株式会社

ISBN978-4-415-33393-9
落丁・乱丁などの不良本はお取り替えします
定価はカバーに表示してあります